"十四五"职业教育国家规划教材

国家职业教育道路桥梁工程技术专业
教学资源库配套教材

高等职业教育
新形态一体化教材

道路工程制图与识图

（第三版）

▶ 主编　虎良燕
▶ 副主编　普荃 李静
▶ 主审　晏杉

中国教育出版传媒集团
高等教育出版社·北京

内容提要

本书是“十四五”职业教育国家规划教材，也是国家职业教育道路桥梁工程技术专业教学资源库配套教材。与本书配套的《道路工程制图与识图习题集（第三版）》同时出版，可供选用。

本书主要内容包括：制图基础知识认知，基本体的投影绘制，组合体的投影绘制，道路路线施工图识读，路基、路面结构工程图识读和桥涵与隧道施工图识读六个工作任务。

本书紧密结合国家最新技术规范和标准，重组教学内容，加入大量工程实例，使教材更加体现培养道路桥梁工程一线人才的特点。

授课教师如需本书配套的教学课件资源，可登录高等教育出版社产品信息检索系统（https://xuanshu.hep.cn/）免费下载。

本书可作为高等职业院校道路桥梁工程技术、地下工程与隧道工程技术、铁道工程技术等土木工程类相关专业的教学用书，以及相关专业的继续教育和职业培训教材，亦可供从事公路工程工作的相关技术人员学习参考。

图书在版编目（CIP）数据

道路工程制图与识图 / 虎良燕主编. --3 版. 北京 ：高等教育出版社， 2025. 9. --ISBN 978-7-04-064688-7

Ⅰ. U412.5

中国国家版本馆 CIP 数据核字第 2025VG2345 号

DAOLU GONGCHENG ZHITU YU SHITU

策划编辑	刘东良	责任编辑	刘东良	封面设计	裴一丹	版式设计	童　丹
责任绘图	于　博	责任校对	刘丽娴	责任印制	存　怡		

出版发行	高等教育出版社	网　　址	http://www.hep.edu.cn
社　　址	北京市西城区德外大街 4 号		http://www.hep.com.cn
邮政编码	100120	网上订购	http://www.hepmall.com.cn
印　　刷	北京华联印刷有限公司		http://www.hepmall.com
开　　本	787 mm×1092 mm　1/16		http://www.hepmall.cn
印　　张	13.25	版　　次	2012年 6 月第 1 版
字　　数	320 千字		2025年 9 月第 3 版
购书热线	010－58581118	印　　次	2025年 9 月第 1 次印刷
咨询电话	400－810－0598	定　　价	36.80 元

物 料 号　64688-00

前言

当前我国高职教育力行改革，学生职业能力的培养与形成是高职教育的核心。“工学结合”是职业教育改革与发展的一个重要方向，它推动了以职业岗位核心技能为导向的课程体系构建和以工学结合为思路的项目化课程开发。同时，建设与之相适应的教学资源、教材成为新的教学体系所亟需。

本书是基于国家职业教育道路桥梁工程技术专业教学资源库建设项目而编写，也是若干优秀教师、企业一线技术骨干智慧的结晶。本次修订结合党的二十大精神进教材、进课堂、进头脑的要求，进一步全面落实立德树人根本任务，努力培养德智体美劳全面发展的新时代建设者和接班人。本书突出实用性，从人的认知规律出发，以知识、技能的系统性构建为重点，舍弃了传统教材“重理轻实”的学科型教材编写模式。在教材主线、编写风格、素材组织上有较大改变，是一次工学理念的尝试。本书既紧密结合国家现行的规范与技术标准，又通过重新组织教学内容，打破“先点后线再面最后到体”的教学模式，把点、线、面作为体的几何要素直接融入体的教学中。本书中形体的选取具有针对性和适用性，均为常见的几何体和工程构造物，形象、生动、直观，能有效地帮助学生和教师学习和教学，对实际工作也具有重要的指导意义。

本书出版后，基于广大院校师生的教学应用反馈并结合最新的课程教学改革成果，不断优化、更新教材内容。对本书配套的微课、案例素材、电子教案等进行了更新和优化，以培养学生良好的创新意识、协作意识、质量意识、法律意识以及社会责任意识，加强行为规范与思想意识的引领作用，落实以人才为第一资源的科教兴国和人才强国战略。

本书参考学时分配表（推荐）如下表所示。

参考学时分配表（推荐）

序号	授课内容	学时分配		
		理论课	实践课	小计
1	制图基础知识认知	6	2	8
2	基本体的投影绘制	16	4	20
3	组合体的投影绘制	10	4	14
4	道路路线施工图识读	6	2	8
5	路基、路面结构工程图识读	2	2	4
6	桥涵与隧道施工图识读	8	2	10
合计		48	16	64

注：1. 实践课为教师与学生共同完成各工作任务中的工程图样识读练习，当课时不足时实践课可灵活调整，教材中备有大量典型工程图样，各学校根据不同专业的课时情况，合理选择教材中工程案例进行识读。

2. 理论课与实践课也可根据不同专业、课时灵活分配、穿插进行，可在识图过程中完成各工程图识图理论知识的学习。

本书共有六个工作任务,工作任务一由虎良燕、郭长学编写,工作任务二由虎良燕、庄文君编写,工作任务三由普荃、马荣明编写,工作任务四由范旭、李静编写,工作任务五由虎良燕、杨锰编写、工作任务六由李静、普荃编写,拓展练习资源由李静、普荃制作。本书由虎良燕统稿并任主编,普荃、李静任副主编。本书由云南交通职业技术学院晏杉主审,在此表示感谢。

与本书配套的《道路工程制图与识图习题集(第三版)》同时出版,供学生练习使用。

限于编者水平,书中难免存在不足和疏漏,恳请有关专家和读者提出宝贵意见和建议,以便进一步完善。

编　者

2025年7月

目　录

工作任务一

制图基础知识认知

素养目标 （1）了解我国图学发展史，激发爱国情怀，坚定文化自信；
（2）培养标准规范意识，树立遵标守则、严谨认真的职业素养，增强法纪观念，确保图样的规范性和准确性。

知识目标 （1）知道工程图样在工程中的作用；
（2）认知常用绘图工具及其使用方法；
（3）描述有关道路工程制图标准的基本规定；
（4）阐述几何作图与平面图形尺寸标注的方法与要点。

能力目标 （1）能正确运用国家道路工程制图相关标准；
（2）能使用绘图工具正确进行几何作图与平面图形尺寸标注；
（3）能在规定的图幅上均匀布图与绘图。

引入思考

（1）道路、桥梁、涵洞等工程构造物是如何来表达的？
（2）工程师们施工的依据是什么？

拓展阅读：我国工程图学发展史

1.1 工程图样与道路工程制图课程

1.1.1 工程图样

1. 工程师的语言

在现代工业中，设计和制造业空前发达，无论是土木建筑工程还是机械工程，都必须依靠工程设计图样进行施工和制造，工程图样成为工业生产中一种重要的技术资料。工程图样是按规定的方法来表达机械或建筑物的形状、大小、材料和技术要求，是表达和交流技术思想的重要工具，是工程技术部门的一项重要工具和重要技术文件。在工程界，工程图样有"工程师的语言"之称。每一个从事工程技术的人员都必须具备绘制和阅读工程图样的能力。

2. 合同文件的重要组成部分，指导施工的法律性文件

工程图是工程设计文件的最主要组成部分，是指导工程施工的法律性文件。在建设工程实行招投标及监理制的今天，工程图是合同文件的重要组成部分，是工程质量监理、工程量计量和工程款支付的基本依据。

1.1.2 道路工程制图课程

拓展阅读：制图国家标准的严肃性和科学性

1. 各相关工作岗位的必备技能

在公路建设过程中，土建工程的典型工作任务一般有勘测、设计、施工、竣工验收、运营管理等。对这些典型工作任务所对应的工作岗位进行分析发现：测量、设计、施工、监理等各岗位能力都要求能应用道路工程制图的知识分析、解决公路工程实际问题。

2. 相关专业群不可或缺的主干课程

对应交通土建工程各岗位的专业群，本课程都是其相关专业群不可或缺的主干课程。

3. 其他课程学习的基础

本课程是道路桥梁工程技术专业及相关专业群的一门技术基础课，是后续专业相关课程学习的基础，并与这些课程共同形成较为完整的职业能力培养体系。

本课程是一门既有系统的理论，又有较强实践性的一门专业基础课，它研究绘制、阅读工程图样和图解空间几何问题，是用二维的图形、符号表述三维空间物体的科学。目标是在掌握工程制图的基本知识、基本理论和基本方法的基础上，培养和提高学习者的空间思维能力和绘图的实际操作技能，促进学习者解决实际工程图样问题的能力。同时，还要学习道路、桥梁方面的一些基本知识，初步建立工程结构的设计思想。

1.2 制图国家标准的基本规定

工程图是施工过程中重要的技术资料和主要依据。为使工程图样图形准确、图面清晰，符合生产要求，便于技术交流和存档，就要做到工程图样基本统一，《道路工程制图标准》(GB 50162—1992)中对图幅大小、图线的线型、尺寸标注、图例、字体等作了统一的规定。

1.2.1 图幅

图幅是指图纸的幅面大小。每一项工程都会有一整套的图纸，为了便于装订、保存和合理使用图纸，国家标准对图幅及图框尺寸的规定见表 1-1，表中图幅代号的划分及尺寸代号如图 1-1 中所示。在选用图幅时，应以一种规格为主，尽量避免大小幅面掺杂使用。

表 1-1 图幅及图框尺寸 mm

尺寸代号	图幅代号				
	A0	A1	A2	A3	A4
$b\times l$	841×1 189	594×841	420×594	297×420	210×297
a	35	35	35	30	25
c	10	10	10	10	10

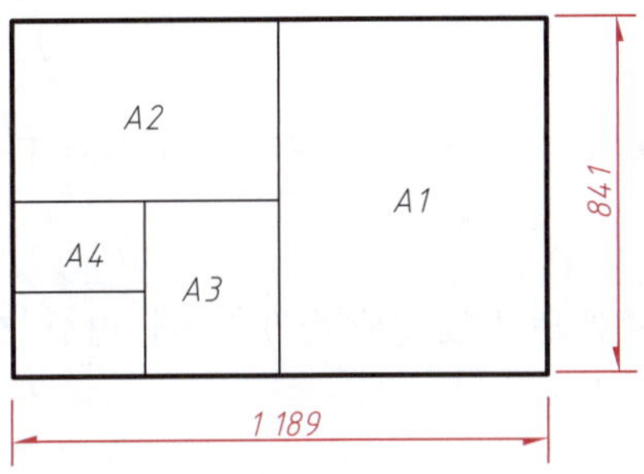

(a) 图幅代号的划分

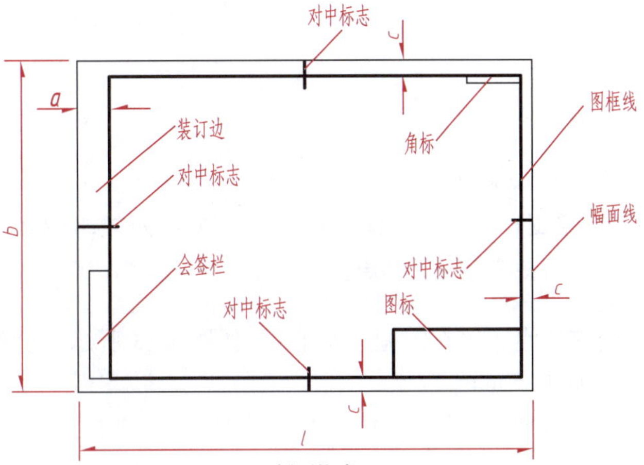

(b) 幅面格式

图 1-1 图幅代号的划分和幅面格式

图纸幅面的长边是短边的$\sqrt{2}$倍，即 $l=\sqrt{2}b$，且 A0 号图纸幅面的面积约为 1 m^2，A1 号图纸幅面是 A0 号幅面长边的对裁，A2 号幅面是对 A1 号幅面长边的对裁，其他幅面依次类推。如 A0 号幅面经反复对裁长边，可得 8 张 A3 号幅面。

根据需要，图纸幅面的长边可以加长，但短边不得加宽，长边加长的尺寸应符合有关规定。长边加长时，图幅 A0、A2、A4 应为 150 mm 的整倍数，图幅 A1、A3 应为 210 mm 的整倍数。

对中标志应画在幅面线中点处，线宽应为 0.35 mm，伸入图框内 5 mm。

图框内右下角应绘制图纸标题栏，简称图标，道路工程制图标准规定的格式有三种，如图 1-2 所示。

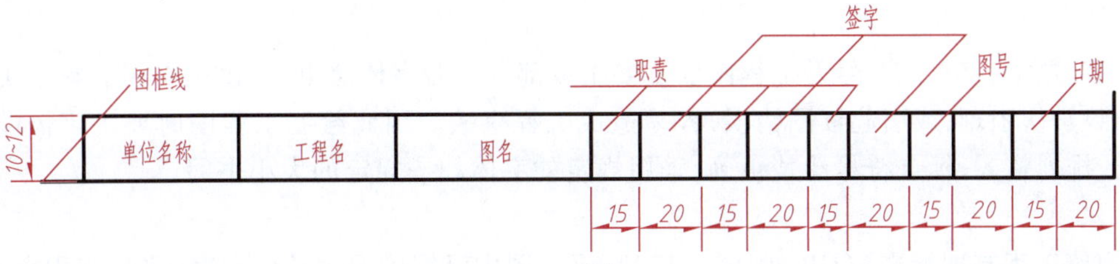

(a)

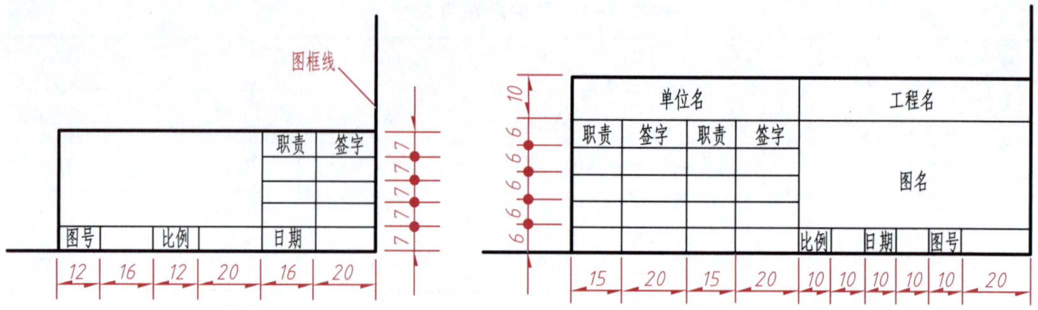

(b) (c)

图 1-2 图纸标题栏(尺寸单位:mm)

知识拓展

公路工程常用的图幅:由于 A3 图幅相对较小(A4 图幅太小,绘制内容有限),在野外工地方便携带,故常用 A3 幅面。

会签栏宜布置在图框外左下角,如图 1-3 所示。会签栏外框线线宽宜为 0.5 mm,内分格线线宽宜为 0.25 mm。

当图纸要绘制角标时,应布置在图框内的右上角,如图 1-4 所示。角标内分格线线宽宜为 0.25 mm。

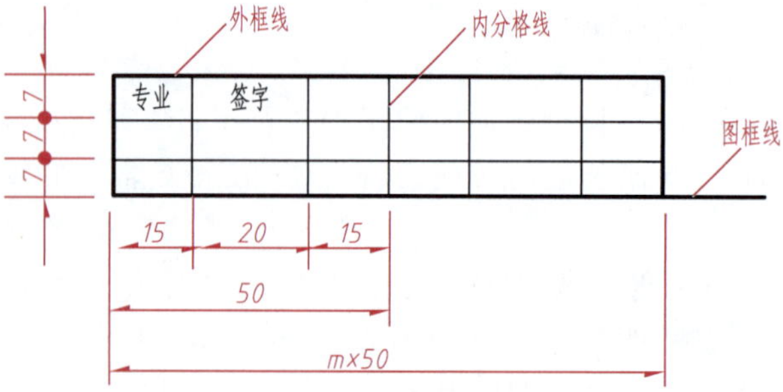

图 1-3 会签栏(尺寸单位:mm)

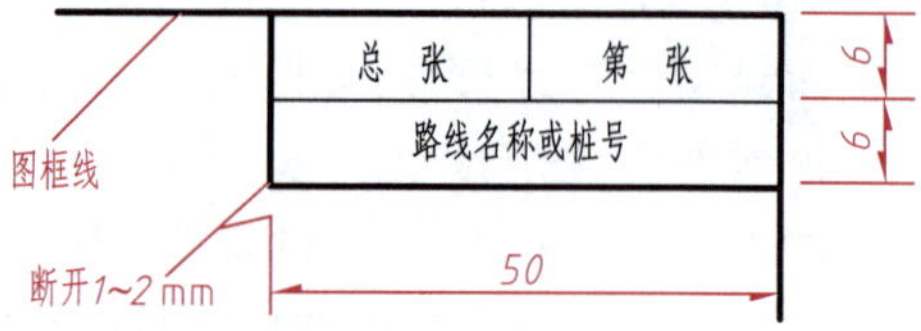

图 1-4 角标(尺寸单位:mm)

1.2.2 字体

文字、数字、字母或符号是工程图的重要组成部分。若字体潦草,不仅影响图面整洁美观,而且会导致辨认困难,或引起读图错误,容易造成工程事故。因此绘制工程图时要求字体端正、笔画清晰、排列整齐、标点符号清楚正确,采用规定的字体和按规定的大小书写。

1. 汉字

《道路工程制图标准》(GB 50162—1992)规定图中汉字应采用长仿宋字(又称工程字),并采用国家正式公布的简化字,汉字的高度与宽度之比为 3∶2,字体的高度即为字号(表 1-2)。汉字书写要求采用从左向右,横向书写的格式,且高度应不小于 3.5 mm。

表 1-2 长仿宋体字的高宽关系 mm

字高(字号)	20	14	10	7	5	3.5
字宽	14	10	7	5	3.5	2.5

书写长仿宋体字的要领是:横平竖直、起落分明、排列均匀、填满方格,如图 1-5 所示。

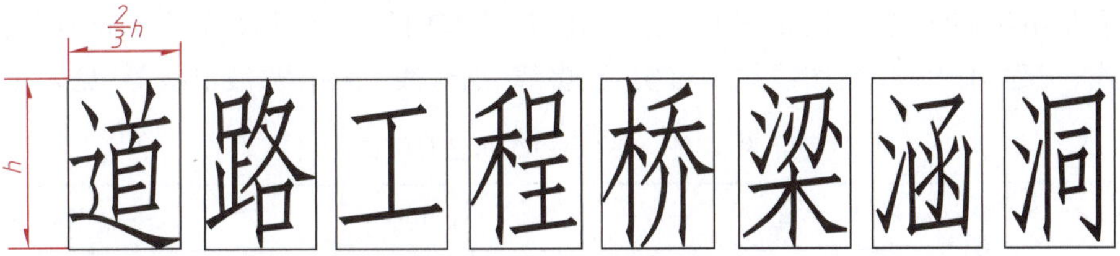

图 1-5 长仿宋体字的高宽比

2. 数字和字母

图中的阿拉伯数字、外文字母、汉语拼音笔画宽度宜为字高的 1/10。大写字母的宽度宜为字高的 2/3,小写字母的高度应以 b、f、h、p、g 为准,字宽宜为字高的 1/2。a、m、n、o、e 的字宽宜为上述小写字母高度的 2/3。

数字和字母的字体可采用直体或斜体,但同一册图样中应一致。直体笔画的横与竖应成 90°;斜体字头向右倾斜,与水平线应成 75°。字母不得写成手写体。数字和字母若与汉字同行书写,其字高应比汉字的高小一号。图 1-6 为数字和字母书写示例。

图 1-6 数字和字母书写示例

当图纸中有需要说明的事项时,宜在每张图的右下角图标上方处加以叙述。该部分文字应采用"注"字标明,字样"注"应写在叙述事项的左上角,每条注的结尾应标以句号。

说明事项需要划分层次时,第一、二、三层次的编号应分别用阿拉伯数字、带括号的阿拉伯数字及带圆圈的阿拉伯数字标注。图纸中文字说明不宜用符号代替名称。当表示数量时应采用阿拉伯数字书写。如三千零五十毫米应写成 3 050 mm，三十二小时应写成 32 h。分数不得用数字与汉字混合表示，如：五分之一应写成 1/5，不得写成 5 分之 1。不够整数位的小数数字，小数点前应加 0 定位。

1.2.3 图线

工程图是由不同线型、不同粗细的线条所构成，这些图线可表达图样的不同内容，以及分清图中的主次，工程图中常用的图线线型有实线、虚线、点画线、折断线、波浪线等，见表 1-3。

表 1-3 线型、线宽、用途及画法

名称	线型	线宽	一般用途
标准实线		*b*	可见轮廓线、钢筋线
中实线		0.5*b*	较细的、可见轮廓线、钢筋线
细实线		0.25*b*	尺寸线、剖面线、引出线、图例线等
加粗实线		1.4*b*~2.0*b*	图框线、路线设计线、地平线等
粗虚线		*b*	地下管线或建筑物
中虚线		0.5*b*	不可见轮廓线
细点画线		0.25*b*	中心线、对称线、轴线等
双点画线		0.25*b*	假想轮廓线
波浪线		0.25*b*	断开界线
折断线		0.25*b*	断开界线

图线的宽度应根据图的复杂程度及比例大小，从道路工程制图标准规定的线宽系列（0.18 mm、0.25 mm、0.35 mm、0.5 mm、0.7 mm、1.0 mm、1.4 mm、2.0 mm）中选取。每个图样一般使用三种线宽，且互成一定比例，即粗线（线宽为 *b*）、中粗线、细线的比例规定为 *b*∶0.5*b*∶0.25*b*。绘图时，应根据图样的复杂程度及比例大小，选用表 1-4 中的线宽组合。

表 1-4 线宽组合

线宽类别	线宽系列				
b	1.4	1.0	0.7	0.5	0.35
0.5*b*	0.7	0.5	0.35	0.25	0.25
0.25*b*	0.35	0.25	0.18 (0.2)	0.13 (0.15)	0.13 (0.15)

绘制比较简单的图或比例较小的图，可以只用两种线宽，其线宽比规定为 *b*∶0.25*b*，即不用中

粗线。在同一张图幅内相同比例的各图形应采用相同的线宽组合。

图纸图框线和标题栏线的线宽见表 1-5。

表 1-5 图框线和标题栏线的线宽

图纸幅面	图框线	标题栏外框线	标题栏内格线
A0、A1	1.4	0.7	0.35
A2、A3、A4	1.0	0.5	0.25

相交图线的绘制应符合下列规定：

(1) 当虚线与虚线或虚线与实线相交时，相交处不应留空隙，如图 1-7(a)所示。

(2) 当实线的延长线为虚线时，应留空隙，如图 1-7(b)所示。

(3) 当点画线与点画线或点画线与其他线相交时，交点应设在线段处，如图 1-7(c)所示。

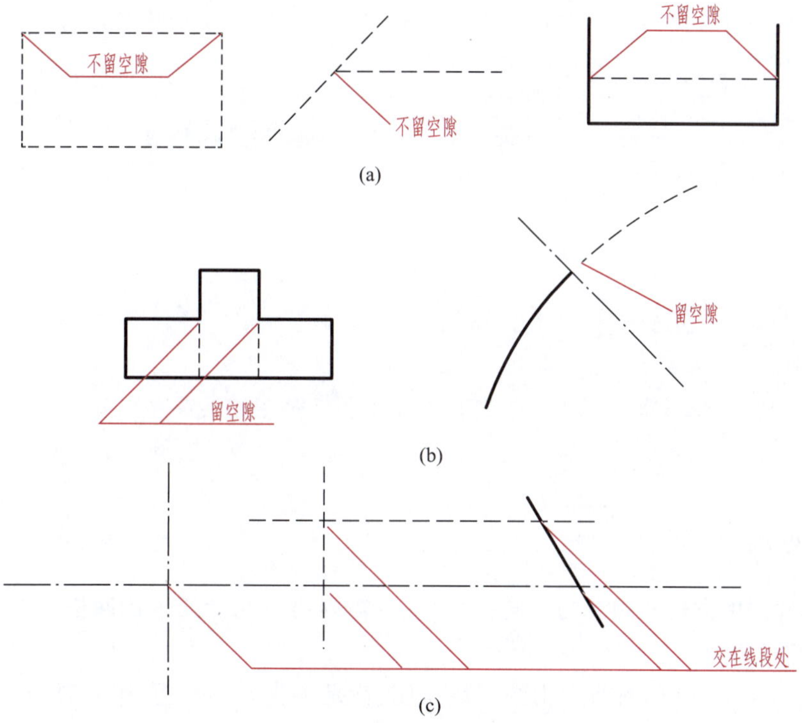

图 1-7 图线相交的画法

1.2.4 比例

图形线性尺寸与相应实物实际尺寸之比称为比例。比例大小即为比值大小，如 1∶50 大于 1∶100。

绘图比例的选择应根据图面布置合理、匀称、美观的原则，按图形大小及图面复杂程度确定，一般优先选用表 1-6 中的常用比例。

表 1-6 绘图所用的比例

常用比例	1∶1	1∶2	1∶5	1∶10	1∶20	1∶50
	1∶100	1∶200	1∶500	1∶1 000		
	1∶2 000	1∶5 000	1∶10 000	1∶20 000		
	1∶50 000	1∶100 000	1∶200 000			
可用比例	1∶3	1∶15	1∶25	1∶30	1∶40	1∶60
	1∶150	1∶250	1∶300	1∶400	1∶600	
	1∶1 500	1∶2 500	1∶3 000	1∶4 000		
	1∶6 000	1∶15 000	1∶30 000			

比例应采用阿拉伯数字表示，标注在图名的下方或右侧，字高比图名字体小一号或二号，如图 1-8 所示。当同一张图纸中的比例完全相同时，可在图标中注明，也可以在图纸中适当位置采用标尺标注。当竖直方向与水平方向的比例不同时，可以用 *V* 表示竖直方向比例，用 *H* 表示水平方向比例。

图 1-8 比例的标注

特别提示

当采用一定比例画图时，图样上标注的尺寸数字是结构物的实际尺寸，而与所采用的比例无关。

1.2.5 坐标

为了表示地区的方位和路线的走向，地形图上需画出指北针或坐标网格。图纸上指北针的绘制如图 1-9(a)所示。

用网格表示坐标，坐标网格应用细实线绘制，南北方向轴线代号为 *X* 轴；向北为坐标值增大方向；东西方向轴线代号为 *Y* 轴，向东为坐标值增大方向。坐标网格也可采用“+”代替，如图 1-9(b)所示。坐标值的标注应靠近被标注点，书写方向应平行于对应的网格线或在其延长线上。

当坐标数值位数较多时，可将前面相同数字省略，但应在图纸中说明，坐标数值也可采用间隔标注。当需要标注的控制坐标点不多时，宜采用引出线的形式标注。水平线上、下分别标注 *X* 轴、*Y* 轴的代号及数值，如图 1-10 所示。当需要标注的控制坐标点较多时，图样上可标注点的代号，坐标值可在适当位置列表表示出。坐标数值的计量单位应采用 m，并精确到小数点后三位。

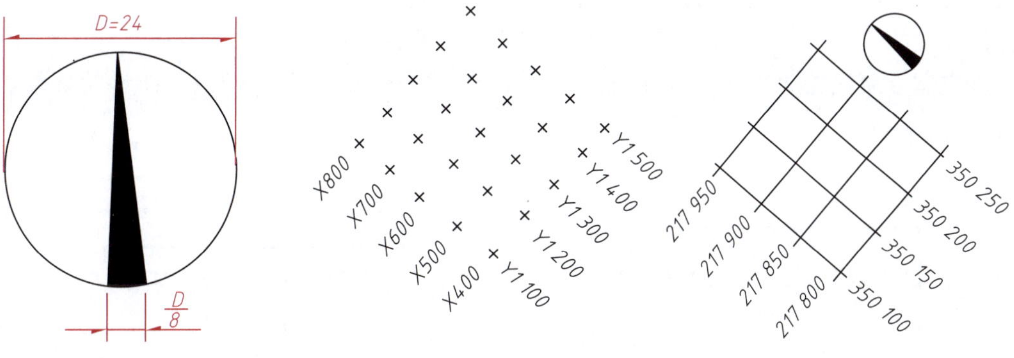

(a) (b)

图 1-9 指北针及坐标网格的绘制

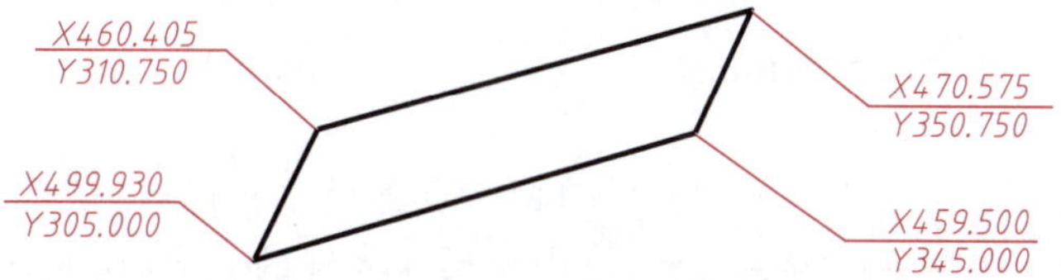

图 1-10 控制点坐标的标注

示例

$\frac{X470.575}{Y350.750}$表示该点距坐标原点向北 470.575 m，向东 350.750 m。

1.2.6 尺寸标注

工程图上除画出构造物的形状外，还必须准确、完整、清晰地标注出构造物的实际尺寸，以作为施工的依据。因此，尺寸是图样的重要组成部分。

1. 尺寸的组成

图样上标注的尺寸，由尺寸界线、尺寸线、尺寸起止符号和尺寸数字四部分组成，如图 1-11 所示。

(1) 尺寸线。尺寸线用细实线绘制，应与被标注长度平行，且不应超出尺寸界线。任何其他图线都不能作为尺寸线。相互平行的尺寸线应从被标注的轮廓线由近向远排列，并且小尺寸在内，大尺寸在外。所有平行尺寸线间的间距一般为 5~15 mm，同一张图样上这种间距应当保持一致，如图 1-12 所示。

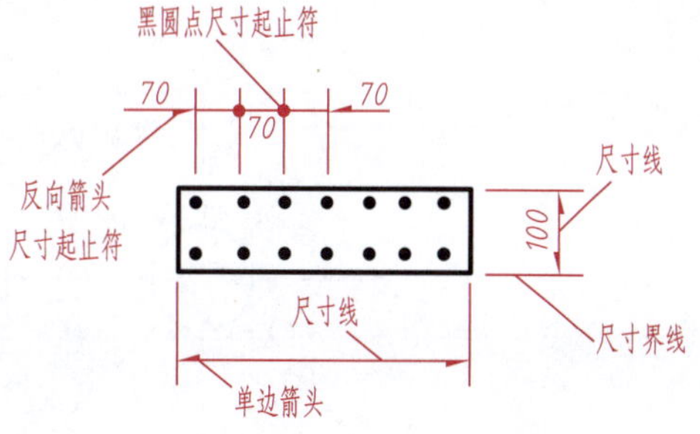

图 1-11 尺寸要素的标注

(2) 尺寸界线。尺寸界线用细实线绘制，由一对垂直于被标注长度的平行线组成，其间距等于被标注线段的长度。当标注困难时，也可不垂直于被标注长度，但尺寸界线应互相平行。尺寸界线一端应靠近所注轮廓线，另一端应超出尺寸线 1～3 mm，如图 1-13 所示，图形轮廓线、中心线也可作为尺寸界线。

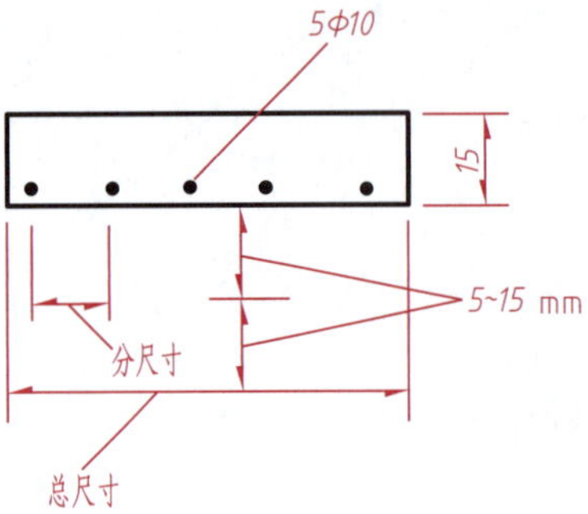

图 1-12 尺寸线的标注

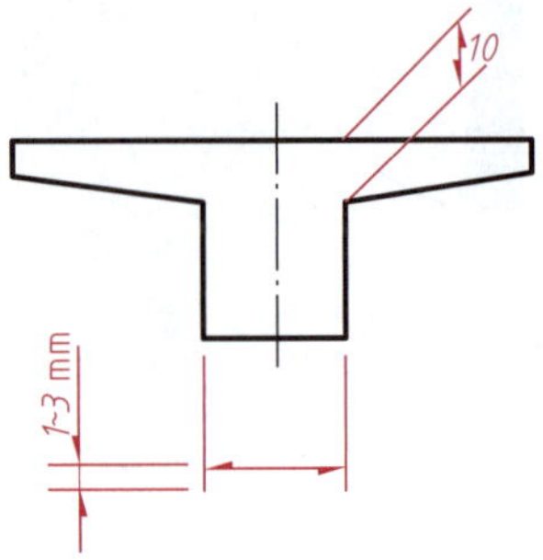

图 1-13 尺寸界线的标注

(3) 尺寸起止符号。尺寸线与尺寸界线的相交点为尺寸起止点，在起止点上应画尺寸起止符号。尺寸起止符号宜采用单边箭头表示，箭头在尺寸界线的右边时，应标注在尺寸线之上；反之，应标注在尺寸线之下。箭头大小可按绘图比例取值。尺寸起止符号也可采用中粗短线表示，把尺寸界线顺时针转 45°，作为斜短线的倾斜方向，且长度为 2～3 mm。同一张图上的图样应采用同一种尺寸起止符，道路工程制图中一般采用单边箭头。在连续标注的小尺寸中，也可在尺寸界线同一水平的位置用黑圆点表示中间部分的尺寸起止符号，如图 1-11 所示。

(4) 尺寸数字。尺寸数字应按规定的字体书写，字高一般是 3.5 mm 或 2.5 mm。尺寸数字一般标注在尺寸线上方中部，离尺寸线应不大于 1 mm。当没有足够的注写位置时，可采用反向箭头，最外边的尺寸数字可注写在尺寸界线外侧箭头的上方，中间相邻的尺寸数字可错开注写，也可引出注写，如图 1-11 所示。尺寸均应标注在图样轮廓线以外，任何图线不得穿过尺寸数字，当不可避免时，应将尺寸数字处的图线断开。

尺寸数字及文字注写方向如图 1-14 所示，即水平尺寸字头朝上，垂直尺寸字头朝左，倾斜尺寸的尺寸数字都应保持字头仍有朝上趋势。同一张图纸的图样上，尺寸数字的大小应相同。

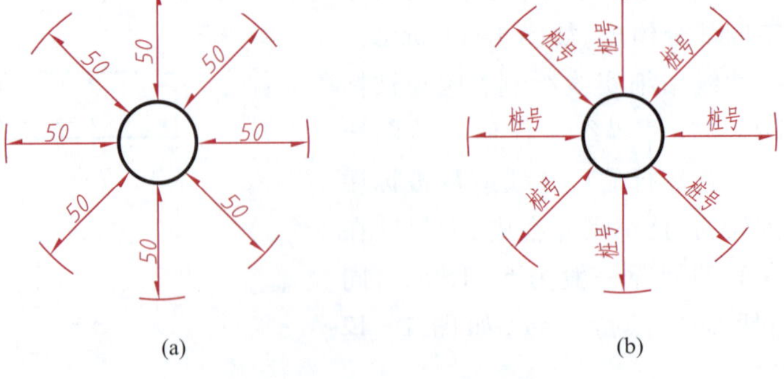

图 1-14 尺寸数字及文字注写方向

2. 尺寸标注中的一些规定

(1) 图上所有尺寸数字是物体的实际尺寸大小数值,与图的比例无关。

(2) 在道路工程图中,线路的里程桩号以 km 为单位;标高、坡长和曲线要素均以 m 为单位;一般砖、石、混凝土等工程结构物及钢筋和钢材的长度以 cm 为单位;钢筋和钢材断面以 mm 为单位。图上尺寸数字之后不必注写单位,但在注解及技术要求中要注明尺寸单位。

(3) 引出线的斜线与水平线应采用细实线绘制,其交角可按 90°、120°、135°、150°绘制。当图形需要文字说明时,可将文字说明标注在引出线的水平线上。当斜线在一条以上时,各斜线宜平行或交于一点,如图 1-15 所示。

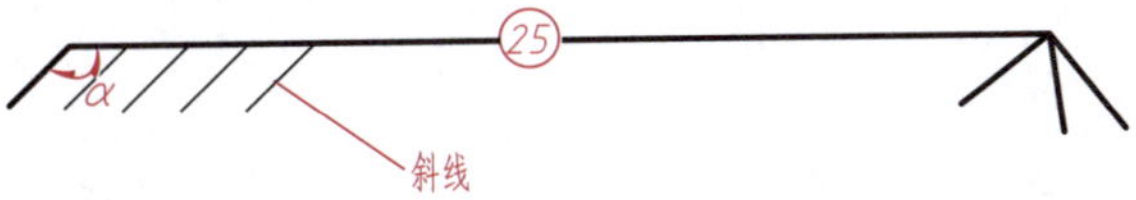

图 1-15 引出线的标注

(4) 半径与直径的标注。在圆的直径尺寸数字前面,加注符号“ϕ”或“$d(D)$”,在半径尺寸数字前面,加注符号“$r(R)$”,如图 1-16(a)所示。当圆的直径较小时,半径与直径可按如图 1-16(b)所示标注;当圆的直径较大时,半径尺寸的起点可不从圆心开始,按如图 1-16(c)所示标注。

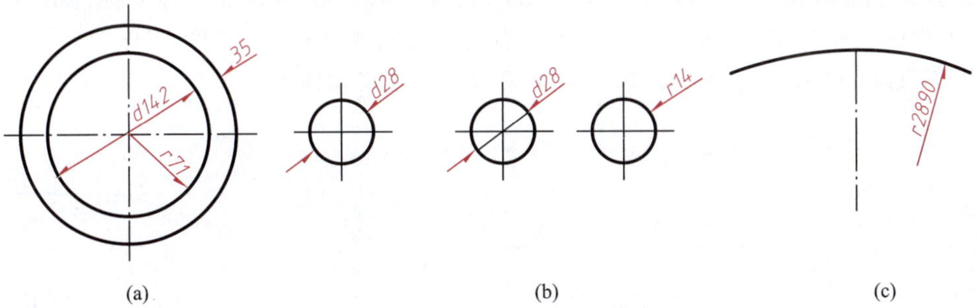

图 1-16 半径与直径的标注

(5) 弧长与弦长的标注。圆弧尺寸按图 1-17 所示标注,当弧长分为数段标注时,尺寸界线也可沿径向引出。弦长的尺寸界线应垂直于该圆弧的弦,如图 1-17(c)所示。

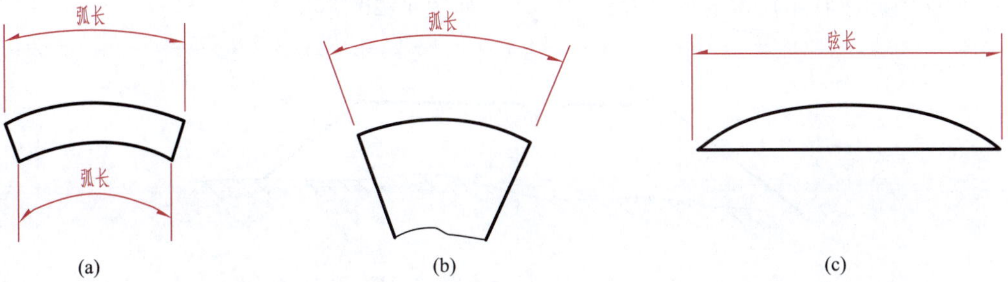

图 1-17 弧长与弦长的标注

（6）球的标注。标注球体的尺寸时，应在直径和半径符号前加 S，如“$S\phi$”“SR”。

（7）角度的标注。角的尺寸线应用以角的顶点为圆心的圆弧来表示，角的两边为尺寸界线。角度数值宜写在尺寸线上方中部。当角度太小时，可将尺寸线标注在角的两条边的外侧，角度数字应按图 1-18 所示标注。

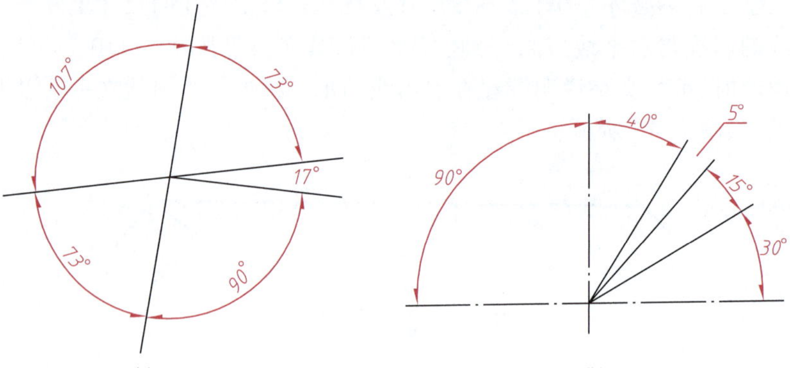

(a) (b)

图 1-18 角度的标注

（8）标高的标注。分高程的标注和水位的标注，如图 1-19 所示。标高符号应采用细实线绘制的等腰直角三角形表示，三角形高为 2~3 mm，底角为 45°。顶角应指在需要标注的被注点上，向上、向下均可。标高数字宜标注在三角形的右边。负标高应冠以“-”号，正标高（包括零标高）数字前可不冠以“+”号。当图形复杂时，也可采用引出线形式标注。

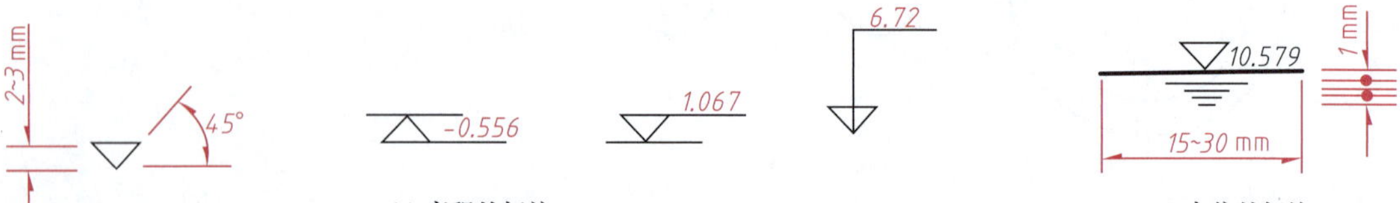

(a) 高程的标注 (b) 水位的标注

图 1-19 高程与水位的标注

（9）坡度的标注。当坡度值较小时，坡度的标注宜用百分数表示，并应标注坡度符号。坡度符号应由细实线、单箭头以及在线上标注百分数组成。坡度符号的箭头应指向下坡。当坡度值较大时，坡度的标注宜用比例的形式表示，如 1∶n，如图 1-20 所示。

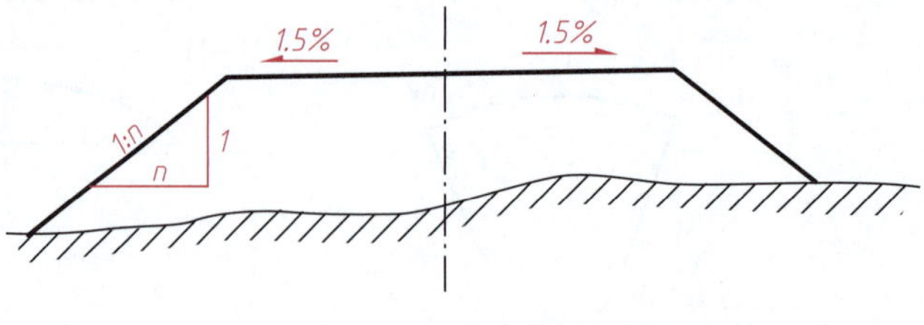

图 1-20 坡度的标注

1.3 绘图工具的使用

知识链接

古语:工欲善其事,必先利其器。

绘制工程图需要借助绘图工具来进行,传统的绘图工具和仪器种类繁多,常用的有图板、铅笔、丁字尺、三角板等,如图 1-21 所示。现将主要绘图工具分述如下。

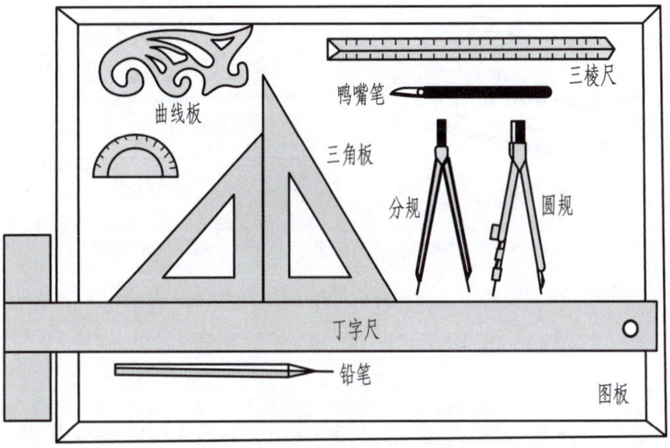

图 1-21 常用绘图工具和仪器

特别提示

熟悉绘图工具的性能并熟练掌握其使用方法是提高绘图质量和速度的前提条件。

1.3.1 图板

图板是用作画图时的垫板(图 1-22),通常用胶合板制成。图板板面应软硬适中、光滑平整、有弹性,图板两端要平整,角边应垂直。图板的大小有 0 号、1 号、2 号等不同规格,可根据所画图幅的大小来选定。

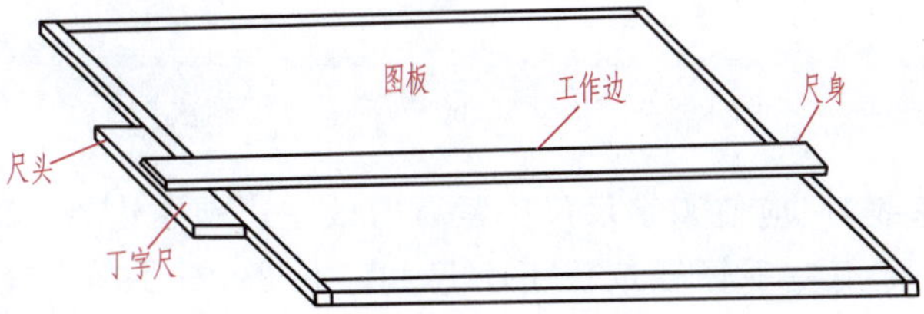

图 1-22 图板与丁字尺

1.3.2 丁字尺

丁字尺由相互垂直的尺头和尺身构成(图 1-22)。丁字尺主要用来与图板配合画水平线,并作为三角板的水平基准。使用时应先检查尺头和尺身是否坚固,再检查尺身的工作边和尺头内侧是否平直光滑。

用丁字尺画水平线(图 1-23)时,铅笔应沿着尺身工作边从左画到右,如水平线较多,则应由上而下逐条画出。丁字尺每次移动位置都要注意尺头是否紧靠图板,画线时应防止尺身移动。

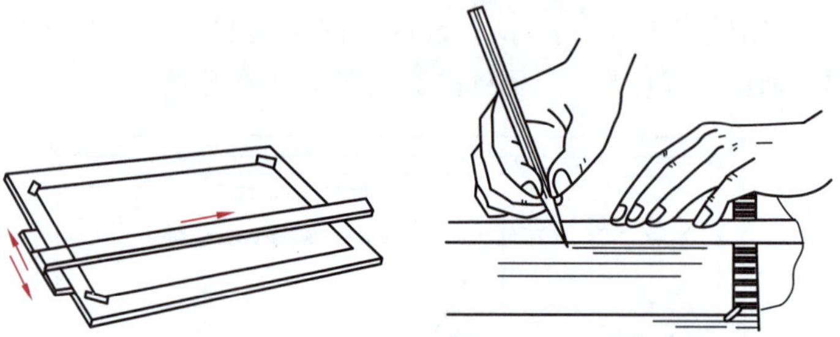

(a) (b)

图 1-23 用丁字尺画水平线

特别提示

为保证图线的准确,不许用丁字尺的下边画线,也不许把尺头靠在图板的上边、下边或右边来画铅垂线或水平线。

1.3.3 三角板

三角板主要与丁字尺配合,用来画铅垂线和 15°、30°、45°、60°、75°的斜线,如图 1-24 所示。一副三角板包括 30°-60°-90°和 45°-45°-90°三角板各一块。

图 1-24 30°、45°、60°、75°斜线的画法

使用三角板画铅垂线时,应使丁字尺尺头紧靠图板左边硬木边条,三角板的一直角边靠紧在丁字尺的工作边上,再用左手轻轻按住丁字尺和三角板,右手持铅笔,自下而上画出铅垂线,如图 1-25(a)、(b)所示。

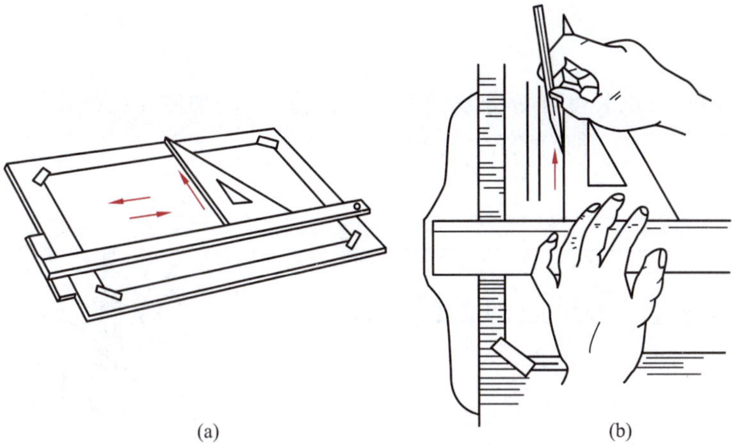

(a) (b)

图 1-25 用丁字尺、三角板画铅垂线

1.3.4 铅笔

绘图铅笔的种类很多，一般根据铅芯的软硬不同，可将绘图铅笔划分成不同等级。铅芯硬度用 B 和 H 标明，B 表示软而浓，H 表示硬而淡，HB 表示软硬适中，“B”或“H”前的数字越大表示铅芯越软或越硬。画底稿时常用 H、2H 铅笔，描粗时常用 HB 、B、2B 铅笔。

铅笔应削成如图 1-26 所示的式样，削好的铅笔还要用“0”号砂纸将铅芯磨成圆锥形或矩形（图 1-27）。锥形铅笔用于画细线及书写文字，矩形铅笔用于描深粗实线。

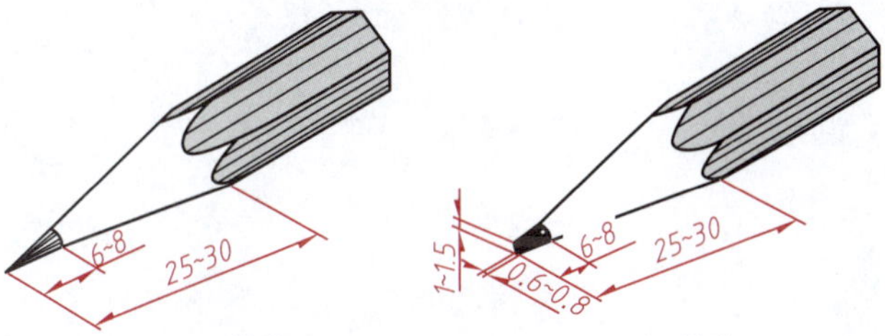

(a) 锥形 (b) 矩形

图 1-26 绘图铅笔

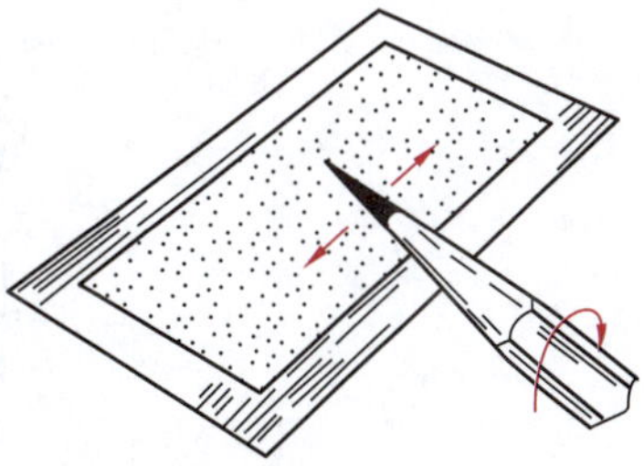

图 1-27 磨铅笔

使用铅笔绘图时，握笔要稳（图 1-28），运笔要自如，铅笔与尺身应保持正确的相对位置（图 1-29）。画长线时，可转动铅笔，使图线粗细均匀。

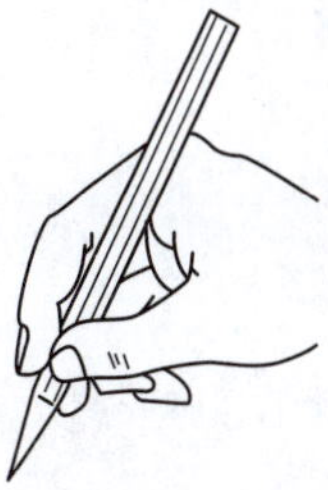

图 1-28 铅笔握法

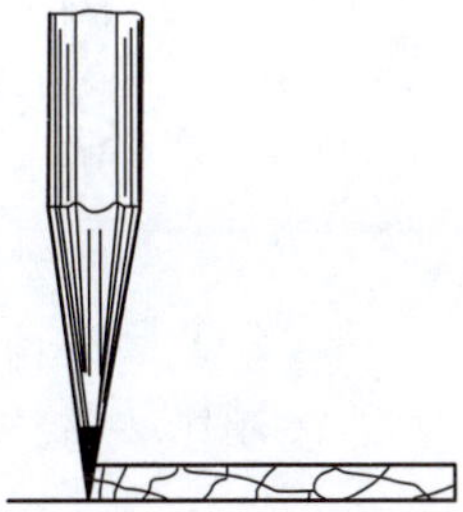

图 1-29 铅笔与尺身的相对位置

1.3.5 分规

分规是截取线段、量取长度和等分线段的工具，使用方法如图 1-30、图 1-31 所示。使用时分规应保持清洁，防止碰坏，并使两针尖接触对齐。

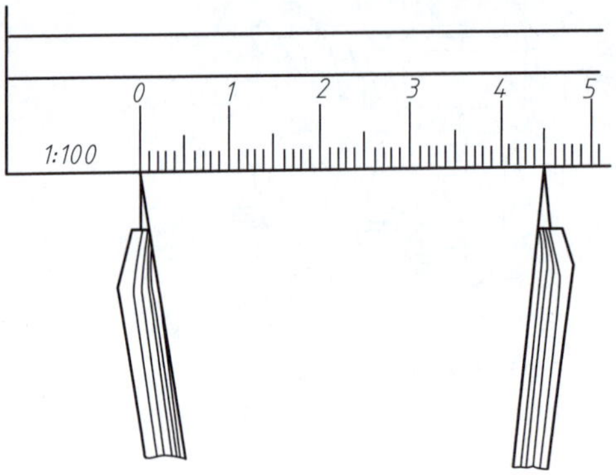

图 1-30 分规用法一

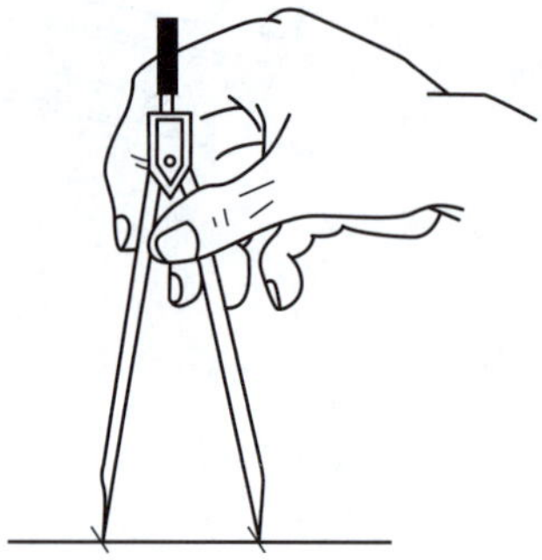

图 1-31 分规用法二

1.3.6 圆规

圆规是用来画圆或圆弧的仪器。成套的圆规有三种插脚和一支延伸杆，在一腿上附有插脚，换上不同的插脚，可作不同的用途。其插脚有三种：钢针插脚、铅笔插脚和墨线笔插脚，如图 1-32 所示。

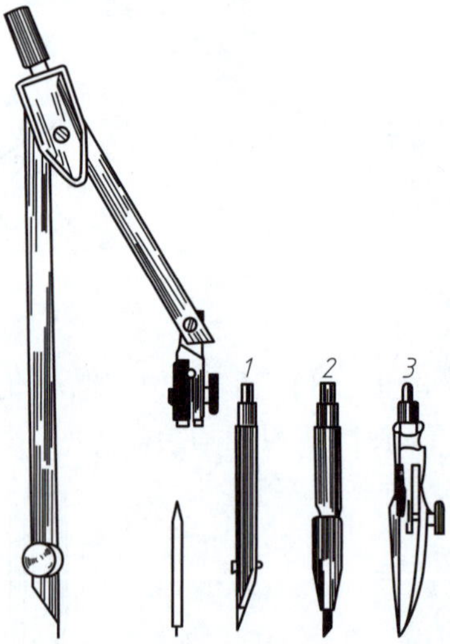

图 1-32 圆规及其附件

1—钢针；2—铅笔插脚；3—墨线笔插脚（鸭嘴笔插脚）

使用圆规时，需调整钢针和铅芯，使两脚在并拢时针尖略长于铅芯，圆规铅芯宜磨成楔形，并使斜面向外，其硬度应比所画同种直线的铅笔软一号，以保证图线深浅一致。

画圆时，圆规可往前进方向稍微倾斜，整个圆或圆弧应一次画完，如图 1-33(a)、(b)所示。画较大的圆弧时，应使圆规两脚与纸面垂直。画更大的圆弧时要接上延长杆，如图 1-33(c)所示。

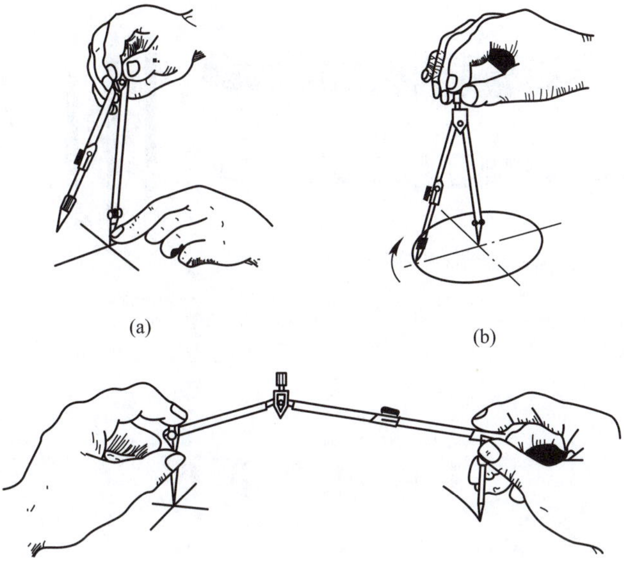

(a) (b) (c)

图 1-33 圆规用法

知识链接

传统的绘图工具还有擦线板、曲线板、比例尺(三棱尺)、绘图墨线笔、鸭嘴笔等，如图 1-34 所示。随着科技的进步及计算机绘图的发展，许多传统的手工绘图工具已逐渐地退出了历史的舞台，这里不再讲述。

(a) 擦线板 (b) 曲线板

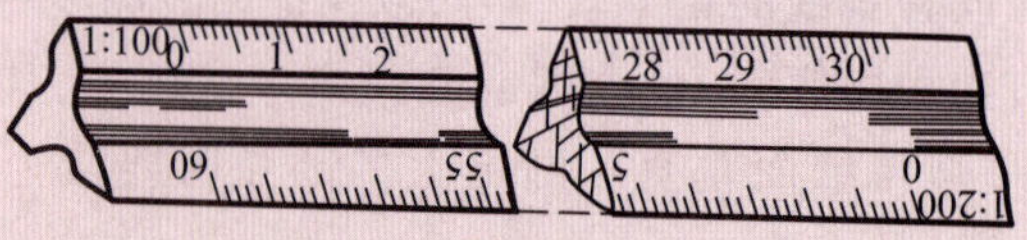

(c) 比例尺

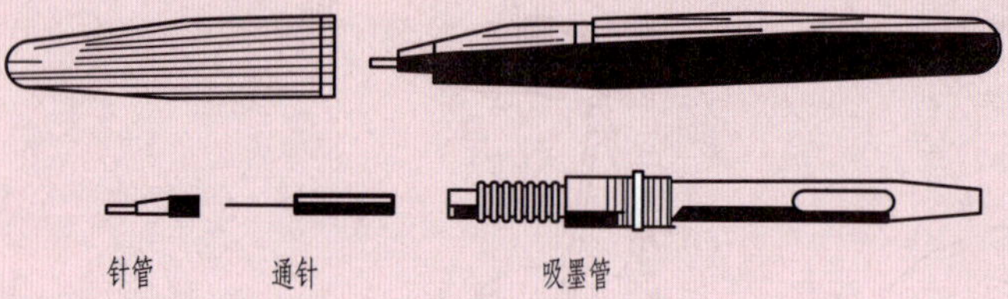

(d) 绘图墨线笔

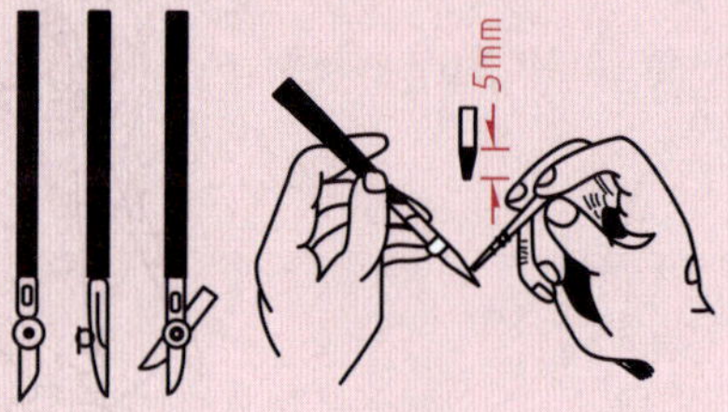

(e) 墨线笔

图 1-34　其他绘图工具

拓展阅读：梁思成手绘工程图展示

1.4 几何作图

知识引入

工程构造物的形状是多种多样的，但图样大都是由直线、圆弧及曲线构成的几何图形。为了准确、迅速地绘制图样，并提高绘图质量，需要掌握各种几何图形的作图方法。下面介绍几种常用的作图方法。

1.4.1 过已知点作已知直线的平行线

过已知点 A 作已知直线 BC 的平行线，作图方法如图 1-35 所示。

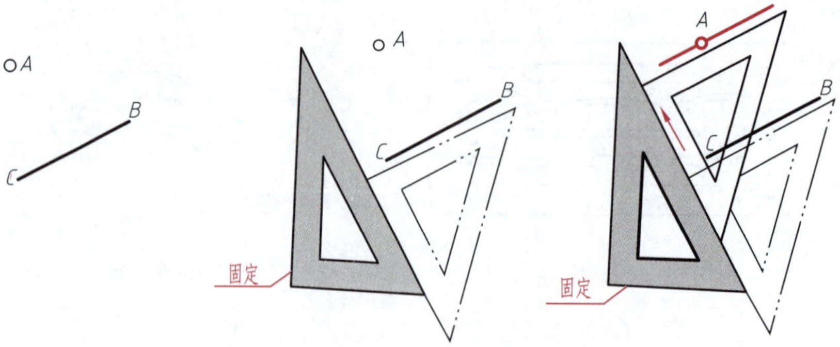

(a)　(b)　(c)

图 1-35　过已知点作已知直线的平行线

思考

可否用三角板的其他边完成这一任务?

1.4.2 过已知点作已知直线的垂直线

已知点 A 和直线 BC,过 A 作直线与 BC 垂直。作图的方法和步骤如图 1-36 所示。

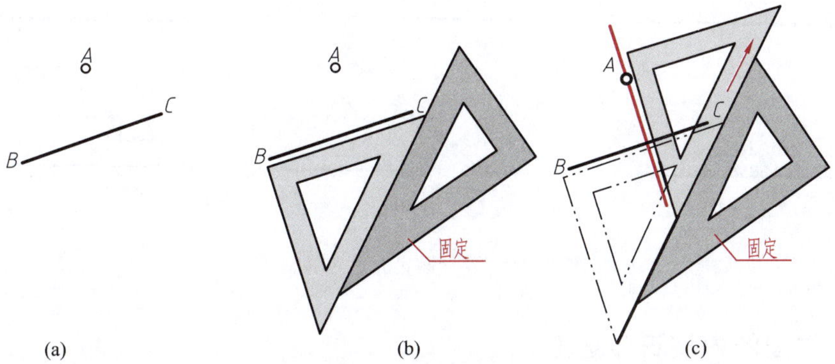

(a) (b) (c)

图 1-36 过已知点作已知直线的垂直线

特别提示

注意观察与直线 BC重合的三角板一边与画垂线的三角板一边的关系。

1.4.3 分已知线段为任意等份

将图 1-37(a)所示的直线 AB 分为 6 等份,作图步骤如下:

(1) 过点 A 作任意直线 AC(图 1-37b),在 AC 上从点 A 起截取 6 等份,并连接点 B 和最后一个等分点 $B6$。

(2) 过各等分点作 $B6$ 的平行线分别交 AB 于 5 个点,即分 AB 为 6 等份,如图 1-37(c)所示。

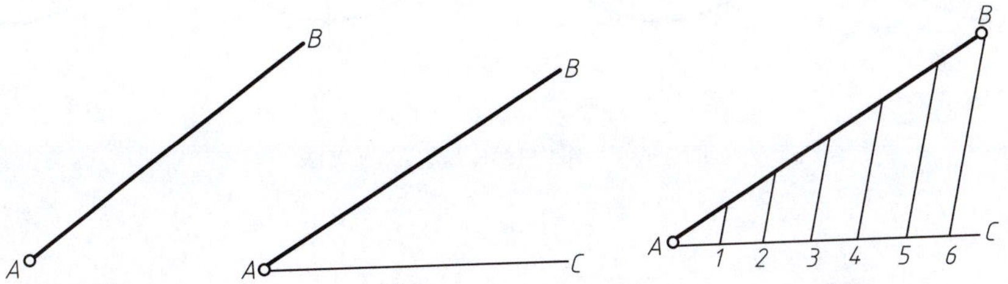

(a) (b) (c)

图 1-37 等分已知线段

思考

用数学的方法如何等分?

1.4.4 等分两平行线间的距离为任意等份(以6等份为例)

作图方法与步骤如图1-38所示。

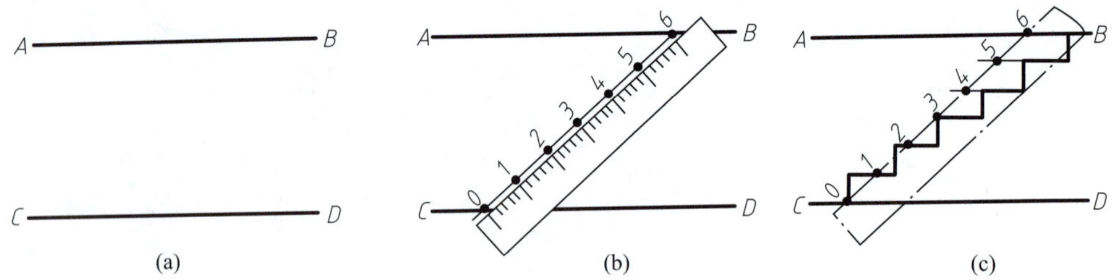

图1-38 等分两平行线间的距离

1.4.5 作圆的内接正多边形

1. 作圆内接正五边形

作图方法与步骤:

(1) 先平分半径 *OA*,得平分点 *B*(图1-39a)。

(2) 以 *B* 为圆心,*B1* 为半径作弧交于 *C*,弦 *C1* 即为五边形的边长(图1-39b)。

(3) 以 *1* 为圆心,以 *C1* 为半径作弧,得 *2*、*5* 两点(图1-39c)。

(4) 分别以 *2*、*5* 为圆心,以 *C1* 为长度在圆弧上截取 *3*、*4* 两点。顺次连接各点,即得正五边形(图1-39d)。

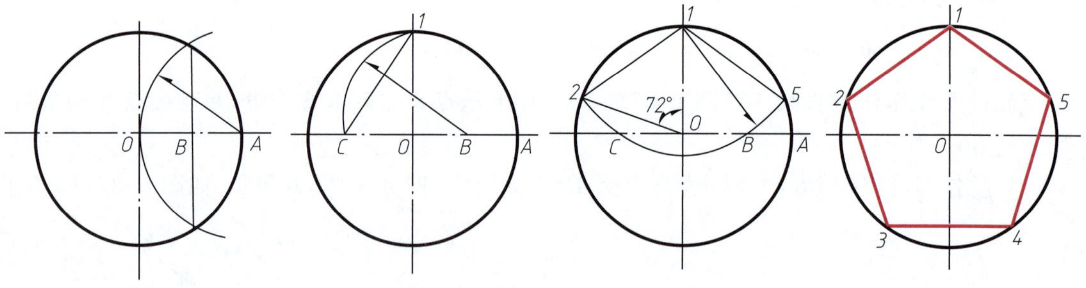

图1-39 作内接正五边形的方法

特别提示

可根据需要安排五边形的顶点位置。

2. 作圆内接任意正多边形(以正七边形为例)

作图方法与步骤:

(1) 先将直径 AB 分成为 7 等份(图 1-40a)。

(2) 以 B 为圆心,AB 为半径,画圆弧与 DC 延长线相交于 E,再自 E 引直线与 AB 上每隔一分点(如 0、2、4、6)连接,并延长与圆周交于 F、G、H 等点(图 1-40b)。

(3) 求出 F、G 和 H 的对称点 K、J 和 I,并顺次连接 F、G、H、I,J、K、A 等点,即得正七边形(图 1-40c)。

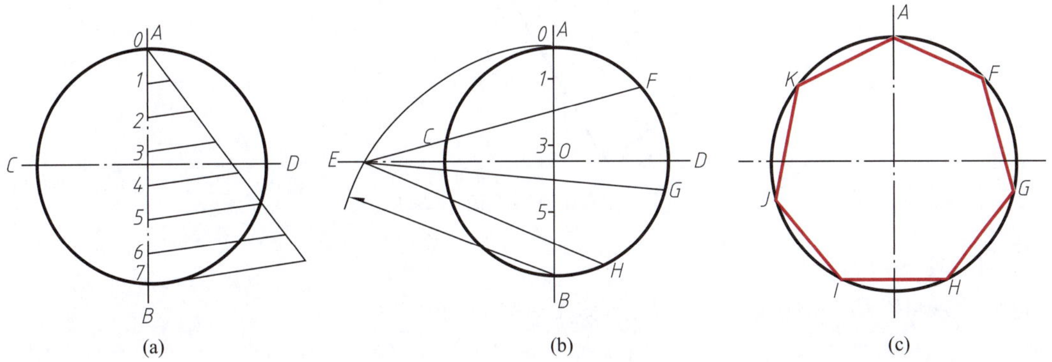

图 1-40 正七边形的近似画法

知识链接

根据原有几何知识,还可作出圆的内接正三、四、六边形。

思考

如何作圆的内接正 n 边形?

1.4.6 圆弧连接

知识引入

道路工程图中经常用到圆弧与直线连接或圆弧与圆弧连接,如道路的平面曲线、涵洞的洞口、隧道的洞门等。图 1-41 所示为道路的平面交叉口,就是用圆弧与直线连接而成的。

圆弧连接的形式很多,其关键是根据已知条件,准确地求出连接圆弧的圆心和切点(即连接点)。圆弧连接作图的原理就是相切,圆弧与直线相切,就保证了圆弧与直线的光滑连接;圆弧与圆弧相切,就保证了圆弧与圆弧的光滑连接。

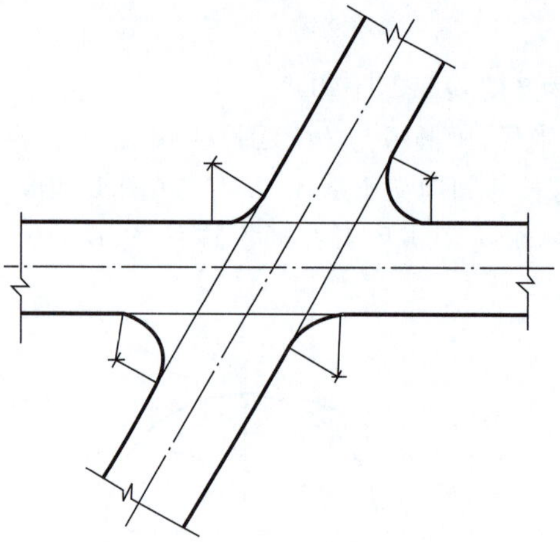

图 1-41 道路平面交叉口

1. 圆弧连接两已知直线

已知直线 AB、CD 和连接的半径 R，如图 1-42(a) 所示。

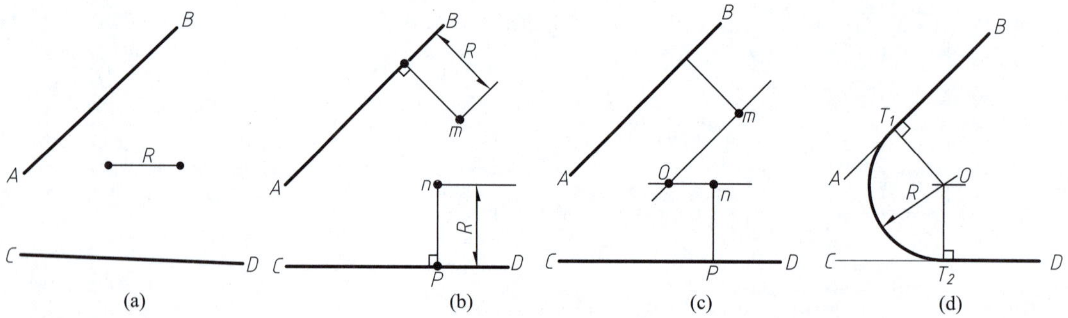

图 1-42 圆弧连接两已知直线

作图方法与步骤：

(1) 分别作出与直线 AB、CD 平行且相距为 R 的二直线（图 1-42b），交点 O 即为圆弧的圆心（图 1-42c）。

(2) 过点 O 分别作直线 AB、CD 的垂线，得垂足 T_1 和 T_2，即为所求的切点。

(3) 以 O 为圆心，R 为半径，作圆弧即为所求（图 1-42d）。

关键点

找圆心，定切点。

2. 圆弧与一已知直线和一已知圆弧连接

已知直线 AB 及以 O 为圆心、R_1 为半径的圆弧和连接圆弧的半径 R（图 1-43a）。

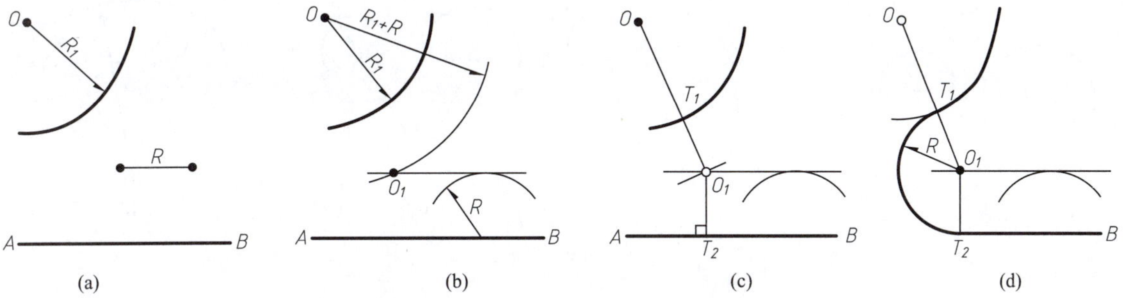

图 1-43　圆弧与一已知直线和一已知圆弧连接

作图方法与步骤：

(1) 以 O 为圆心，R_1+R 为半径，作圆弧，并作 AB 的平行线，使其间距为 R，平行线与半径为 R_1+R 的圆弧交于 O_1 点（图 1-43b）。

(2) 连 OO_1 与已知圆弧圆心 O 交于 T_1，过 O_1 作 AB 的垂线得垂足 T_2，T_1 和 T_2 即为切点（图 1-43c）。

(3) 以 O_1 为圆心，R 为半径，作圆弧，即为所求（图 1-43d）。

3. 圆弧连接两圆弧

(1) 外连接。已知半径为 R_1 和 R_2 的两圆弧，连接圆弧的半径为 R，求作圆弧与已知两圆弧外连接（图 1-44a）。

作图方法与步骤：

① 以 O_1 为圆心，R_1+R 为半径，作圆弧；以 O_2 为圆心，$R+R_2$ 为半径，作圆弧，两圆弧相交于 O，O 即为所求圆心（图 1-44b）。

② 连 O_1O 和 O_2O，分别交两已知圆弧于 A、B 点，A、B 即为所求切点（图 1-44c）。

③ 以 O 为圆心，R 为半径，作圆弧 AB 即为所求（图 1-44d）。

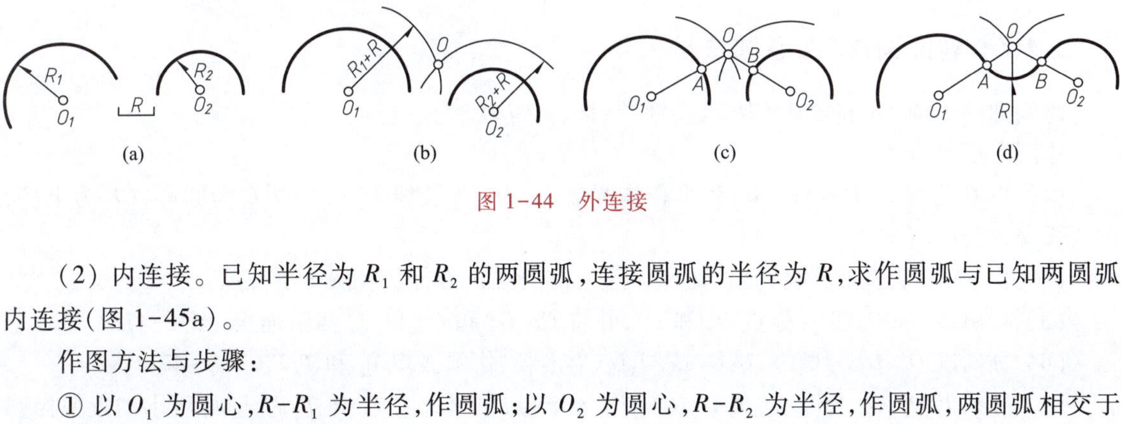

图 1-44　外连接

(2) 内连接。已知半径为 R_1 和 R_2 的两圆弧，连接圆弧的半径为 R，求作圆弧与已知两圆弧内连接（图 1-45a）。

作图方法与步骤：

① 以 O_1 为圆心，$R-R_1$ 为半径，作圆弧；以 O_2 为圆心，$R-R_2$ 为半径，作圆弧，两圆弧相交于 O，O 即为所求圆心（图 1-45b）。

② 连 OO_1 和 OO_2，并延长交两已知圆弧于 A、B 点，A、B 即为所求切点（图 1-45c）。

③ 以 O 为圆心，R 为半径，作圆弧 AB 即为所求（图 1-45d）。

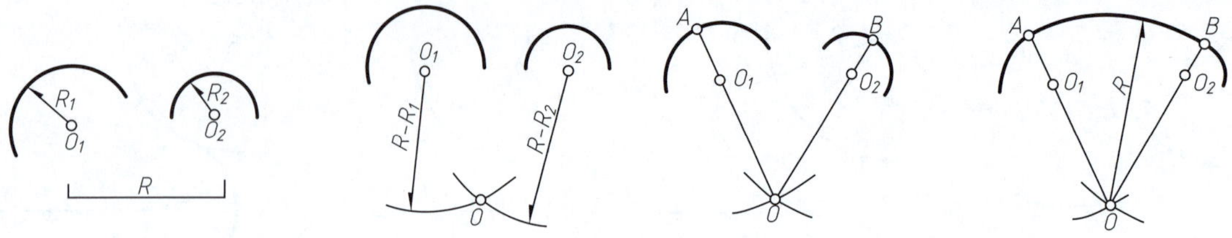

(a) (b) (c) (d)

图 1-45 内连接

(3) 混合连接。已知半径为 R_1 和 R_2 的两圆弧，连接圆弧的半径为 R，求作圆弧与已知两圆弧混合连接(图 1-46a)。

作图方法与步骤:

① 以 O_1 为圆心，$R+R_1$ 为半径，作圆弧；以 O_2 为圆心，R_2-R 为半径，作圆弧，两圆弧相交于 O，O 即为所求圆心(图 1-46b)。

② 连 OO_1 与以 R_1 为半径的圆弧交于 A 点，连 OO_2 并延长，交以 R_2 圆弧交于 B 点，A、B 即为所求切点(图 1-46c)。

③ 以 O 为圆心，R 为半径，作圆弧 AB 即为所求(图 1-46d)。

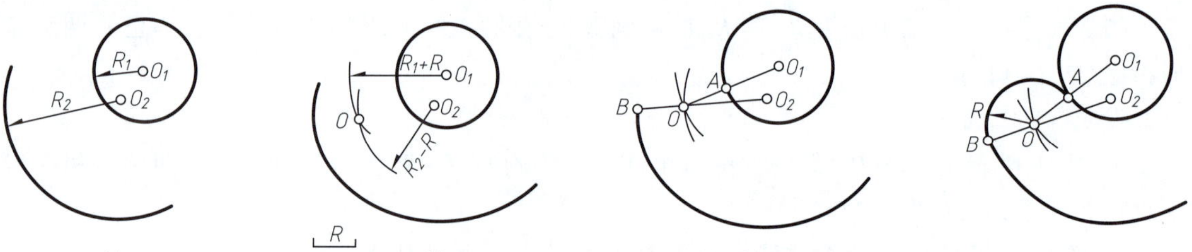

(a) (b) (c) (d)

图 1-46 混合连接

1.4.7 椭圆画法(四心圆法)

已知椭圆长轴 AB 和短轴 CD，求作椭圆(图 1-47a)。

作图方法与步骤:

(1) 以 O 为圆心，OA(或 OB)为半径作圆弧，交 DC 延长线于 E，又以 C 为圆心，CE 为半径，作圆弧交 AC 于 F(图 1-47b)。

(2) 作 AF 的垂直平分线，交长轴 AB 于 O_1，交短轴 CD 于 O_4(图 1-47c)。

(3) 量出 O_1 和 O_4 的对称点 O_2 和 O_3，并将 O_1、O_2 和 O_3 和 O_4 两两连接(图 1-47d)。

(4) 分别以 O_3、O_4 为圆心，O_4C(或 O_3D)为半径，作圆弧 T_1T_2 和 T_3T_4(图 1-47e)。

(5) 分别以 O_1、O_2 为圆心，O_1A(或 O_2B)为半径，作圆弧 T_3T_1 和 T_2T_4，即得所求的近似椭圆(图 1-47f)。

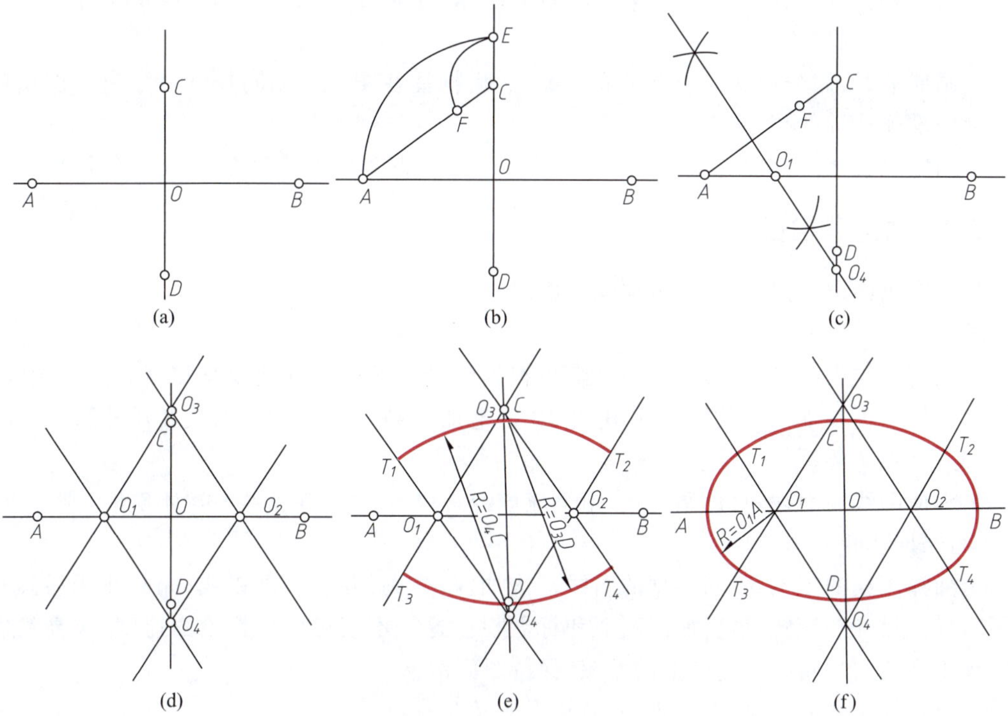

图 1-47 用四心圆法画近似椭圆

1.5 绘图的方法和步骤

1.5.1 准备工作

（1）安排合适的绘图工作地点。绘图是一项细致的工作，绘图工作地点要光线明亮、柔和。绘图桌椅高度要配置合适，绘图时姿势要正确，否则不仅影响工作效率，而且会影响身体健康。

（2）准备必需的绘图工具，如丁字尺、三角板、铅笔、橡皮等，使用之前应逐个进行检查、校正并擦拭干净，以保证绘图质量和图面整洁。

（3）根据所绘工程图的要求，按制图标准规定选用图幅大小，图纸在图板上粘贴的位置尽量靠近左边（离图板边缘 3~5 mm），图纸下边至图板边缘的距离应略大于丁字尺的宽度。

（4）根据制图标准规定，画出图框线和标题栏。

1.5.2 画底稿

（1）布图。在绘制图形之前，应根据图形的大小、比例合理布置图面，要做到图纸布局合理，图形分布均匀。

（2）画底稿。任何工程图样的绘制必须先画底稿，再进行加深和描图。图面布置之后，根据选定的比例用 H 或 2H 铅笔轻轻画出底稿。底稿必须认真画出，以保证图样的正确性和精确度。

如发现错误，不要立即就擦。可用铅笔轻轻做上记号，待全图完成之后，再一次擦干净，以保证图面整洁。

(3) 画底稿时，用分规从尺子上量取长度，然后标注在图上。相同长度尺寸应一次量取，以保证尺寸的准确，提高绘图速度。

(4) 画完底稿之后，必须认真逐图检查，看是否有遗漏和错误的地方，切不可匆忙加深。

1.5.3 加深和描图

在检查底稿确定无误之后，即可加深和描图。

1. 加深

(1) 加深前应先确定标准实线的宽度，再根据线型标准确定其他线型宽度。同类图线应粗细一致。一般粗度在 b 以上的图线用 B 或 2B 铅笔加深；$b/2$ 或更细的图线和尺寸数字、注解等可用 H 或 HB 铅笔绘写。

(2) 为使图线粗细均匀，色调一致，铅笔应该经常修磨，加深粗实线一次不够时，则应重复再画，切不可来回描粗。

(3) 加深图线的步骤是：同类型的图线一次加深；先画细线，后画粗线；先画曲线后画直线；先画图后标注尺寸和注解；最后加深图框和标题栏。这样不仅可以加快绘图速度，提高精度，而且可减少丁字尺与三角板在图纸上的摩擦，保持图面清洁。

(4) 全部加深之后，再仔细检查，若有错误应及时改正。

2. 描图

凡有保存价值和需要复制的图样均需描图。描图是将描图纸覆盖在铅笔底稿上用描图墨水描绘。

工作任务二

基本体的投影绘制

素养目标 (1) 通过由物到图的投影过程，增强空间思维能力，提升分析问题、解决问题的能力；
(2) 在投影图绘制练习中不断增强动手能力。

知识目标 (1) 认知投影的概念、分类及应用；
(2) 认知正投影的特性；
(3) 认知三面投影的形成以及三面投影的规律；
(4) 认知工程上常见的基本体的投影；
(5) 认知轴测投影的特点及绘制。

能力目标 (1) 能找出简单物体与其投影的对应关系；
(2) 能根据简单物体的立体图画出相应的投影图；
(3) 能根据三面投影绘制轴测投影；
(4) 能根据模型绘制物体的三面投影。

引入思考

(1) 如何将空间的形体，如道路、桥梁、房屋等图示在图纸上(设计)？
(2) 怎样阅读图示在纸上的工程图样(施工)？
(3) 三维空间形体的形状、大小如何反映到二维的平面图纸上？

2.1 投影的概念

2.1.1 影子与投影

物体在灯光或阳光的照射下会在地面和墙壁上产生影子。图 2-1 所示是在阳光照射下一段栏杆在地面上的影子,这种常见的自然现象,我们把它称为投影现象。从这一现象中可看出影子与形体之间存在着对应关系。影子是呈现在平面上的形状,而栏杆是三维的空间形体,说明用二维平面上画出的图形可以表达三维的空间形体。

图 2-1 栏杆的影子

当光线照射的角度或距离改变时,影子的位置、形状也随之改变。也就是说,光线、物体和影子三者之间存在着紧密的联系。图 2-2(a)所示是形体在正上方的灯光照射下产生的影子。随着光源、物体和投影面之间距离的变化,影子的大小、形状会发生相应变化。如果假想把光源移到无穷远处,即假设光线变为互相平行并垂直于地面时,影子的大小和形状如图 2-2(b)所示。

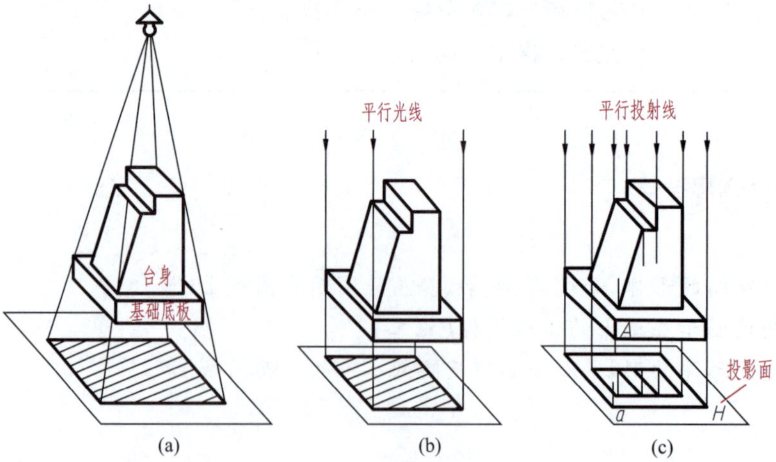

图 2-2 影子和投影

把阳光、灯泡等光源抽象为投影中心,把地面、墙壁抽象为投影面,把看不见的光线称为投射线，这三者构成了投影面体系。

把形体置入投影体系当中，在投影面上把形体的所有内外轮廓和内外表面交线全部表示出来，且沿投影方向凡可见的轮廓线画实线，不可见的轮廓线画虚线。这样，形体的影子就发展成为能满足生产需要的投影图，简称投影，如图 2-2(c)所示。这种投影的方法称为投影法。

思考

影子与投影的区别？

2.1.2 投影法的分类

按投射线的不同情况，投影可分为中心投影法和平行投影法。

1. 中心投影法

所有投射线从投影中心一点 S 发出的投影法称为中心投影法，得到的投影称中心投影，如图 2-3所示。

2. 平行投影法

所有投射线相互平行的投影法称为平行投影法，得到的投影称为平行投影。根据投射线与投影面的相对位置，又可分为：

(1) 斜投影法——投射线与投影面斜交，如图 2-4(a)所示。

(2) 正投影法——投射线与投影面垂直，如图 2-4(b)所示。

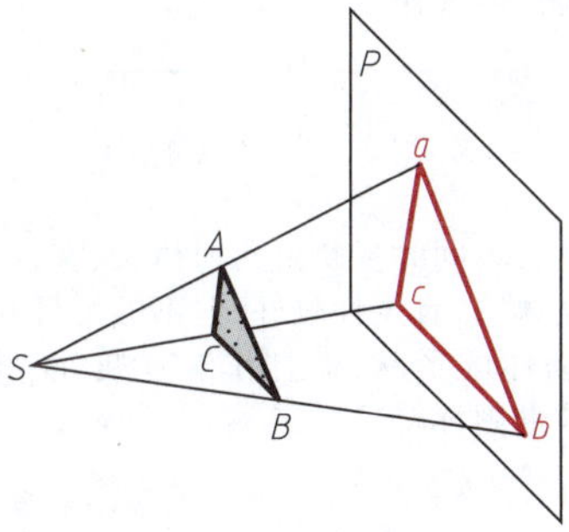

图 2-3 中心投影

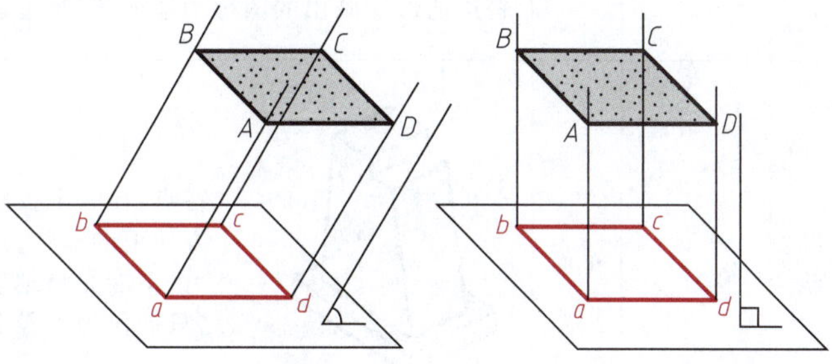

(a) 斜投影 (b) 正投影

图 2-4 平行投影

特别提示

大多数的工程图都是采用正投影法绘制。正投影法是本课程研究的主要对象，今后凡未作特别说明，都属正投影。

用图表示工程结构物时，由于表达目的和被表达对象特征的不同，需要采用不同的投影法来表达不同的形体。工程上常用的几种投影法和图示法见表 2-1。

表 2-1 常用的几种投影法和图示法

透视 投影	中心 投影法		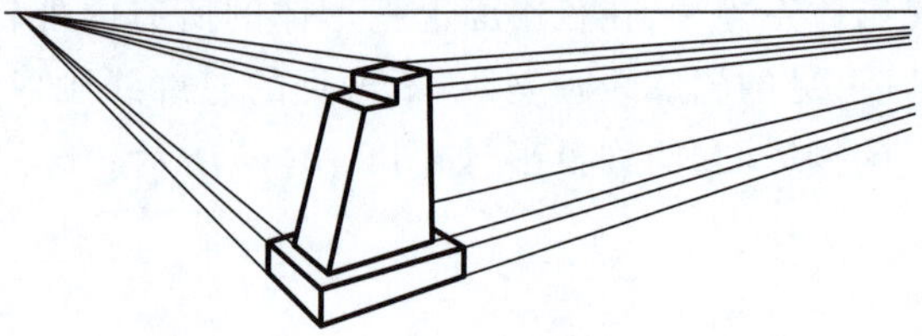 桥台透视图 特点：与照相原理相似，图像接近于视觉映像，逼真、悦目，直观性很强，常作为设计方案比较、展览用的图样。但绘制较繁，且不能直接反映物体的真实大小，不便度量
标高 投影	平行正 投影法	单面	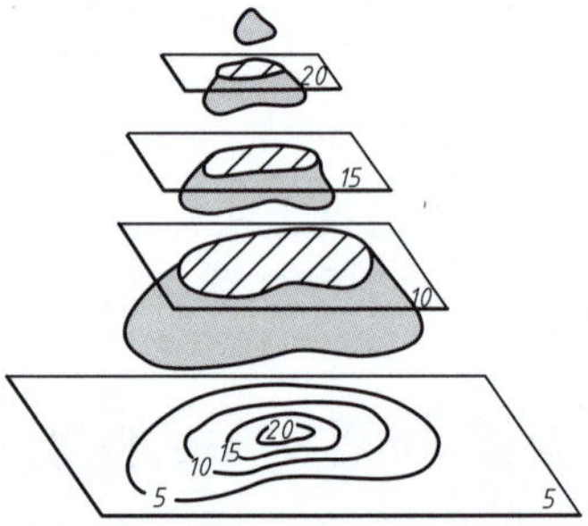 标高投影图  (a) (b) 特点：利用平行正投影法将形体投影到一个水平面上，是一种带有数字标记的单面正投影，常用来表示不规则曲面，它具有一般正投影的优缺点。用这种方法表达地形所画出的图称为地形图，在工程上被广泛采用
轴测 投影	平行 投影法	单面	 桥台轴测投影图 特点：在一个投影图上可以同时反映出几何体长、宽、高三个方向上的形状，富有立体感，直观性较好，但不够悦目和自然，也不能完整地表达物体的形状，而且作图复杂、度量性差，只能作为工程上的辅助图样
正投影	平行 投影法	多面	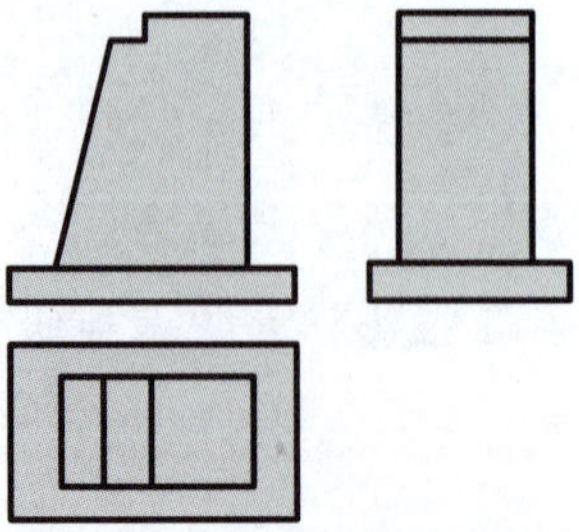 桥台三面正投影图 特点：把空间几何体投影到两个或两个以上互相垂直的投影面上，然后将这些带有几何体投影的投影面按一定的规律展开在一个平面上。作图较简便，有很好的度量性，在工程上应用最广。其缺点是无立体感，直观性较差，初学者读图困难

2.1.3 正投影特性

一般规定:空间点用大写英文字母表示,投影用它对应的小写字母表示,如空间点 *A*,其水平投影就用 *a* 表示。

1. 类似性

(1) 点的投影仍然是点,如图 2-5(a)所示。

(2) 直线的投影在一般情况下仍为直线,当直线段倾斜于投影面时,其正投影短于实长。如图 2-5(b)所示,通过直线 *AB* 上各点的投射线,形成一平面 *ABba*,它与投影面 *H* 的交线 *ab* 即为 *AB* 的投影。

(3) 平面的投影在一般情况下仍为平面,当平面倾斜于投影面时,其正投影小于实形,如图 2-5(c)所示。

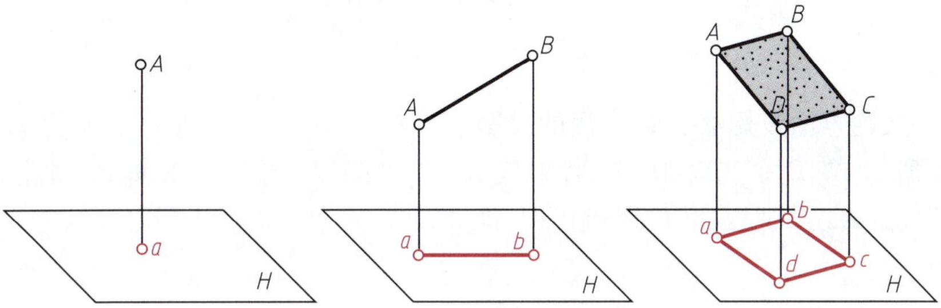

(a) 点的投影　(b) 直线的投影　(c) 平面的投影

图 2-5　点、直线和平面的投影

2. 实形性

平行于投影面的直线和平面,其投影反映实长和实形。如图 2-6 所示,直线 *AB* 平行于投影面 *H*,其投影 *ab*=*AB*,即反映 *AB* 的真实长度。平面 *ABCDEFGH* 与 *H* 面平行,其投影 *abcdefgh* 反映其真实大小。

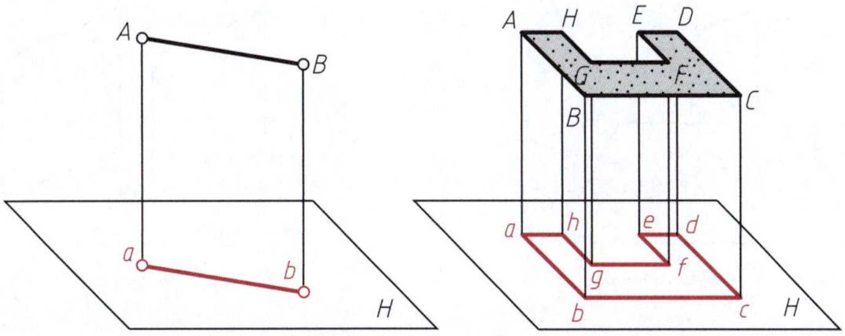

(a) 直线平行于投影面　(b) 平面平行于投影面

图 2-6　投影的实形性

3. 积聚性

垂直于投影面的直线,其投影积聚为一点;垂直于投影面的平面,其投影积聚为一条直线。

如图 2-7 所示,直线 AB 垂直于投影面 H,其投影积聚成一点 $a(b)$。平面图形垂直于投影面 H,其投影积聚成一直线。

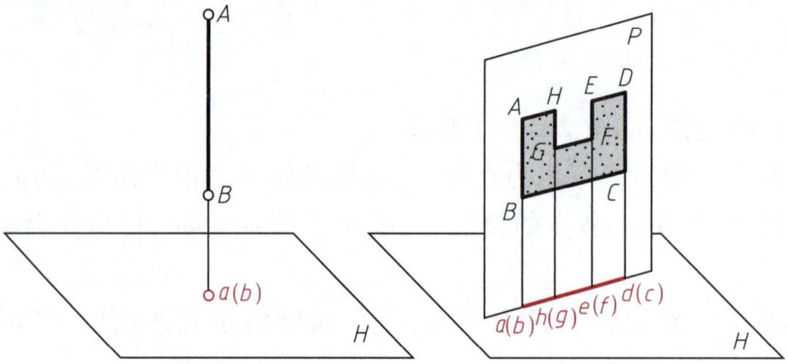

(a) 直线垂直于投影面　　(b) 平面垂直于投影面

图 2-7 投影的积聚性

4. 从属性

点在直线上,则点的投影必在该直线的投影上。

如图 2-8 所示,点 K 在直线 AB 上,投射线 Kk 必与 Aa、Bb 在同一平面上,因此点 K 的投影 k 一定在 ab 上,且点 K 分线段与其投影成比例,即 $AK:KB=ak:kb$。

思考

如果点的投影在直线的投影上,则空间点一定在直线上吗?

5. 平行性

两平行直线的投影仍互相平行,且其投影长度之比等于两平行线段长度之比。

如图 2-9 所示,$AB//CD$,其投影 $ab//cd$,且 $ab:cd=AB:CD$。

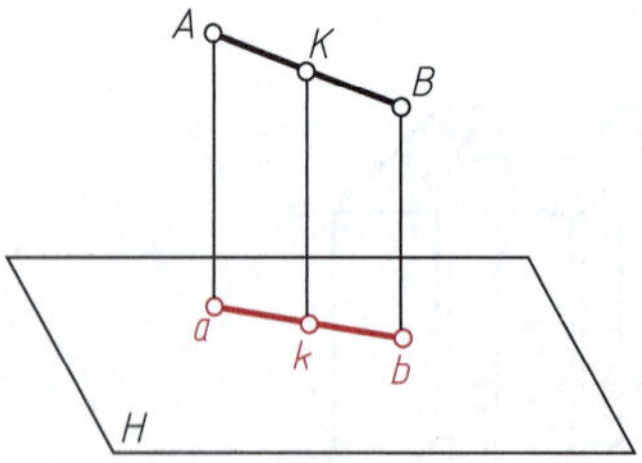

图 2-8 直线的从属性和定比性

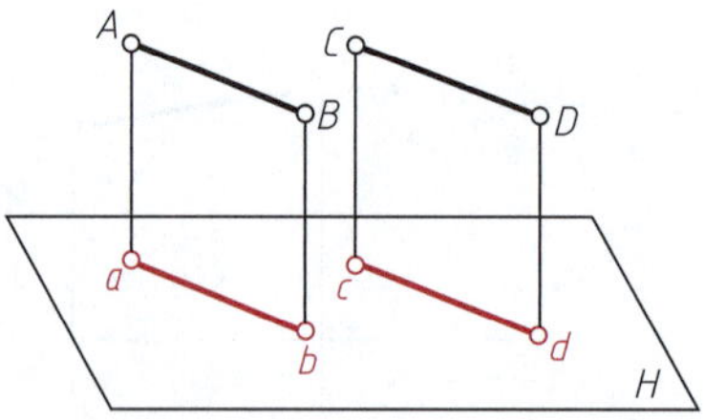

图 2-9 两平行直线的投影

2.2 物体的三面投影

绘制工程图样的主要方法是正投影法。因为这种方法画图简单,画出的图又具有形状真实、度量方便等优点,能够满足设计和施工的要求。

知识引入

仔细观察图 2-10 所示三个不同物体的投影。

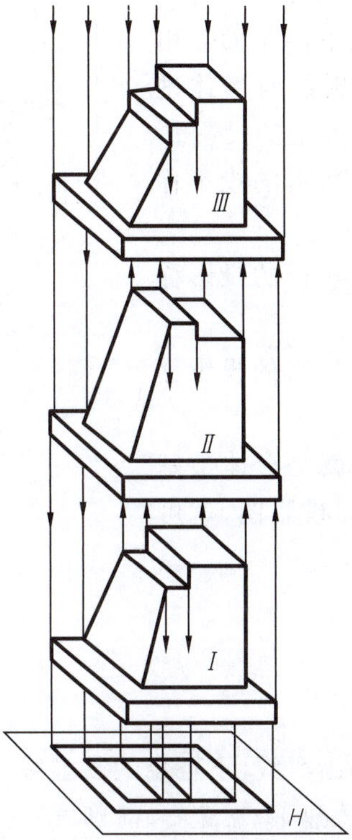

图 2-10 三个不同物体的投影

发现：形状不同的形体，在同一投影面上的投影却是相同的。

结论：一个单面正投影图不能唯一地确定形体的形状和位置。

2.2.1 投影面体系的设置

工程图中一般采用三面正投影的画法。如图 2-11 所示，把形体放在三个互相垂直的平面所组成的三面投影体系中进行投影。水平放置的平面称为水平投影面，用字母“*H*”表示，简称为 *H* 面；正对观察者的平面称为正立投影面，用字母“*V*”表示，简称为 *V* 面；观察者右侧的平面称为侧立投影面，用字母“*W*”表示，简称为 *W* 面。三投影面两两相交构成三条投影轴 *OX*、*OY* 和 *OZ*，三轴的交点 *O* 称为原点。只有在这个体系中，才能比较充分地表示出形体的空间形状。

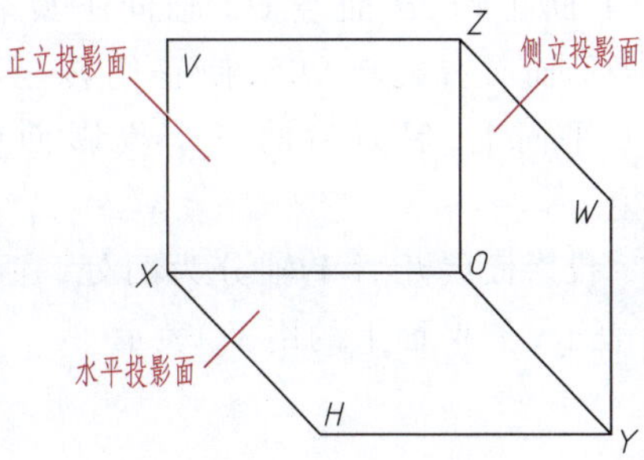

图 2-11 三面投影体系

2.2.2 三面投影图的形成

现将被投影的形体置于三投影面体系中，且形体在观察者和投影面之间，如图 2-12 所示。形体靠近观察者一面称为前面；反之称为后面。同理确定出形体其余的左、右、上、下四个面。用三组分别垂直于三个投影面的投射线对形体进行投影，就得到该形体在三个投影面上的投影。

(1) 由上向下投影，在 H 面上所得的投影称为水平投影，简称 H 面投影。

(2) 由前向后投影，在 V 面上所得的投影称为正立面投影，简称 V 面投影。

(3) 由左向右投影，在 W 面上所得的投影称为(左)侧立面投影，简称 W 面投影。

上述所得的 H、V、W 三个投影就是形体最基本的三面投影图。根据形体的三面投影图，就可以确定该形体的空间位置和形状。

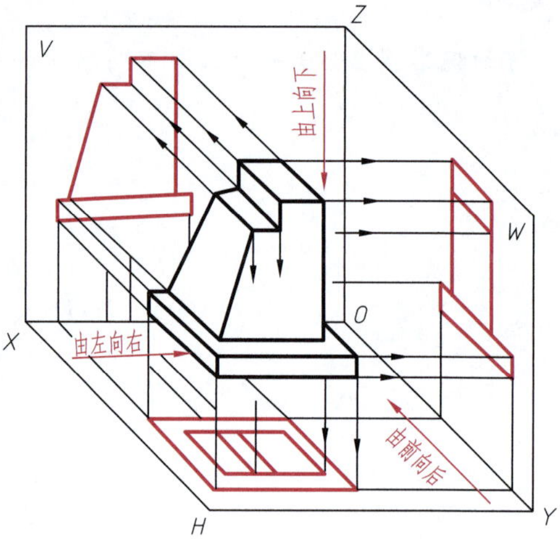

图 2-12 三面投影图的形成

知识链接

在三面投影图中，可见的线条画实线，不可见的画虚线，不可见的点加括号表示。根据观察方向，投影图中可见性判别为“上遮下、左遮右、前遮后”。

2.2.3 三面投影的展开

为了把相互垂直的三个投影面上的投影画在二维的图纸上，就必须把三个投影面展开，使之摊平在同一个平面上。其方法如图 2-13 所示，V 面不动，H 面绕 OX 轴向下旋转 90°，W 面绕 OZ 轴向右旋转 90°，使它们转至与 V 面同在一个平面上，展开后的三个投影面就在同一平面上。

投影面展开后 Y 轴分为两处，在 H 面上的用 Y_H 表示；在 W 面上的用 Y_W 表示。

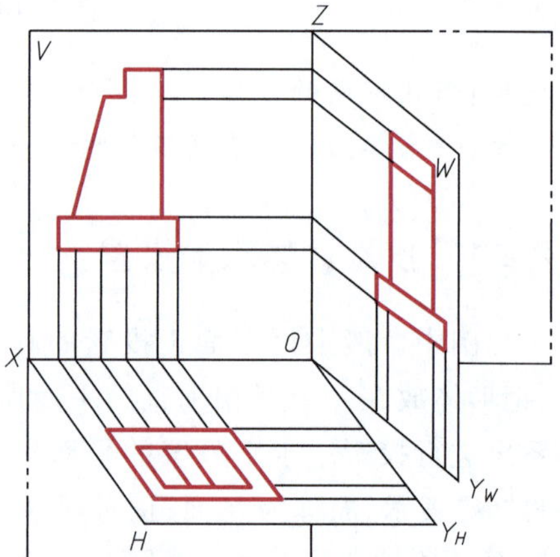

图 2-13 三面投影图的展开方法

特别提示

由于平面可以无限延伸，为了简化作图，在三面投影图中不画投影面的边框线，投影图之间的距离可根据需要确定，三条轴线也可省去。

2.2.4 三面投影图的投影关系

1. 投影中的长、宽、高和方位关系

每个形体都有长度、宽度、高度或左右、前后、上下三个方向的形状和大小变化。形体左右之间沿 OX 轴方向的距离称为长度；上下之间沿 OZ 轴方向的距离称为高度；前后之间沿 OY 轴方向的距离称为宽度。

每个投影图都能反映其中两个方向的尺寸和位置。H 面投影反映形体的长度和宽度，同时也反映左右（X 轴）、前后位置（Y 轴）；V 面投影反映形体的长度和高度，同时也反映左右（X 轴）、上下位置（Z 轴）；W 面投影反映形体的高度和宽度，同时也反映上下（Z 轴）、前后位置（Y 轴），如图 2-14 所示。

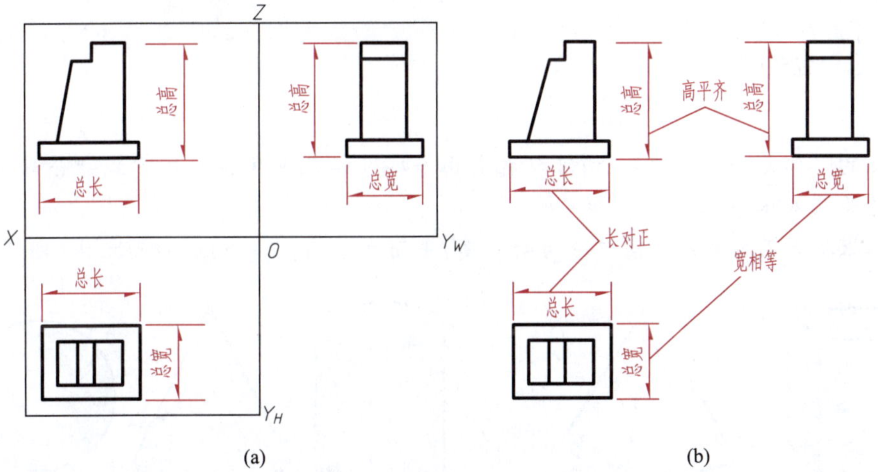

图 2-14 三面投影图的投影规律

知识链接

三面投影图是从形体的三个方向投影得到的。三个投影图之间是密切相关的，它们的关系主要表现在它们的度量和相互位置上的联系。

2. 投影图的三等关系

三面投影图是在形体安放位置不变的情况下，从三个不同方向投影所得到的，它们共同表达同一形体，因此它们之间存在着紧密的关系：V、H 两面投影都反映形体的长度，展开后所反映形体的长度不变，因此画图时必须使它们左右对齐，即“长对正”的关系；同理，*H*、*W* 两面投影都反映物体的宽度，有“宽相等”的关系；*V*、*W* 两面投影都反映物体的高度，有“高平齐”的关系，总称为“三等关系”，如图 2-14(b)所示。

“长对正、高平齐，宽相等”是三面投影图最基本的投影规律，它不仅适用于整个形体的投影，也适用于形体的每个局部。

3. 投影位置的配置关系

以正立投影(立面图)为准，水平投影(平面图)在立面图的正下方，侧面投影(左侧面图)在立面图的正右方，如图 2-14 所示。

特别提示

(1) 投影位置的配置关系不能随意改变。

(2) 画三面投影图时，投影线和坐标轴用细实线绘制，物体的轮廓线用中粗线表示。

2.3 基本体的投影及其表面交线

知识引入

工程上的形体无论多么复杂，均可以看成由一些简单几何体按一定方式组合而成。这些简单几何体称为基本体。

基本体根据表面性质的不同可分为两大类：平面立体(图 2-15)和曲面立体(图 2-16)。

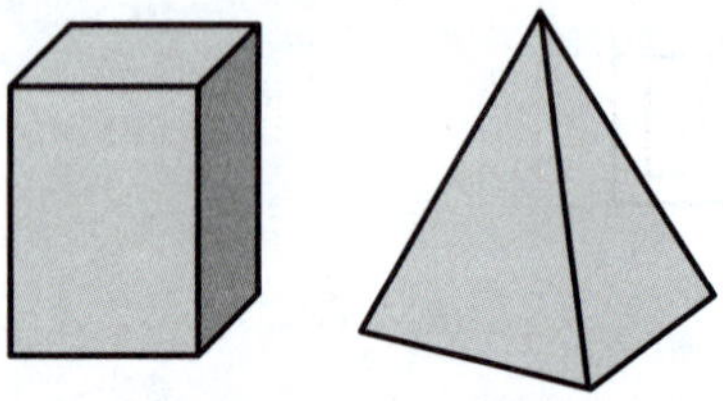

图 2-15 平面立体

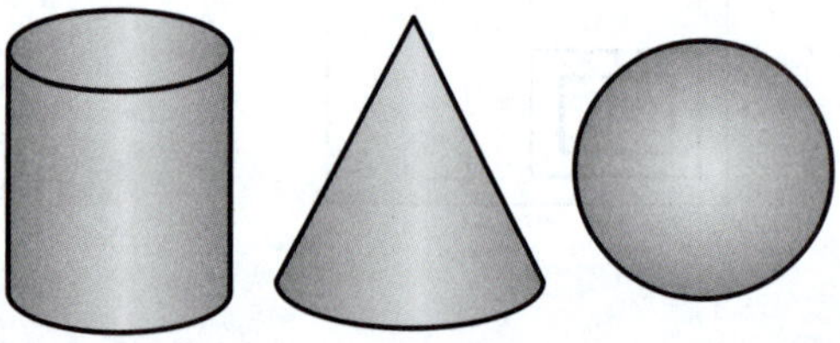

图 2-16 曲面立体

2.3.1 平面立体的投影

表面都是由平面围成的立体称为平面立体。平面立体上相邻的表面交线称为棱线。平面立体主要有棱柱体、棱锥体(棱台)两种。

1. 棱柱

(1) 棱柱的特征。

棱柱分为直棱柱(侧面与底面垂直)和斜棱柱(侧面与底面倾斜)。这里只讨论直棱柱。直棱柱的上下底面互相平行且全等，侧棱线相互平行而且垂直于上下底面，棱面均为矩形。

（2）棱柱的投影。

图 2-17(a)为正六棱柱的立体图,该六棱柱的顶面和底面均为正六边形,平行于 H 面,前后两侧面平行于 V 面。

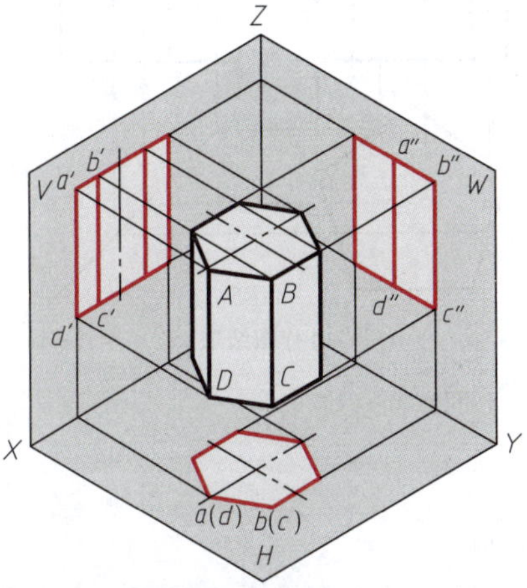

(a) 立体图

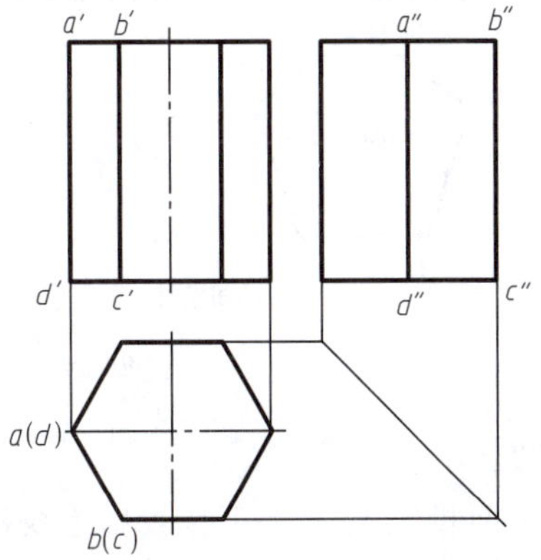

(b) 投影图

图 2-17　棱柱的投影

水平投影(H 面投影):一个正六边形,它是顶面和底面的反映实形的投影,顶面和底面的投影重合,顶面可见,底面不可见。正六边形的各个边是正六棱柱六个侧面的积聚投影。

正面投影(V 面投影):由三个矩形线框组成。中间的线框是前、后两侧面的投影,反映实形,前侧面可见,后侧面不可见;旁边两线框是其余四个侧面的投影,是类似形,位于前面的可见(如 $a'b'c'd'$),位于后面的不可见;顶面和底面在 V 面上的投影积聚为上、下两条平行于 OX 轴的直线段。

侧面投影(W 面投影):是两个矩形线框,是左边两个侧面和右边两个侧面的重合投影,是类似形,位于左面的两个侧面可见,位于右面的不可见;前、后两侧面、顶面、底面的侧面投影积聚为直线,分别平行于 OZ 轴、OY 轴。

投影特征:一个投影有积聚性,反映棱柱的形状特征;而另外两投影都是由实线或虚线组成的矩形线框。

特别提示

画棱柱的三面投影时,一般先画反映棱柱形状特征的积聚投影,然后根据投影规律画出其他投影。

[例题 2-1]　如图 2-18(a)所示,已知五棱柱体棱面上点 A、B、D 的 V 面投影,点 C 的 H 面投影,补全四点的其他两面投影,并作直线 BD 投影。

分析:由 V 面投影可知,点 A、B 在侧面上,点 D 在最右侧棱线上。因为点 C 的 H 面投影落在五边形的边框内,而且可见,点 C 一定在五棱柱的上顶面上。

立体图：五棱柱

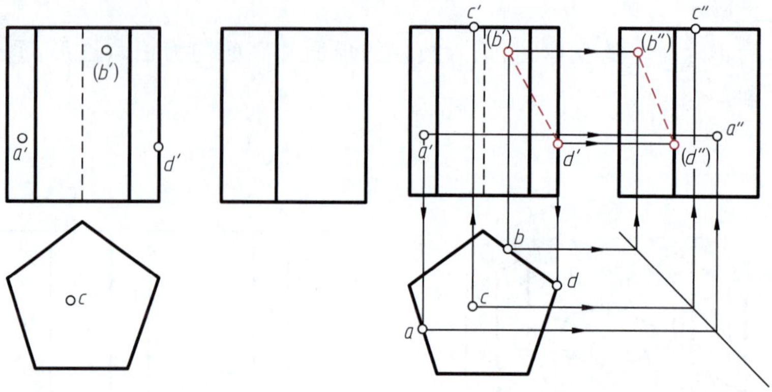

(a) 已知条件　　(b) 作图结果

图 2-18　五棱柱面上的点和直线

作图步骤如下：

(1) 由 V 面投影 a'、b' 向下作投影连线得到 a、b。

(2) 由 V 面投影 a'、b' 向右作投影线，再由 H 面投影 a、b 作投影连线定出 a''、b''，a'' 可见，b'' 不可见。

(3) 由点 D 的 V 面投影 d' 向右作投影线，在已知棱线的 W 面投影上求得 d''，d'' 不可见，向下作投影连线得 d。

(4) 由点 C 的 H 面投影向上作投影线得 c'，向 W 面投影连线得 c''。

(5) 如果在棱面上作直线的投影，只需要将两点的投影分别求得，相连即可。如图 2-18(b)所示，直线 BD 的三面投影，bd 可见，$b'd'$ 和 $b''d''$ 不可见。

知识链接

由于棱柱体的一个投影有积聚性，棱柱面上取点和直线可首先判断其所在的位置，然后利用棱柱面投影的积聚性来作图。如果点在棱线上，只要抓住点线投影的从属性就可以确定其位置。

2. 棱锥

(1) 棱锥的特征。

底面为多边形，各棱面都是具有公共顶点的三角形。

(2) 棱锥的投影。

图 2-19(a)为一个正三棱锥的立体图，该三棱锥的底面平行于 H 面。

水平投影(H 面投影)：由于底面平行于 H 面，所以它的 H 面投影反映实形，为不可见面。三个侧面的 H 面投影 $\triangle sab$、$\triangle sac$、$\triangle sbc$ 均为类似形，且可见。

正面投影(V 面投影)：底面 $\triangle ABC$ 在 V 面上的投影积聚为一条平行于 OX 轴的直线段 $a'b'c'$，三个侧面 $\triangle SAB$、$\triangle SAC$、$\triangle SBC$ 在 V 面上的投影 $\triangle s'a'b'$、$\triangle s'a'c'$、$\triangle s'b'c'$ 均为类似形，$\triangle s'a'b'$、$\triangle s'b'c'$ 可见，$\triangle s'a'c'$ 不可见。

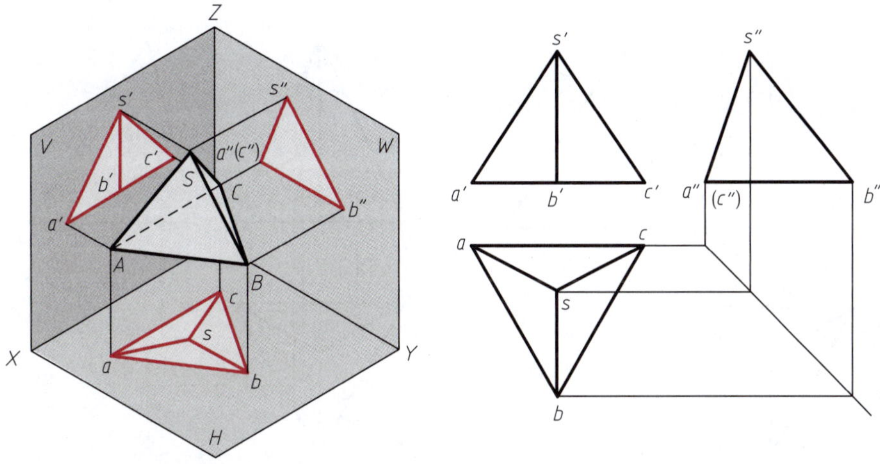

(a) 立体图　　(b) 投影图

图 2-19　棱锥的投影

侧面投影(*W* 面投影):底面△*ABC* 在 *W* 面上的投影积聚为一条平行于 *OY* 轴的直线段 *a″b″c″*,侧面△*SAB*、△*SBC* 在 *W* 面上的投影△*s″a″b″*、△*s″b″c″*为类似形且重合,△*s″a″b″*可见,△*s″b″c″*不可见。△*SAC* 垂直于 *W* 面,所以它的 *W* 面投影积聚为一直线 *s″a″*(*c″*)。

特别提示

画棱锥的三面投影时,一般先画出底面的各个投影,然后确定锥顶 S 的三面投影,将它与底面各点连接起来,就可画出棱锥的投影图。

思考

棱锥与棱柱投影特点的区别是什么?

[例题 2-2]　如图 2-20(a)所示,已知三棱锥体棱面上点 *A* 和直线 *BC* 的 *H* 面投影 *a*、*bc*,求其相应的 *V* 面、*W* 面投影。

分析:点 *A* 在三棱锥的后棱面上,而后棱面垂直于 *W* 面,它的 *W* 面投影有积聚性,可以利用积聚性求出。*B*、*C* 两点的投影可以用在棱面上作辅助直线的方法求得。

作图步骤如下:

(1) 过点 *A* 的 *H* 面投影 *a* 作投影连线得出 *a″*,进而得到 *a′*。

(2) 在 *H* 面上过 *b*、*c* 点作辅助线 *s1*、*s2*,再由 *s1*、*s2* 求得 *s′1′*、*s′2′*,然后由 *b*、*c* 引投影边线分别与 *s′1′*、*s′2′*相交,求得 *b′*、*c′*,再根据投影规律求出 *b″*、*c″*。

(3) 由水平投影可知 *A* 点在后面,故 *V* 面投影 *a′*不可见,由于 *BD* 在右前侧面上,故 *b′* 和 *c′*可见,*b″* 和 *c″*不可见,连成虚线。

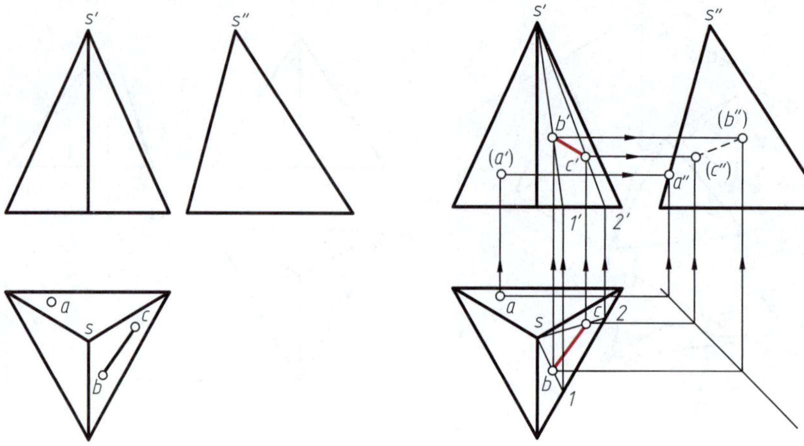

立体图：三棱锥

(a) 已知条件　　(b) 作图结果

图 2-20 棱锥体面上的点和直线

知识链接

棱锥的各棱面投影没有积聚性，在棱锥表面上取点应按照点、线、面的从属关系，先在棱面上作辅助线（作辅助线一般有两种方法：一种是通过锥顶；另一种是作底边平行线），然后再根据点线的从属关系完成棱锥表面上取点。

2.3.2 曲面立体的投影

曲面立体是由曲面或曲面与平面所围成的，工程上常用的曲面体是回转体，如圆柱、圆锥、球体等。当表面是光滑曲面时，其不像平面体那样有明显的棱线，所以，在画图时要抓住曲面立体的投影特征。

1. 圆柱

（1）圆柱的形成

如图 2-21(a)所示，圆柱是由圆柱面和上下底面所围成的。圆柱面是由直线 AA_1 绕与它平行的轴线 OO_1 旋转一周而形成的，直线 AA_1 称为母线，圆柱面上任意一条平行于轴 OO_1 的直线称为圆柱面的素线。

（2）圆柱的投影

水平投影（H 面投影）：当圆柱的轴线垂直于水平投影面时，它的 H 面投影为一个圆，反映圆柱顶面和底面的实形，而圆周又是圆柱面的积聚投影，圆柱面上任何点和线的水平投影都积聚在这个圆上。

正面投影（V 面投影）：圆柱的 V 面投影是一个矩形线框，矩形的上、下边是圆柱上、下底面的积聚投影。矩形的左、右两条边 $a'a_1'$、$b'b_1'$ 是圆柱最左、最右素线 AA_1 和 BB_1 的投影，这两条素线成为圆柱正面投影的轮廓线，也是可见（前半部分）和不可见（后半部分）的分界线。因圆柱面是光滑的表面，轮廓线的其他投影不画出。

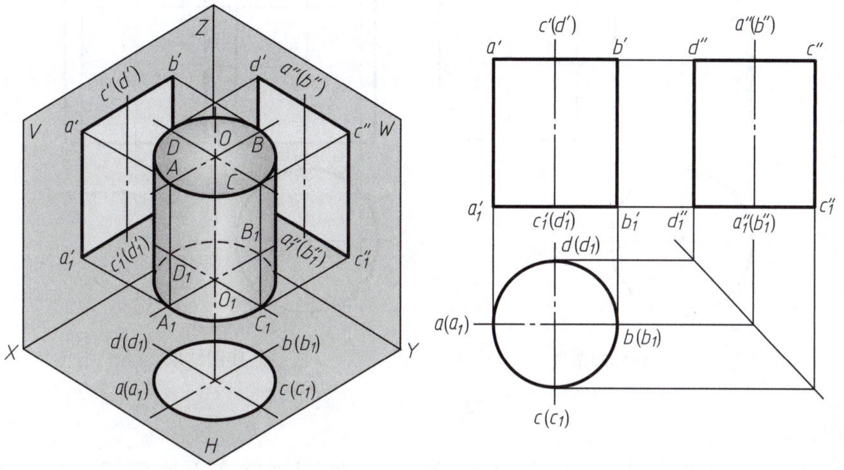

(a) 立体图　　(b) 投影图

图 2-21　圆柱的投影

侧面投影（W 面投影）：圆柱的 W 面投影也是一个矩形线框，矩形的上、下边是圆柱上、下底面的积聚投影。矩形的左、右两条边 $d''d_1''$、$c''c_1''$是圆柱最后、最前素线 DD_1 和 CC_1 的投影，这两条素线成为圆柱侧面投影的轮廓线，也是可见（左半部分）和不可见（右半部分）的分界线，它们的正面投影与轴线重合。

特别提示

画图时，先确定轴线和圆的中心线，再画水平投影的圆，然后再画其他两投影图。

思考

圆柱与棱柱投影特点的共性和区别点是什么？

［例题 2-3］　如图 2-22（a）所示，已知圆柱面上点 M 的正面投影 m'和点 N 的侧面投影 n''，求出它们的其他两面投影。

分析：由于 m'可见，可知点 M 在前半个圆柱面上。由于 n''可见，且落在最后方的轮廓素线上，是特殊点。

作图步骤如下：

（1）利用圆柱面的水平投影有积聚性，可由 m'直接找到 m，再根据投影规律找出 m''。由于 M 点在左半圆柱面上，所以 m''不可见。

（2）由 n''向左作投影线可得 n'，由于点 N 在后半圆柱面上，所以 n'不可见。再根据两面投影求出 n。

立体图：圆柱

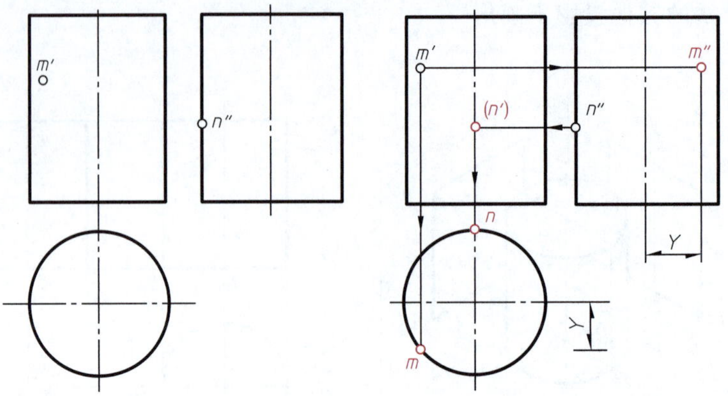

(a) 已知条件　　(b) 作图结果

图 2-22　圆柱面上的点

如果某点落在上、下底面上，可由其 *H* 面投影可见性判别落在上底面或下底面上，直接连线得 *V* 面投影，再由两面投影求得侧面投影。

2. 圆锥

（1）圆锥的形成

圆锥面是一直线 *SA* 绕与其相交于 *S* 点的轴线 *SO* 旋转一周而形成的曲面。*SA* 是母线，它在锥面停留的任何一位置称为素线。图 2-23 所示为轴线垂直于 *H* 面的圆锥的三面投影图。

（2）圆锥的投影

水平投影（*H* 面投影）：图 2-23 所示的圆锥的轴线垂直于 *H* 面，底面平行于 *H* 面。圆锥的 *H* 面投影是一个圆，是圆锥面和底面的重合投影，该圆反映底面的实形。

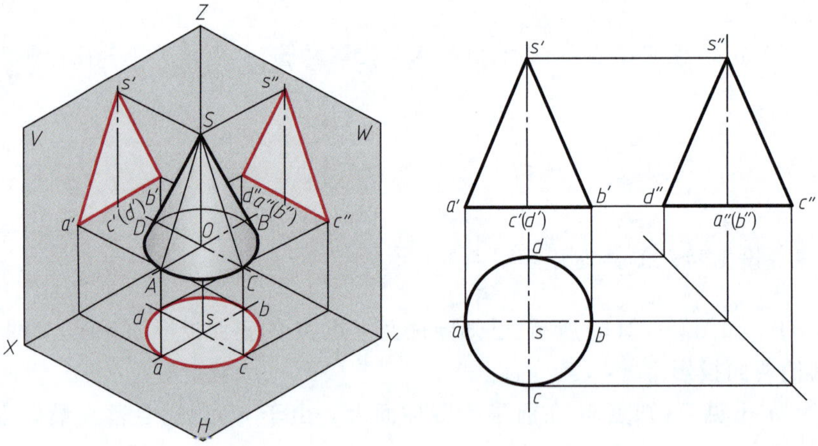

(a) 立体图　　(b) 投影图

图 2-23　圆锥的投影

正面投影（*V* 面投影）：圆锥的 *V* 面投影是等腰三角形，底边是锥底的积聚投影，两腰 *s′a′*、*s′b′* 是圆锥最左素线 *SA* 和最右素线 *SB* 的正面投影，这两条素线成为圆锥正面投影的轮廓线，也是可见（前半部分）和不可见（后半部分）的分界线。因圆锥面是光滑的表面，轮廓线的其他投影不应画出。

侧面投影（W 面投影）：圆锥的 W 面投影也是等腰三角形，底边是锥底的积聚投影，两腰 $s''c''$、$s''d''$是圆锥最前素线 SC 和最后素线 SD 的侧面投影投影，这两条素线成为圆锥侧面投影的轮廓线，也是可见（左半部分）和不可见（右半部分）的分界线。它们的正面投影与轴线重合。

特别提示

画图时，先确定轴线和圆的中心线，再画底圆的三面投影，然后确定锥顶三面投影的位置，最后画出其轮廓线的投影。

思考

圆锥与棱锥投影的共性和区别点是什么？

［例题 2-4］　如图 2-24（a）所示，已知圆锥面上点 M 的 V 面投影 m' 和点 N 的 H 面投影 n，求出它们的其他两面投影。

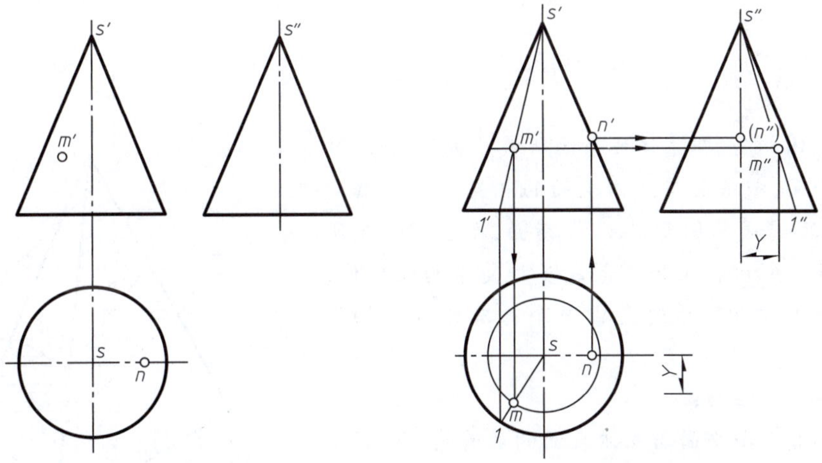

(a) 已知条件　　(b) 作图结果

图 2-24　圆锥表面上的点

立体图：圆锥

分析：圆锥面上点 N 位于最右轮廓线上，根据点在直线上的从属投影特性，直接作出 n'、n''。n' 可见，n'' 不可见。作图结果如图 2-24（b）所示。

知识链接

因为圆锥面的投影无积聚性，其面上点的投影需通过作辅助素线或纬圆求得。

素线法求点 M 投影：

（1）过 m' 作辅助素线 $S1$ 的 V 面投影 $s'1'$，然后作出辅助素线的水平投影 $s1$ 和侧面投影 $s''1''$，因为 m' 可见，所以 M 点一定位于圆锥的左前部分。过 M 的辅助素线也一定位于左前部分。

（2）分别在 $s1$ 和 $s''1''$ 上定出 m 和 m''，m 和 m'' 均为可见。

纬圆法求点 M 投影：

（1）过 m' 作纬圆的 V 面投影，然后作出纬圆的水平投影和侧面投影。

（2）分别在纬圆的水平投影和侧面投影上定出 m 和 m''，m 和 m'' 均为可见。

知识链接：球体的投影

球面是由圆母线绕其直径旋转而形成的。球的各投影的轮廓线均为同样大小的圆，其直径等于球的直径，但三个投影面上的圆是三个不同方向的轮廓线。

2.3.3 基本体表面交线

微课：平面与平面立体相交求解截交线

1. 截交线

知识引入

平面与立体相交，即立体被平面所截。截切立体的平面称为截平面，截平面与立体表面的相交线称为截交线，由截交线所围成的图形称为截断面，如图 2-25 所示。基本体被截断后再组合可形成多种复杂的组合体，工程上的许多结构物可看作是由多个基本体经截切再组合而成的。

截交线的基本性质：

（1）截交线是截平面与立体表面的共有线。

（2）截交线是封闭的平面图形。

求截交线的实质，可归结为求立体表面与截平面的交线问题。

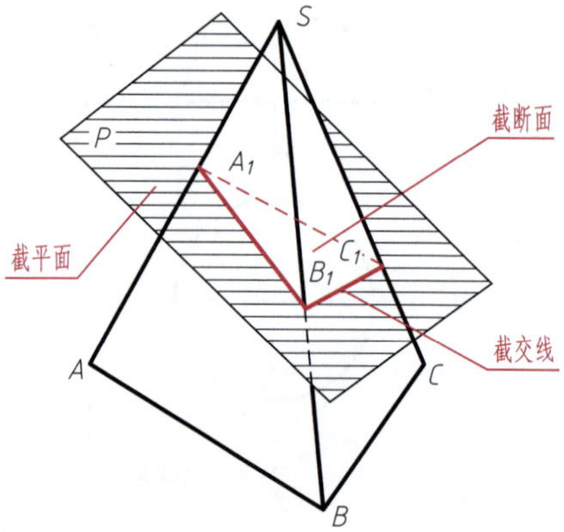

图 2-25 平面与三棱锥相交

（1）平面与平面立体相交

一般情况下，平面与平面立体相交的截交线是闭合的平面折线，即平面多边形。多边形的各边是截平面与立体相应棱面的交线，多边形的顶点是截平面与立体相应棱线的交点。因此平面立体的截交线，就是求出截平面与平面立体上各被截棱线的交点，然后依次连接即得截交线。

知识链接

平行于 H 面的平面称为水平面，平行于 V 面的称为正平面，平行于 W 面的称为侧平面，垂直于 H 面的平面称为铅垂面，垂直于 V 面的称为正垂面，垂直于 W 面的称为侧垂面。

① 平面与棱柱体相交。

[例题 2-5] 如图 2-26(a)所示，一直四棱柱与一正垂面相交，求其截交线的三面投影。

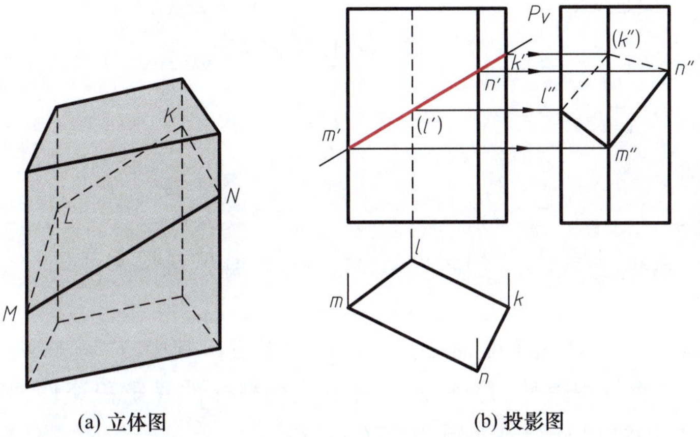

图 2-26 四棱柱与正垂面相交

分析：截平面与四棱柱的截交线为一封闭的平面四边形 $MNKL$，截交线上 M、N、K、L 四个点为 P 平面与棱柱的四条棱线的交点。

因为 $MNKL$ 在正垂面 P 上，其 V 面投影有积聚性，与 P_V 重合。它的 H 面投影与四棱柱的 H 面投影重合，只需要求其侧面投影，可利用积聚性作图。

作图步骤如下：

a. 在有积聚性的 V、H 两投影面上直接求出截交线上各点的正面投影 m'、n'、k'、(l') 和水平投影 m、n、k、l。

b. 根据两面投影且点在其对应的线上求出其侧面投影 m''、n''、(k'')、l''。

c. 顺次连接各点即得所求，如图 2-26(b)所示。

特别提示

连线时只有位于同一棱面上的点才可连线。可见的连实线，不可见的连虚线。

[例题 2-6] 如图 2-27(a)所示，已知带切口的三棱柱的 V 面投影和 H 面投影轮廓，要求补全这个三棱柱的 H 面投影和 W 面投影。

立体图：带切口的三棱柱

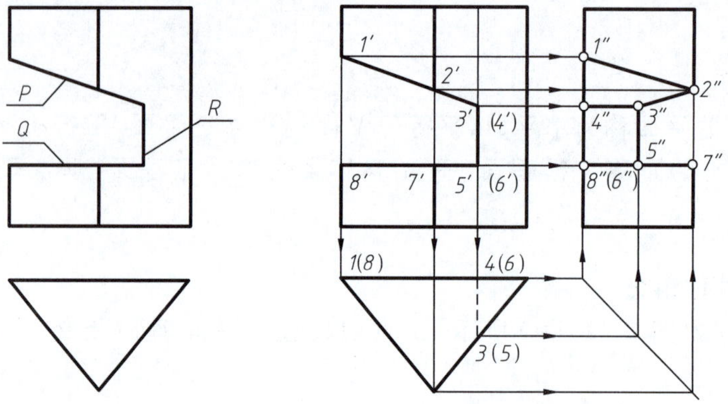

(a) 已知条件 (b) 作图过程及结果

图 2-27 带切口的三棱柱

知识链接

截交点的个数确定：棱线与面相交产生一个交点，面与面相交产生一条交线，即两个点。

分析：此形体是由 R、Q、P 三个截面截割三棱柱而形成。其中，P 为正垂面，Q 为水平面，R 为侧平面，切口的 V 面投影有积聚性，是已知的，再根据棱柱体的投影积聚性，补全其 H 面投影，进而得到 W 面投影。作图过程及结果如图 2-27(b)所示。

作图步骤如下：

a. 根据三面投影的对应关系，绘出完整的三棱柱在 W 面上的轮廓线。

b. 将各截平面截割三棱柱时在棱线和柱面上形成的交点编号，其 V 面投影为 $1'$、$2'$、$3'$、$(4')$、$5'$、$(6')$、$7'$、$8'$，其中 $1'$、$2'$、$7'$、$8'$为三棱柱其中的两条棱与截平面相交产生的截交点，而 $3'(4')$、$5'(6')$为截平面与截平面相交产生的交线。

c. 从交点的 V 面投影 $1'$、$2'$、$3'$、$(4')$、$5'$、$(6')$、$7'$、$8'$向 H 面引投影连线，确定各交点的 H 面投影。连接有关交点，判断其可见性，补全 H 面投影。

棱柱体的 H 面投影有积聚性，但 $3'(4')$、$5'(6')$是截平面与截平面相交而产生的交线，在 H 面上没有积聚，被上面的物体遮挡，在 H 面上不可见，连虚线。

d. 根据各交点的 H、V 面投影求出各交点的 W 面投影。

e. 连接有关交点，判断截交线的可见性，补全 W 面投影。由于左侧部分被截掉，所以 W 面上所有的截交线全可见。

特别提示

可根据 V、H 面投影判断截交点是否在同一棱面上。

作图三步骤：

a. 找点：先在有积聚性的投影面上找出截交点。

b. 连线：依次连接同一棱面上的点和截平面间的交线，可见连实线，不可见连虚线。

c. 整理：擦掉（或画成双点画线）被切去的部分，补全剩余的棱线。

② 平面与棱锥体相交。

[例题 2-7] 如图 2-28(a)所示，三棱锥被正垂面所截，求作其截交线。

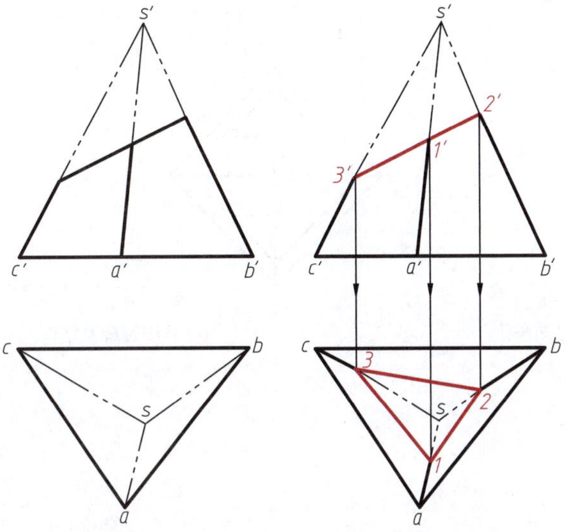

(a) 已知条件　　(b) 作图过程及结果

图 2-28　三棱锥与正垂面的截交线

立体图：三棱锥的截交线

分析：三棱锥 $S-ABC$ 被正垂面所截，其截断面为三角形，三角形的三个顶点是截平面与棱锥的三个棱线的交点。这些点同截平面一起积聚投影在 V 面上，所以三点的 V 面投影 $1'$、$2'$、$3'$为已知，只需求出水平投影便可。

作图步骤如图 2-28(b)所示。

思考

能把 W 面投影也补画出来吗？

[例题 2-8] 图 2-29(a)所示为一个具有缺口的正四棱锥的 V 面投影，求其 H、W 面投影。

分析：该形体可以看成一个完整的正四棱锥，被水平面 P 及正垂面 Q 切割而成，而这两个平面在 V 面上有积聚性。因此可以利用积聚性先在 V 面上标出截交点，然后根据棱锥体表面上取点的方法求出截交点的 H、W 面投影。

作图步骤如图 2-29(b)所示。

立体图：带切口的四棱锥

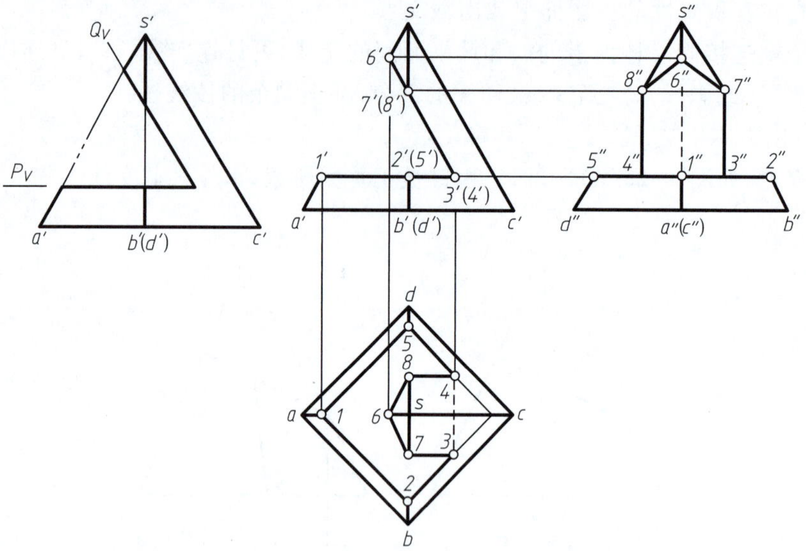

(a) 已知条件 (b) 作图过程及结果

图 2-29 带切口的正四棱锥

思考

能想象出以上图示的空间形状吗？

微课：平面与曲面立体相交求解截交线

(2) 平面与曲面立体相交

在工程上的一些构件中，常遇到平面与回转体表面相交，图 2-30 所示涵洞洞口端墙与拱圈的交线，就是平面与圆柱的交线。

平面与曲面立体相交时，截交线是封闭的平面曲线，或曲线和直线组成的平面图形，或平面多边形。求平面与曲面体交线的实质是如何确定出属于曲面的截交线上的点。

求截交线时，应首先求出特殊的点，如截交线上的最高、最低、最前、最后、最左、最右以及可见性的分界点等，以便控制曲线的形状。然后取一些中间位置的一般点作为过渡点以准确确定截交线的走向，然后把它们顺滑连接起来。

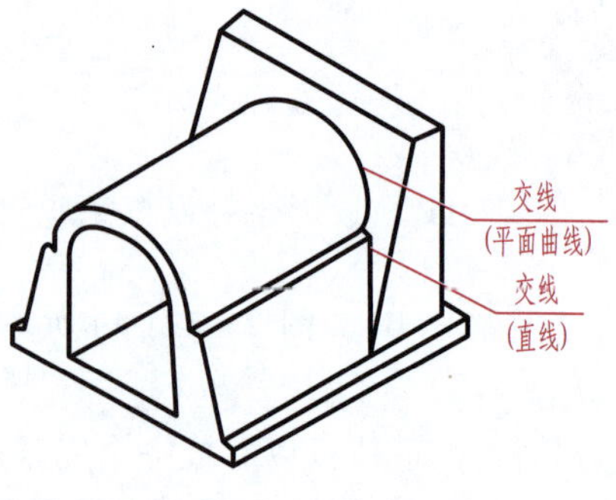

图 2-30 平面与曲面立体相交

① 平面与圆柱相交。

根据截平面相对圆柱轴线的位置，平面与圆柱相交时产生的截交线有三种情况，见表 2-2。

表 2-2　圆柱的截交线

截平面位置	与轴线平行	与轴线垂直	与轴线倾斜
截交线形状	矩形	圆	椭圆
轴测直观图	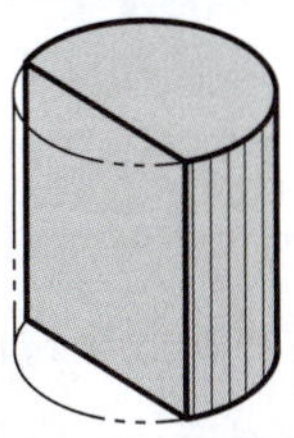	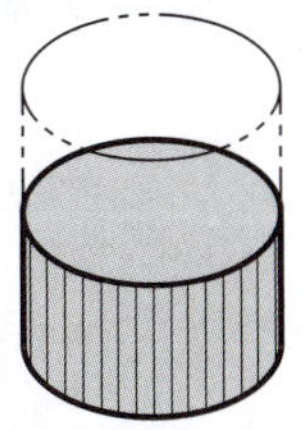	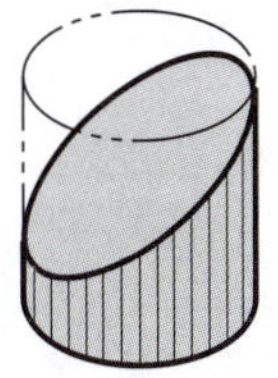
投影图	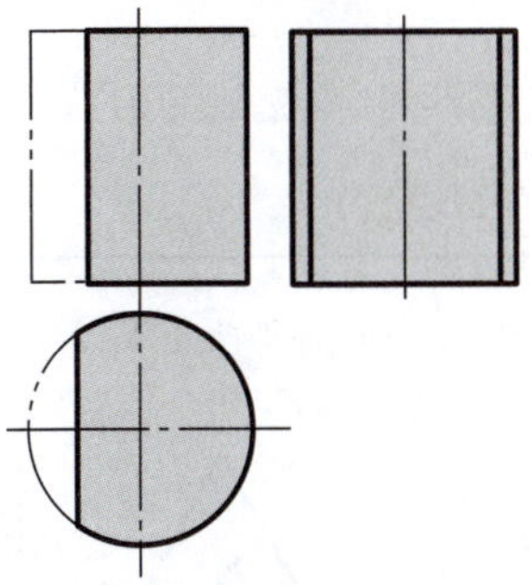	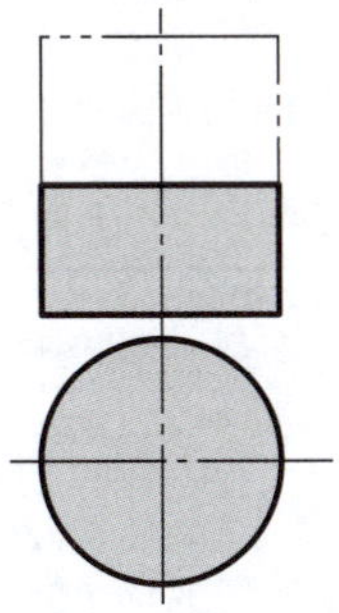	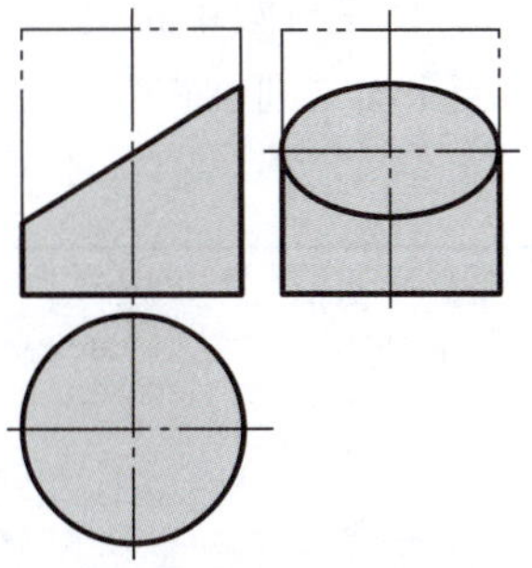

［例题 2-9］　如图 2-31(a)所示,圆柱被正垂面 P 切割,求截交线的三面投影。

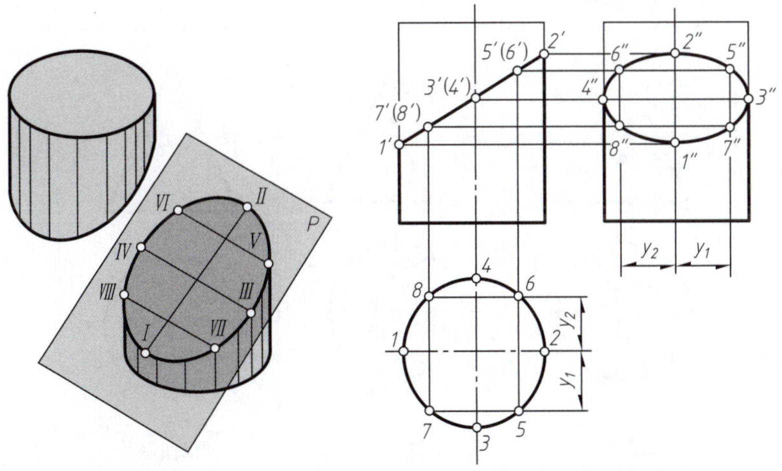

(a) 已知条件　　(b) 作图过程及结果

图 2-31　圆柱与正垂面的截交线

分析:因为平面与圆柱轴线斜交,截交线为一椭圆,因圆柱面的 H 面投影有积聚性,因此截交线的 H 面投影就在此圆周上。又因为截平面 P 是正垂面,所以截交线的 V 面投影与 P 平面的 V 面积聚投影重合。在此就可利用截交线的两面投影求其 W 面投影。

作图步骤如下:

a. 求特殊点:根据圆柱表面取点的方法,求出截交线的最高点Ⅱ、最低点Ⅰ、最前点Ⅲ、最后点Ⅳ的三面投影。

b. 求一般位置点：Ⅴ、Ⅵ、Ⅷ、Ⅸ各点为一般位置点，先在 V 面投影中定出这些点的 V 面投影，再根据圆柱体表面上取点的方法求出它们的 H、W 面投影。

c. 依次顺滑连点，即可得截交线的侧面投影。

特别提示

若圆柱与平面相交，被截取的部分没有被移走，则需要判断截交线的可见性。

② 平面与圆锥相交。

当平面与圆锥相交时，由于截平面与圆锥的相对位置不同，截交线的形状也不同，见表 2-3。

表 2-3 平面与圆锥的截交线

垂直于圆锥的轴线	倾斜于圆锥的轴线，与素线都相交	平行于一条素线	平行于两条素线	通过锥顶
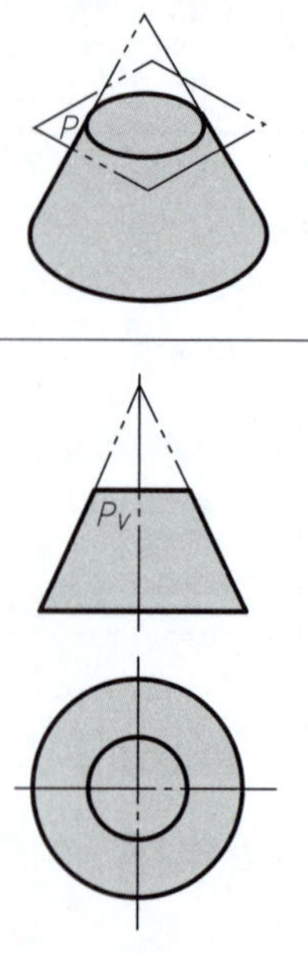	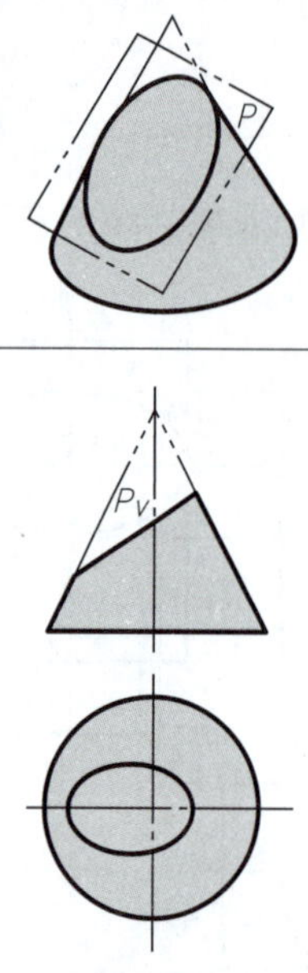	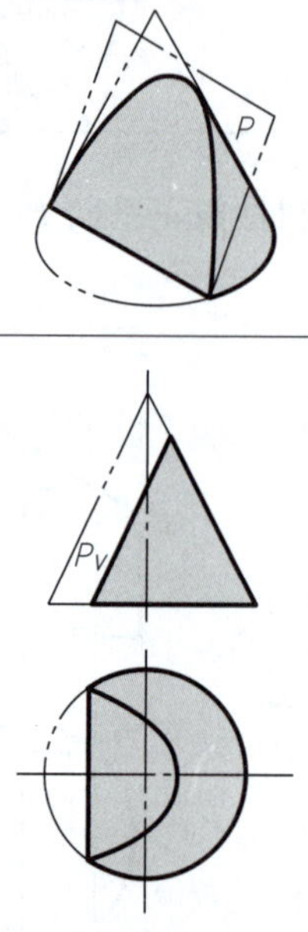	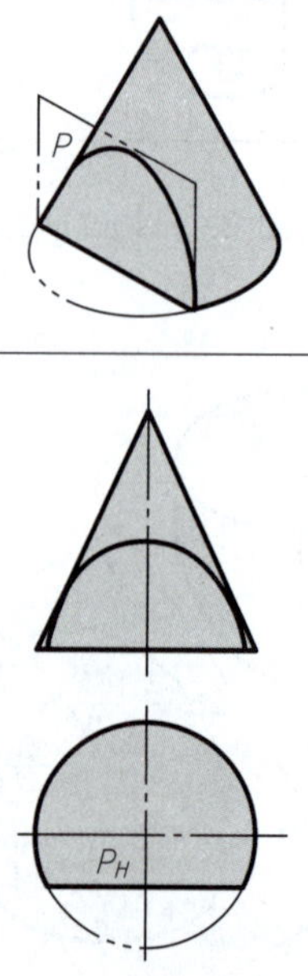	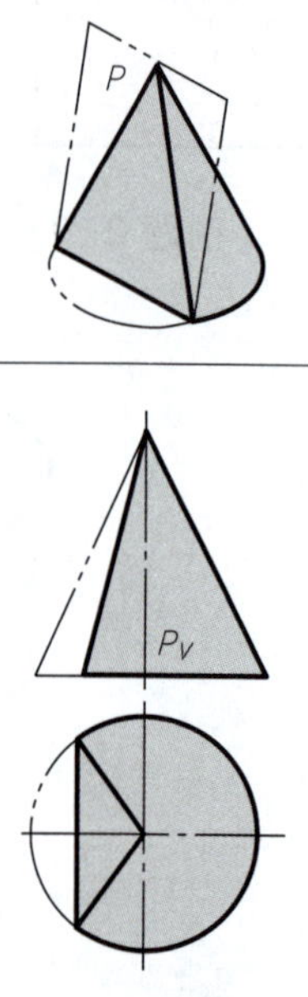
圆	椭圆	抛物线	双曲线	两条直线
圆	椭圆	抛物线和直线组成的封闭的平面图形	双曲线和直线组成的封闭的平面图形	三角形

［**例题 2-10**］ 如图 2-32(a)所示，一圆锥被一水平面所截，求其截交线的三面投影。

分析：由于截平面与圆锥轴线平行，所以产生的截交线在空间应为双曲线。截交线的 V 面、W 面投影积聚成直线，只需要求其水平投影即可。作图过程及结果如图 2-32(b)所示。

作图步骤如下：

a. 求特殊点：由截交线的最左点 A、最右点 B 和 C 的 V 面、W 面投影求出其水平投影。

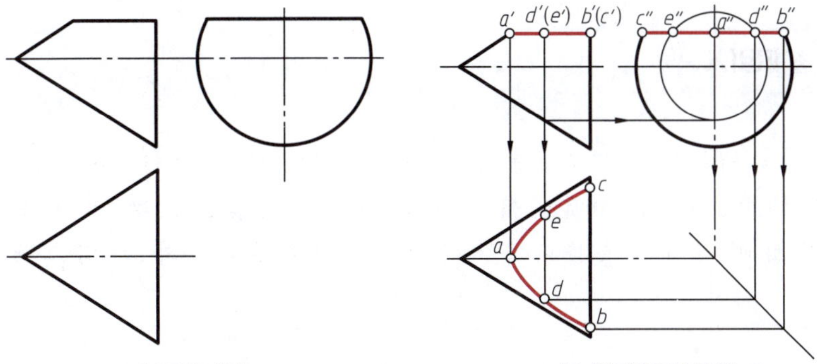

(a) 已知条件　　(b) 作图过程及结果

图 2-32　圆锥与水平面的截交线

立体图：圆锥的截交线

b. 求一般位置点：根据圆锥表面上取点的方法求出一般位置点 D 和 E。

c. 光滑连点成截交线，因切去的部分被移走，所以双曲线的各段都可见。

[例题 2-11]　如图 2-33 所示，圆锥被两个平面 P、S 所截，形成带切口的圆锥，求其投影。

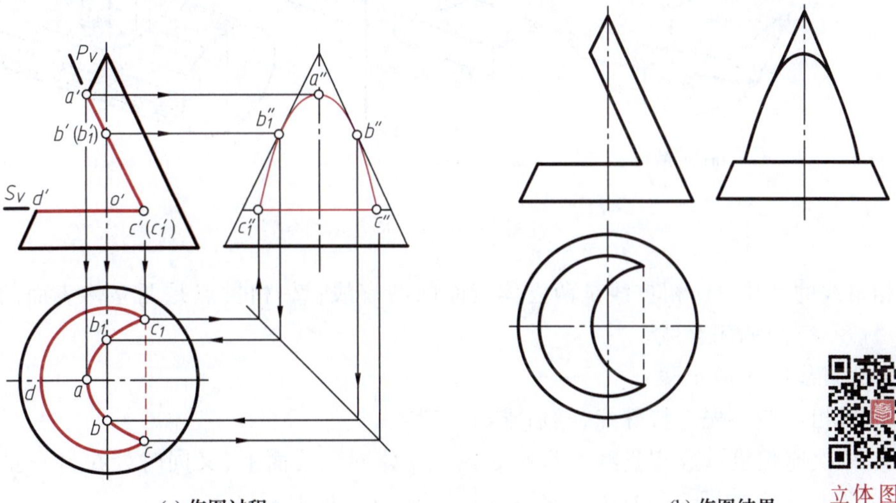

(a) 作图过程　　(b) 作图结果

图 2-33　带切口的圆锥

立体图：带切口的圆锥

分析：截平面 P 产生的截交线为一抛物线，截平面 S 产生的截交线为部分圆曲线。由于两个截平面在 V 面投影中都有积聚性，所以缺口的 V 面投影为已知，只需求其 H 面和 W 面投影。

作图步骤请读者自行列出。

特别提示

B、B_1 这两点是抛物线上的两个关键点，不能漏掉。

2. 相贯线

知识引入

相交的两立体称为相贯体，两立体表面的交线称为相贯线，相贯线上的点称为贯穿点。

在工程构造物中，两立体相贯的情况很多，如管道连接，柱、梁、板接头均会产生相贯线。绘投影工程图时，除了需要将两立体的轮廓线投影绘完整外，还需正确画出相贯线的投影。

微课：两立体相贯求解相贯线

相贯线的形状随立体形状和位置不同而异，一般分为互贯和全贯两种类型。如两个立体互相贯穿，产生一组相贯线，称为互贯，如图 2-34(a)所示；当一个立体全部穿过另一个立体时，产生两组相贯线，称为全贯，如图 2-34(b)、(c)所示。

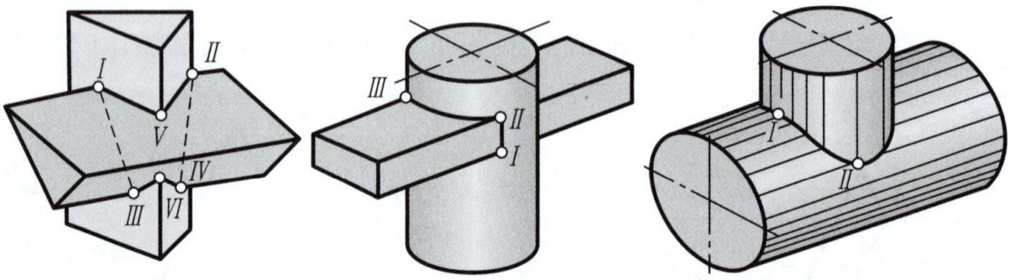

(a) 互贯 (b) 全贯(一) (c) 全贯(二)

图 2-34 立体相贯的类型

相贯线的性质：① 相贯线是两立体表面的共有线；② 相贯点是两立体表面的共有点；③ 相贯线一般是空间的闭合线。

求相贯线的一般步骤：

① 求相贯点。先求特殊点，然后求出一般点。

② 依次连相贯点成相贯线。只有处在一立体同一棱面上，又同时处在另一立体同一棱面上的点，才能相连。如图 2-34(a)中的 Ⅰ、Ⅴ 可连，Ⅰ、Ⅱ 则不可连。

③ 判断可见性。只有位于两立体都可见的表面上的相贯线，其投影才是可见的。

(1) 两平面立体相交

两个平面立体的相贯线在一般情况下为空间多边形，只有当一个立体的几个棱面全部贯入(穿出)另一个立体的一个棱面时，相贯线才为平面多边形。多边形每个边都是两立体有关棱面的交线，多边形的顶点都是一平面立体上参与相贯的棱线对另一个立体的贯穿点。

［**例题 2-12**］ 如图 2-35(a)所示，求三棱锥和三棱柱的相贯线。

分析：三棱锥和三棱柱属于全贯，产生前后两组相贯线，前面一组为空间多边形，后面一组为三角形。因为相贯线为立体表面的线，相贯线的 V 面投影与三棱柱的 V 面投影重合，三棱柱各棱面在 V 面投影中有积聚性，所以只需求出 H、W 面投影。

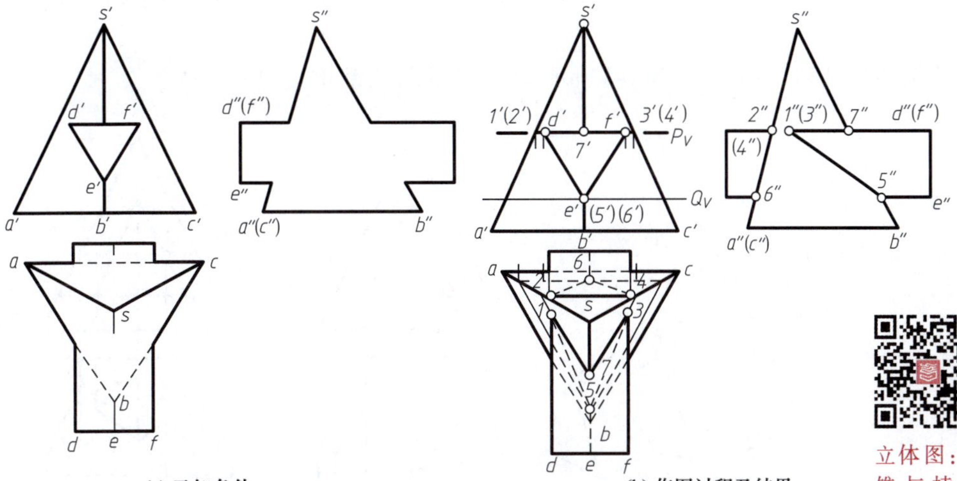

(a) 已知条件　　(b) 作图过程及结果

图 2-35　棱锥与棱柱的相贯线

立体图：棱锥与棱柱的相贯线

一条棱穿过立体会产生两个贯穿点，即穿入点和穿出点。由 V 面投影可知，三棱柱三条棱都参与相贯，共产生六个贯穿点。而三棱锥只有一条棱参与相贯，共产生两个贯穿点，但这两个贯穿点有一个与三棱柱的一个贯穿点重合，故本题共产生七个贯穿点。

作图步骤：

① 确定贯穿点，先在有积聚性 V 面投影上标出七个贯穿点的投影 $1'$、$(2')$、$3'$、$(4')$、$(5')$、$(6')$、$7'$，然后根据体表面上取点的方法求出贯穿点的 V、W 投影。

② 连相贯线，可通过 V、H 面投影判别贯穿点是否处于立体的同一棱面上。如 3、7 两点对于三棱锥和三棱柱都满足，可以连线，但 4、7 两点虽在三棱柱的同一棱面上，却不在三棱锥的同一棱面上，不能连线。

③ 判别可见性，只有位于两立体都可见的表面上的相贯线，它的投影才可见。

④ 整理，将参与相贯的棱线连到贯穿点处，两立体相互贯入部分已成为一体不画线，如图 2-35(b)所示。

思考

贯穿后把三棱柱移走，剩余部分的投影该如何绘制？请在例题 2-12 的作图过程及结果中修改。注意思考两者的不同之处。

(2) 平面立体与曲面立体相交

平面立体与曲面立体的相贯线是由若干段平面曲线或直线所组成的，是空间闭合线。构成相贯线的每一条线段是平面立体参与相贯的棱面与曲面立体表面的截交线，各线段的转折点，就是平面立体上参与相贯的棱线与曲面立体的贯穿点。

求平面立体与曲面立体的相贯线的作图问题，归结为两种方法：

① 求平面立体参与相贯的棱线与曲面立体表面的交点（贯穿点），再由贯穿点连成相贯线。

② 求平面立体参与相贯的棱面与曲面立体产生的截交线，这些截交线的组合即为相贯线。

［例题 2-13］ 如图 2-36(a)所示，求三棱柱与圆锥相交的相贯线。

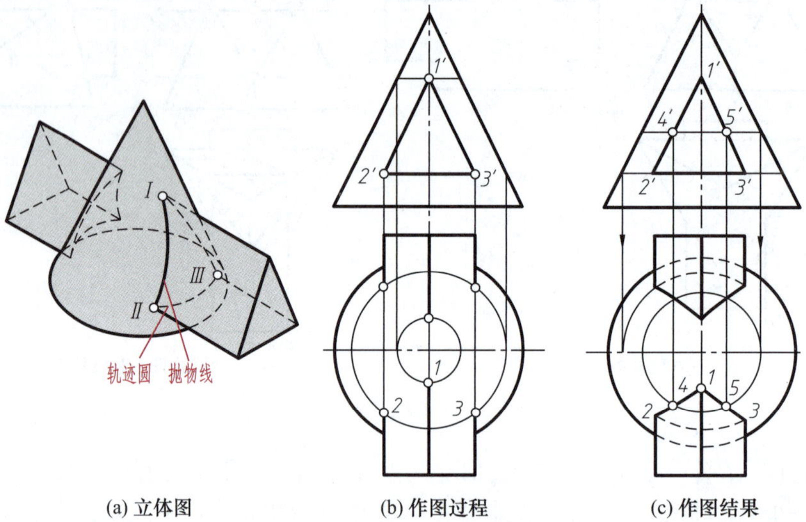

图 2-36 三棱柱与圆锥相贯

分析：由图中可看出，这两个立体为全贯，产生前后两组封闭的相贯线，且前后对称。这两组相贯线的 *V* 面投影均与三棱柱的 *V* 面投影重合，即在 *V* 面投影中相贯线为已知，所以只需求出 *H* 面投影。

如图 2-36(b)所示，因前后对称，以前面一组相贯线为例。作图步骤：

① 求贯穿点(特殊点)，三棱柱的三条棱都参与了相贯，一共产生 6 个贯穿点。利用积聚性标出与前半圆锥产生的三个贯穿点投影 *1′*、*2′*、*3′*，可根据体表面上取点的方法求出贯穿点的 *H* 投影 *1*、*2*、*3*。

② 求平面立体上参与相贯的各棱面与曲面立体表面的截交线：三棱柱的三个棱面都参与了相贯，它们与圆锥要产生三段截交线。其中，三棱柱的水平棱面与圆锥产生的截交线 *2*、*3* 连成圆曲线；左、右两侧棱面与圆锥产生的截交线均为抛物线，为了作图准确，利用圆锥体表面上取点的方法作出两个一般位置点 *4′*、*5′*(*4*、*5*)，然后在 *H* 面上将 *1*、*4*、*2* 及 *1*、*5*、*3* 顺次连接，便可得左、右两侧与圆锥的截交线。

③ 判别可见性，因为三棱柱的水平棱面在 *H* 面均为不可见，所以它们与圆锥产生的截交线圆曲线在 *H* 面上不可见，其余均为可见。

④ 整理，把平面体上参与相贯的棱线连到贯穿点，如图 2-36(c)所示。

特别提示

连截交线时应先判别每一段截交线是属于平面与圆锥相交的五种情况中的何种线型(圆、椭圆、抛物线、双曲线、直线)。

［**例题 2-14**］ 如图 2-37 所示，补画圆柱内穿四棱柱孔的 *W* 面投影。

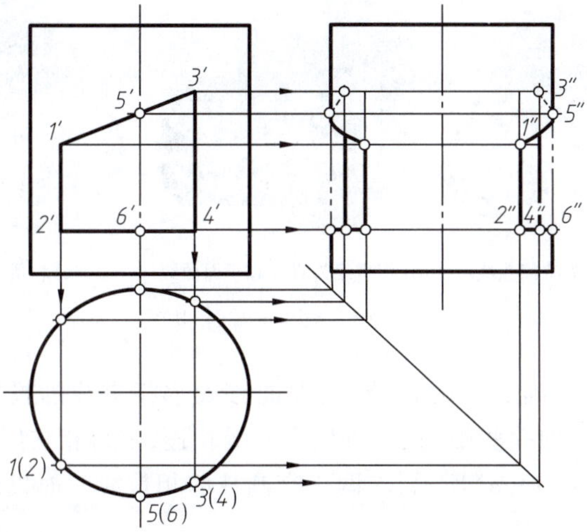

图 2-37 圆柱内穿四棱柱孔

立体图：圆柱内穿四棱柱孔

分析：圆柱穿四棱柱孔形成的孔线是分布在四棱柱表面的空间折线，实际上是四棱柱与圆柱的相贯线，因此求孔中线投影的作图方法也可用求相贯线的方法完成，只是圆柱穿孔后内部还有轮廓线。

如图 2-37 所示，因前后对称，以前面一组相贯线为例。作图步骤：

① 求贯穿点：四棱柱的四条棱都参与了相贯，一共产生 8 个贯穿点。利用积聚性标出与前半圆柱产生的四个贯穿点的 *V* 面投影为 $1'$、$2'$、$3'$、$4'$，可根据体表面上取点的方法求出贯穿点的 *H*、*W* 投影 *1*、*2*、*3*、*4* 和 $1''$、$2''$、$3''$、$4''$。

② 求特殊点和一般位置点：图中 *5*、*6* 两点为相贯线上的最前点（也是 *W* 面上的可见与不可见的分界点）。

③ 连点成相贯线：四棱柱的左、右棱面与圆的交线为两段素线，只需将 *W* 面上的 $1''$、$2''$及 $3''$、$4''$连接即可；四棱柱的水平棱面与圆柱的交线在 *W* 面上积聚积为一直线 $2''4''6''$；四棱柱的正垂面与圆柱的交线为 $3''5''1''$连成的部分椭圆线。

④ 判别可见性：请读者自行判别后补充完整。

特别提示

连截交线时要先分析每一段截交线是属于平面与圆柱相交的三种情况中的何种线型（直线、圆弧、椭圆）。

（3）两曲面立体相交。

两曲面立体相交时，相贯线一般是光滑的、闭合的空间曲线，特殊情况下是平面曲线或直线，如图 2-38 所示。

当相贯线的某一投影面随立体表面的投影积聚时，相贯线在该投影面的投影为已知。利用相贯线的一已知投影，再根据立体表面取点的作图方法，可求出相贯线上一系列共有点的其余投

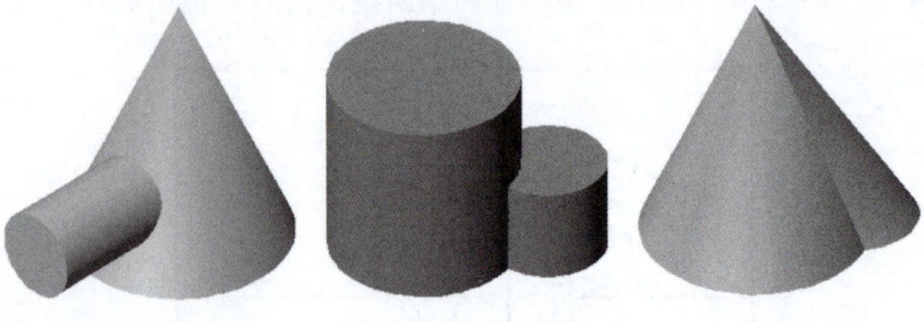

(a) 相贯线为空间曲线　(b) 相贯线为直线和平面曲线　(c) 相贯线为直线

图 2-38　两曲面立体相交

影，在求相贯线上的点时，先确定它的特殊点，即能够确定相贯线的投影范围和变化趋势的点。然后，根据需要求作相贯线的一些中间点，再依次光滑相连，求得相贯线的投影。

［**例题 2-15**］　如图 2-39(a)所示，求两正交圆柱的相贯线三面投影。

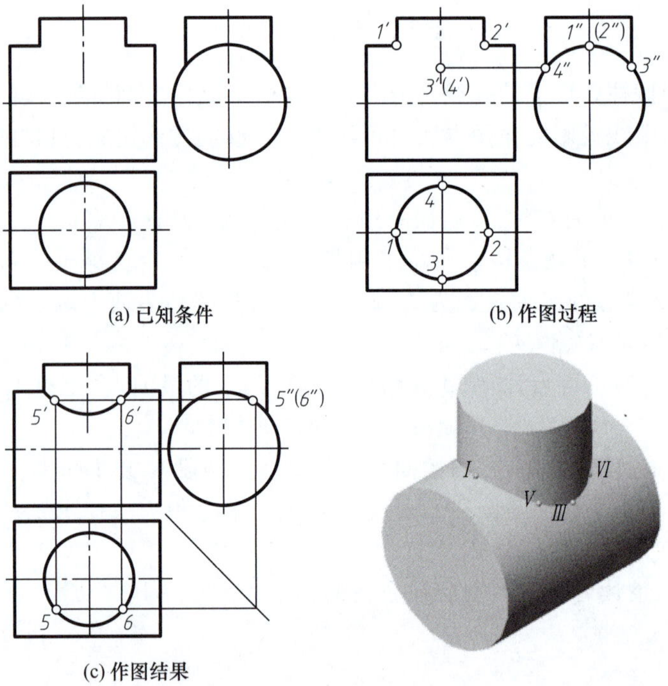

(a) 已知条件　(b) 作图过程

(c) 作图结果

图 2-39　两正交圆柱相贯

分析：两圆柱的轴线垂直相交，有共同的前后对称面、左右对称面，因而相贯线和相贯体也前后对称、左右对称。由于小圆柱全部穿进大圆柱，但从上穿进后不再穿出，所以相贯线是一条封闭的空间曲线。

因小圆柱的轴线垂直于 H 面，小圆柱的投影在 H 面上积聚，所以相贯线的投影在 H 面上与小圆柱的积聚投影重合，为已知。又因为大圆柱的轴线与 W 面垂直，大圆柱的投影在 W 面上积聚，故相贯线的投影在 W 面上与大圆柱的部分投影重合，也为已知。由此，两正交圆柱相交，只需求作相贯线的 V 面投影。作图过程如图 2-39(b)所示。

作图步骤：

① 求特殊点。最高点 *1*、*2*(也是最左、最右点，又是大圆柱和小圆柱的轮廓线上的点)的正面投影 *1′*、*2′*可以直接定出，最低点 *3*、*4*(也是最前、最后点，又是侧面投影中小圆柱轮廓线上的点)的正面投影 *3′*、(*4′*)可根据侧面投影 *3″*、*4″*求出。

② 求一般位置点。*5*、*6* 两点为相贯线的两个一般位置点，从 *H* 面投影 5、6 得 *5″*、*6″*，进而得 *5′*、*6′*。

③ 连点成相贯线。在 *V* 面投影中顺次光滑连接 *1′*、*5′*、*3′*、*6′*、*2′*，即为所求相贯线的 *V* 面投影。

④ 可见性判别。由于相贯线是对称的，前后两部分的 *V* 面投影重合，所以用实线连接，如图 2-39(c)所示。

思考

求作小圆柱穿通大圆柱，再拔出后的投影？

2.4 轴测投影图

知识引入

轴测图是用轴测投影的方法画出的一种富有立体感的图形，它接近于人们的视觉习惯，在生产和学习中常用它作为辅助图样。

2.4.1 轴测投影的基本知识

微课：轴测投影图的绘制

1. 轴测投影的形成

轴测投影是采用正投影或斜投影的方法，以单面投影的形式所得到的一种图示方法。可以分为以下两类：

一类是将形体斜放，如图 2-40(a)所示，使其三个坐标轴方向倾斜于一个投影面，然后用正投影的方法向轴测面投影，称为正轴测投影。由这种图示方法画出来的图形称为正轴测投影图，简称正轴测图。

另一类是将形体正放，如图 2-40(b)所示，采用斜投影的方法向轴测投影面进行投影，称为斜轴测投影。由这种图示方法画出来的图称为斜轴测投影图。

2. 轴测投影的名词术语

轴测投影面：轴测投影的投影面，如图 2-40 所示的平面 *P*。

轴测投影轴：直角坐标轴 *OX*、*OY*、*OZ* 在轴测投影面上的投影 O_1X_1、O_1Y_1、O_1Z_1，称为轴测投影轴，简称轴测轴。

轴间角：轴测投影轴之间的夹角称为轴间角。

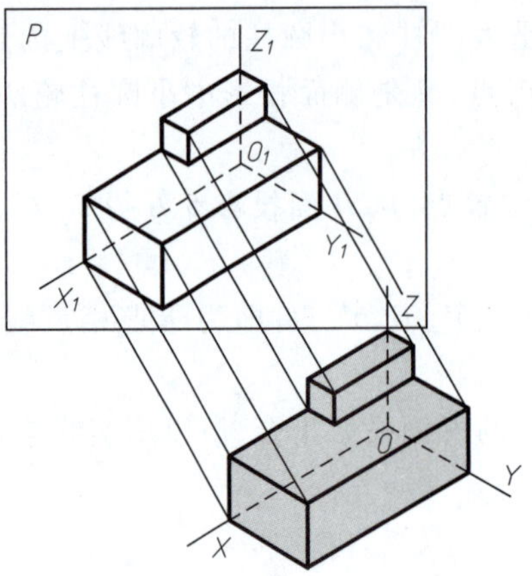

(a) 正轴测投影

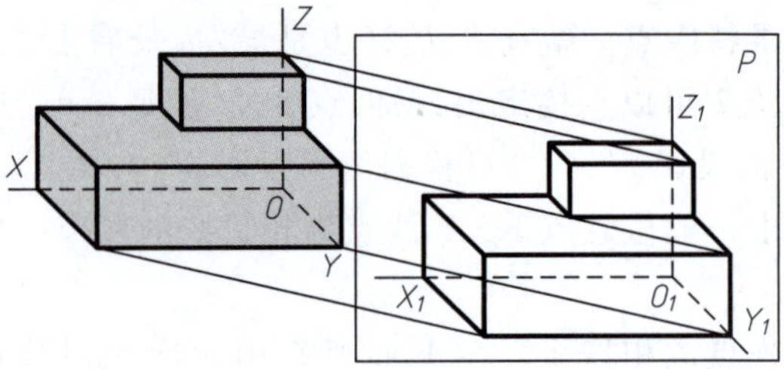

(b) 斜轴测投影

图 2-40 轴测投影

轴向变形系数：三条直角坐标轴上的单位长度 e 的轴测投影长度为 e_X、e_Y、e_Z，它们之比，即 $p=\dfrac{e_X}{e}$、$q=\dfrac{e_Y}{e}$、$r=\dfrac{e_Z}{e}$分别称为 O_1X_1、O_1Y_1、O_1Z_1 轴的轴向变形系数。

3. 轴测投影轴的设置

根据轴测投影的图示方法画形体的轴测图时，先要确定轴测轴 O_1X_1、O_1Y_1、O_1Z_1，然后再根据这些轴测轴作为基准来画轴测图。轴测轴一般常设置在形体本身内，与主要棱线、对称中心线或轴线重合，也可以设置在形体之外，如图 2-41 所示。

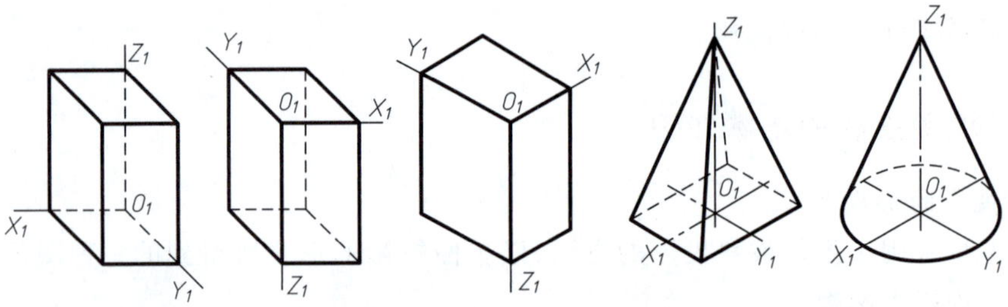

图 2-41 轴测投影轴的设置

4. 轴测投影的设置分类

轴测投影分为正轴测投影和斜轴测投影两类。每类按轴向变形系数又分为三种：

若三个轴向变形系数都相等，即 $p=q=r$，称为正（或斜）等测投影；

若有两个轴向变形系数都相等，即 $p=q\neq r$，称为正（或斜）二测投影；

若三个轴向变形系数都不相等，即 $p\neq q\neq r$，称为正（或斜）三测投影。

工程上常采用正等测、正二测和斜二测投影。

5. 轴测投影的特性

由于轴测投影是平行投影，因而它们具有平行投影的基本特性。

空间直角坐标轴投影成为轴测图以后，直角在轴测图中一般不再是直角，但沿轴测轴确定长、宽、高三个坐标方向的性质不变，即仍可沿轴确定长、宽、高方向。

在轴测图中，形体上原来平行于坐标轴的线段仍然平行于相应的轴测轴，形体上相互平行的直线其轴测投影仍彼此相互平行。

在画轴测图时，形体上平行于坐标轴的线段（轴向线段），可按其原来尺寸乘以轴向变形系数后，再沿着轴测轴定出其投影长度，这便是“轴测”二字的含义。

但应注意，形体上不平行于坐标轴的线段（非轴向线段），它们的投影的变形系数与平行于坐标轴的那些线段的变形系数不同，因此，不能将非轴向线段的长度直接移到轴测图上。画非轴向线段的轴测投影时，需要用坐标法定出其两端点在轴测坐标系中的位置，然后再连成线段的轴测投影。

2.4.2 正等测投影

1. 正等测图的形成

将形体放置成使它的三个坐标轴与轴测投影面具有相同的夹角，然后用正投影法向轴测投影面投影，就可得到该形体的正等轴测投影图，简称正等测图。

如图 2-42 所示的正方体，设取其后面三根棱线为其内在的直角坐标轴，然后从图 2-42(a)所示的位置绕 Z 轴旋转 45°，成为图 2-42(b)所示的位置；再向前倾斜到正方体的对角线垂直于投影面 P，成为图 2-42(c)所示的位置。在此位置上正方体的三个坐标轴与轴测投影面有相同的夹角，然后向轴测投影面 P 进行正投影，所得轴测投影图即为此正方体的正等测图。

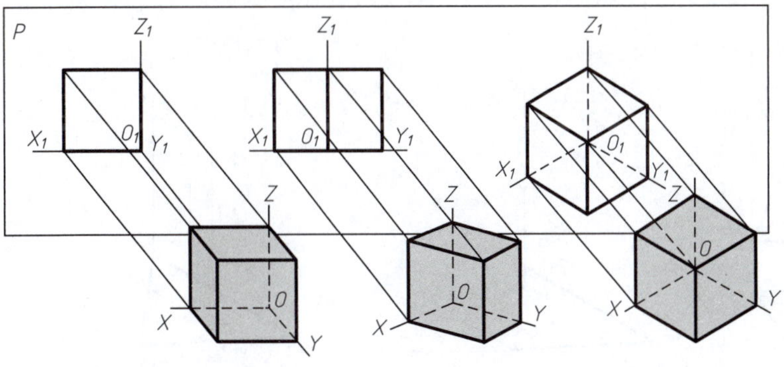

图 2-42 正等测图的形成

2. 正等测图的轴间角、轴向变形系数

正等测图的三个轴间角相等，都是 120°；三个轴向变形系数相等，都是 0.82，通常采用简化轴向变形系数，即 $p=q=r=1$，采用简化轴向变形系数画成的正等测图比实际投影的尺寸约大 22%（图 2-43b），但是并不影响立体感，作图却相对简便。

作正等测轴时，一般总是使 O_1Z_1 轴画成垂直位置（但应注意它并不是空间铅垂线，应想象它在空间是对着读图者倾斜的），使 O_1X_1 和 O_1Y_1 轴画成与水平线成 30°。应想象在空间是互相垂直的三个坐标轴构成的一个坐标系统。

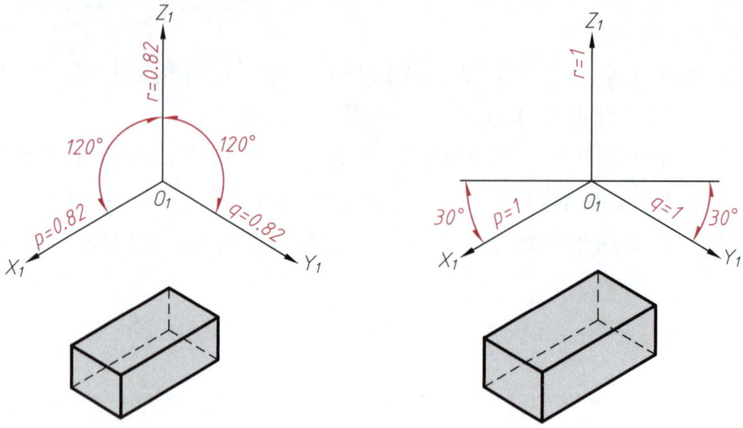

(a) (b)

图 2-43 正等测图的轴测轴、轴间角、轴向变形系数

3. 正等轴测图画法

画轴测图时，首先画出轴测轴，可沿着轴测轴方向确定轴向线段的方向和长度，非轴向线段可求出其端点，相连即可，具体画法有多种。最基本的有坐标法、切割法、叠加法。

[例题 2-16] 试用坐标法作图 2-44(a)所示三棱锥的正等测图。

分析：用坐标法画轴测图，就是将形体上各顶点的直角坐标移到轴测投影系中，定出各点的轴测投影，再用直线连接这些点的轴测投影，即得到形体的轴测图。

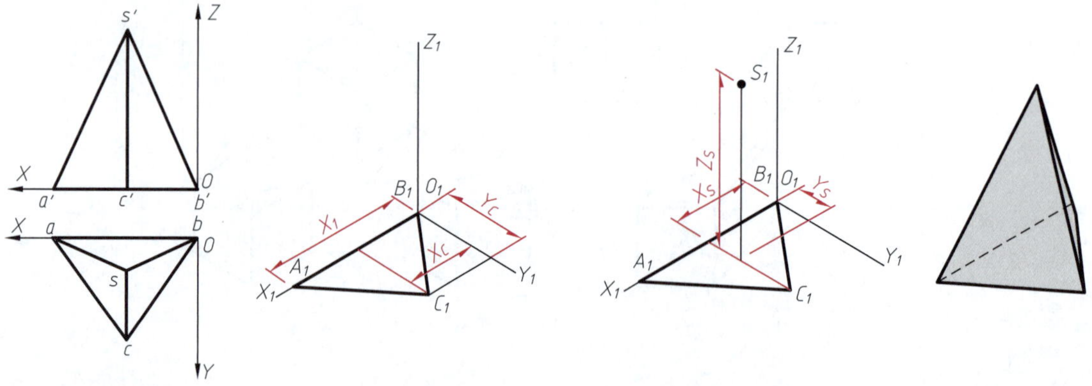

(a) 正投影 (b) 作图过程(一) (c) 作图过程(二) (d) 作图结果

图 2-44 三棱锥的正等测图

作图步骤如下：

(1) 在正投影图中确定坐标轴 OX、OY、OZ，如图 2-44(a)所示。

(2) 画出正等轴测轴 O_1X_1、O_1Y_1、O_1Z_1，如图 2-44(b)所示。

(3) 根据投影坐标值确定出点 A_1、B_1、C_1，其中 B_1A_1 为 X_1 轴向线；在确定出 B_1 为原点后，可

直接沿 O_1X_1 量出 $B_1A_1=ba=b'a'$,A_1C_1、B_1C_1 是非轴向线,不能直接量取,由 $C(X_C,Y_C)$确定出点 C_1,然后连成 A_1C_1、B_1C_1 得锥底面正等测图,如图 2-44(b)所示。

(4) 由于三个棱也是非轴向线,不能直接量出。所以根据 $S(X_S,Y_S,Z_S)$确定出 S_1,连接棱线 S_1A_1、S_1B_1、S_1C_1 得到三棱锥正等测图,如图 2-44(c)及图 2-44(d)所示。

[**例题 2-17**]　用切割法作图 2-45(a)所示形体的正等测图。

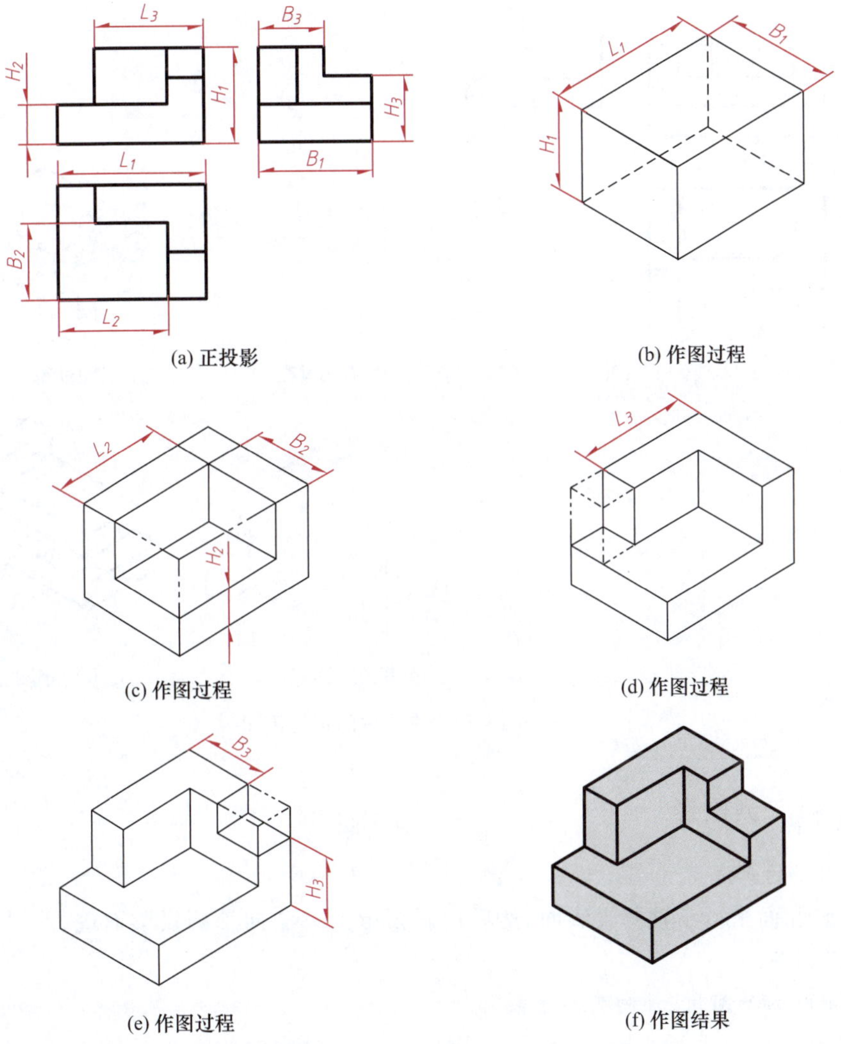

图 2-45　切割法作形体的正等测图

分析:可以将该形体看成由四棱柱切割而成。

作图步骤:

(1) 画长、宽、高分别为 L_1、B_1、H_1 的四棱柱的轴测图,如图 2-45(b)所示。

(2) 切割左前角,如图 2-45(c)所示。

(3) 切割左后角,如图 2-45(d)所示。

(4) 切割右前角,如图 2-45(e)所示。

(5) 完成作图,如图 2-45(f)所示。

[**例题 2-18**] 用叠加法作图 2-46(a)所示形体的正等测图。

分析:可以将该形体看成由三个简单形体组成。具体作法如图 2-46(b)、(c)、(d)、(e)所示。

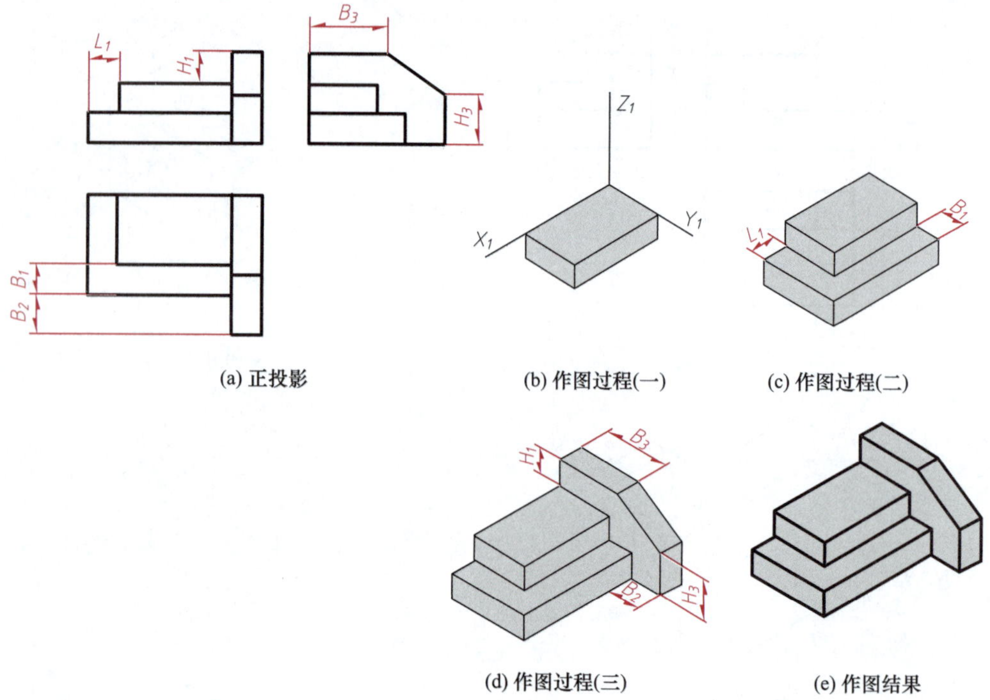

图 2-46 叠加法作形体的正等测图

2.4.3 斜二测投影

1. 斜二测图的形成

使 XOZ 坐标面平行于轴测投影面,然后用斜投影的方法向轴测投影面进行投影,画出的轴测图称为斜二测图。

2. 斜二测图的轴间角、轴向变形系数

由于 XOZ 坐标面平行于轴测坐标面,所以斜二测投影的两个坐标轴 O_1X_1、O_1Z_1 互相垂直,轴向变形系数 $p=r=1$,O_1Y_1 轴与 O_1Z_1 轴成 135°角,轴向变形系数 $q=0.5$,如图 2-47 所示。

斜二测图的正面形状能反映形体正面的真实形状,特别当形体正面有圆和圆弧时,画图简单方便,这是它的最大优点。

画斜二测图通常从最前面的面开始,沿 Y_1 轴方向分层定位,在 $X_1O_1Z_1$ 轴测面上确定形状,注意 Y_1 方向变形系数为 0.5。

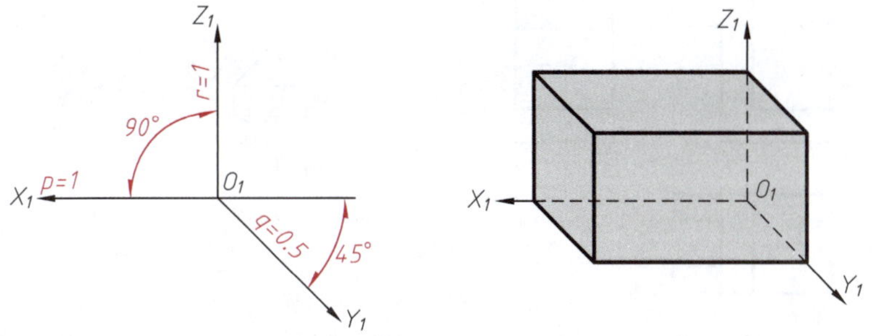

图 2-47 斜二测投影的轴测轴、轴间角、轴向变形系数

3. 斜二测图画法

如图 2-48(a)所示，选取涵洞洞面作为 XOZ 坐标面，可先画与正面投影完全相同的正面形状，然后画 45°斜线，如图 2-48(b)所示。在斜线上量取 $B/2$ 定出 Y 轴方向上的各点，如图 2-48(c)所示，然后连接这些点，得到涵洞洞口的斜二测图(图 2-48c、d)。

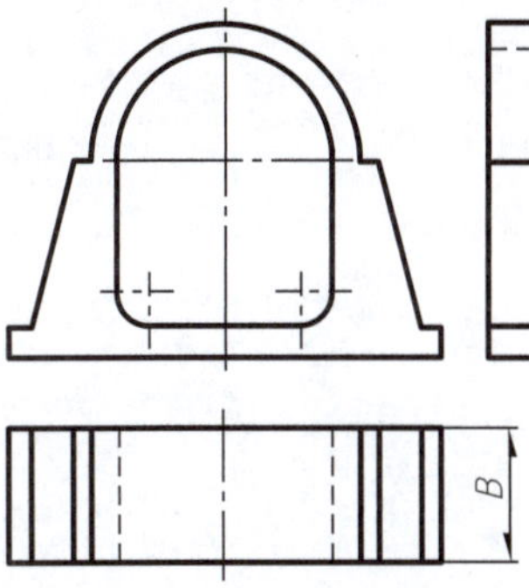

(a) 正投影

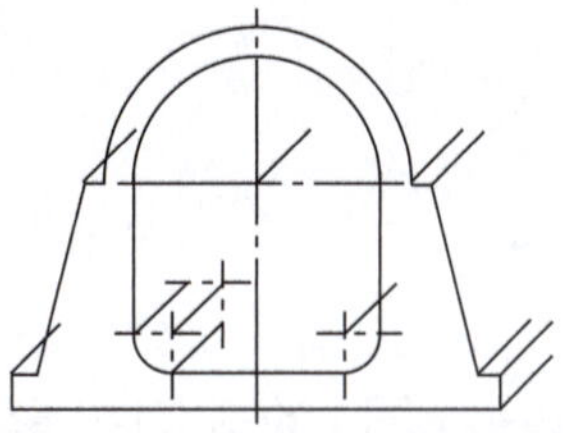

(b) 作图过程(一)

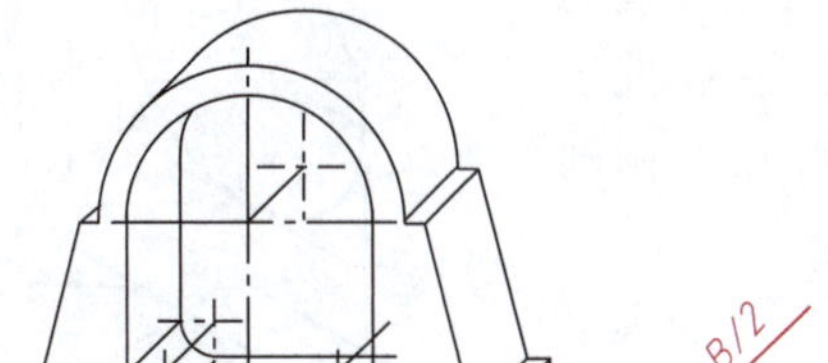

(c) 作图过程(二)

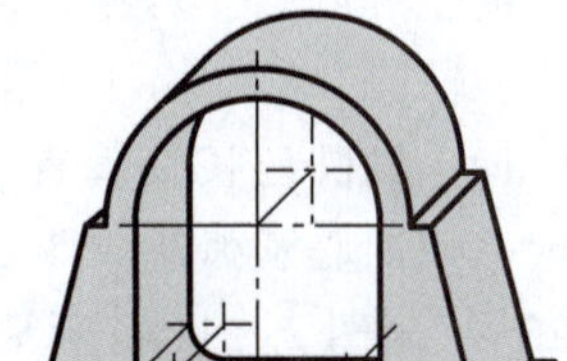

(d) 作图结果

图 2-48 斜二测投影图

［例题 2-19］ 画图 2-49(a)所示形体的斜二测图。

作图方法：先画与形体正面投影完全相同的正面形状，然后画 45°斜线，如图 2-49(b)所示。在斜线上量取 $B_1/2$ 定出 Y 轴方向上的各点，然后连接这些点画出大致的整体图形(图 2-49c)。再从最前面起在斜线上分别截取 $B_2/2$、$B_3/2$ 确定缺口的位置(图 2-49d)，在此位置上确定形状完成斜二测图(图 2-49e)。

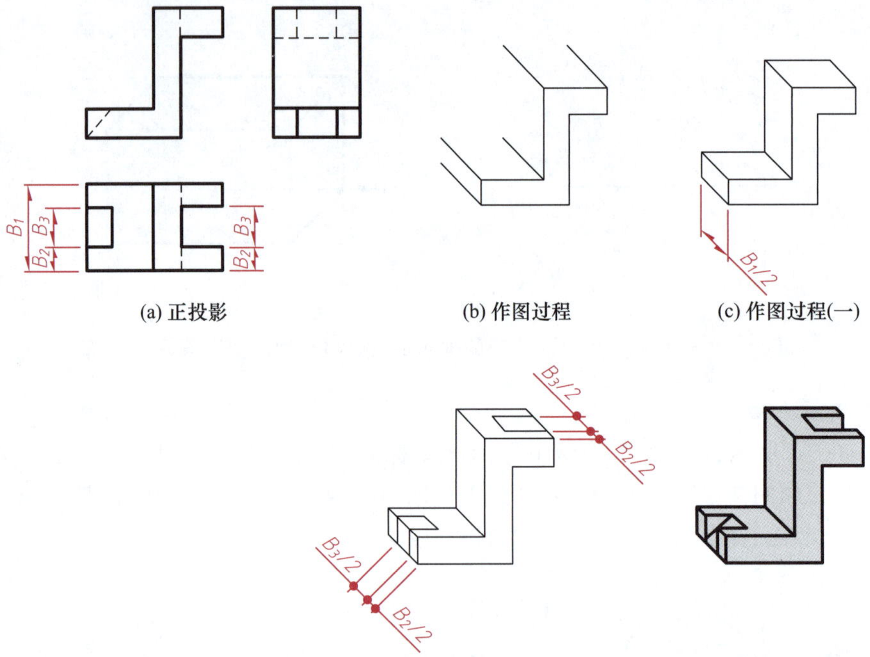

(a) 正投影　(b) 作图过程　(c) 作图过程(一)

(d) 作图过程(二)　(e) 作图结果

图 2-49　形体的斜二测图

2.4.4　回转体(圆)的轴测投影

在正等测投影中,三个坐标面均倾斜于轴测投影面,因此正平圆、水平圆、侧平圆的正等测投影形状是椭圆,且三个轴测圆大小相等。如图 2-50 为三个坐标面内直径相等的圆的正等测图。可见,$X_1O_1Y_1$ 面上椭圆的长轴垂直于 O_1Z_1 轴;$X_1O_1Z_1$ 面上椭圆的长轴垂直于 O_1Y_1 轴;$Y_1O_1Z_1$ 面上椭圆的长轴垂直于 O_1X_1 轴。椭圆的正等测图一般采用四心圆弧法作图。

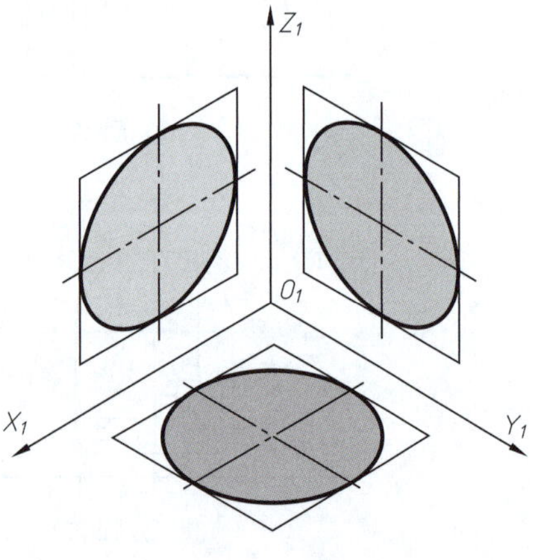

图 2-50　三个坐标面内直径相等的圆的正等测图

[**例题 2-20**]　画图 2-51(a)所示半径为 R 的水平圆的正等测图。

作图步骤:

(1) 定出直角坐标的原点及坐标轴。画圆的外切正方形,与圆相切于 a、b、c、d 四点(图 2-51b)。

(2) 画出轴测轴,并在 X_1、Y_1 轴上截取 $O_1A_1=O_1B_1=O_1C_1=O_1D_1=R_1$,得出 A_1、B_1、C_1、D_1 四点(图 2-51c)。

(3) 过 A_1、C_1 和 B_1、D_1 点分别作 O_1Y_1、O_1X_1 轴的平行线,得菱形(图 2-51c),对角距较短的两角点为 I_1、II_1。

(4) 连接 I_1C_1、I_1D_1、II_1A_1、II_1B_1 交于 III_1、IV_1(图 2-51d)。

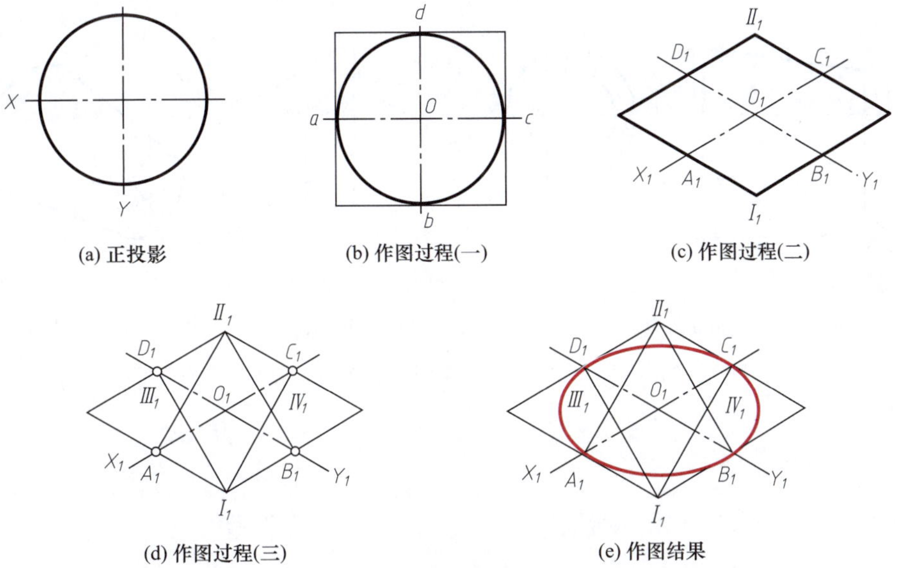

(a) 正投影　(b) 作图过程(一)　(c) 作图过程(二)

(d) 作图过程(三)　(e) 作图结果

图 2-51　圆的正等测图

(5) 分别以 I_1、II_1 为圆心，I_1C_1 为半径画圆弧 C_1D_1 和 A_1B_1，再分别以 III_1、IV_1 为圆心，以 III_1A_1 为半径，画出圆弧 A_1D_1、C_1B_1。由这四段圆弧光滑连接而成的图形，即为该水平圆的正等测图。

[**例题 2-21**]　画图 2-52(a) 所示圆柱的正等测图。

作图步骤：

(1) 设轴测轴 O_1Y_1 与圆柱的轴线重合(图 2-52b)。

(2) 圆柱前后两圆都是画成正平面位置的椭圆(图 2-52c)。

(3) 画出两椭圆的公切线，即圆柱面的轮廓线就完成圆柱的正等测图(图 2-52d)。

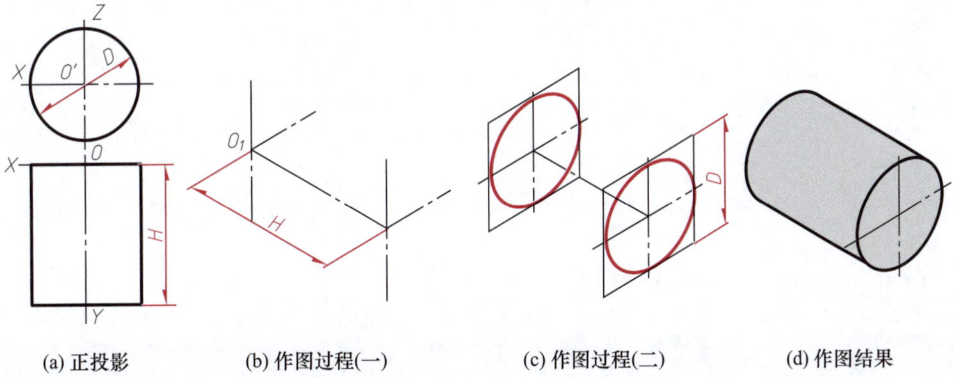

(a) 正投影　(b) 作图过程(一)　(c) 作图过程(二)　(d) 作图结果

图 2-52　圆柱的正等测图

[**例题 2-22**]　画图 2-53(a) 所示圆台的正等测图。

作图方法：设轴测轴 O_1X_1 与圆台的轴线重合，圆台的顶圆和底圆都是画成侧平面位置的椭圆，而圆台曲面的轮廓线是大小椭圆的公切线，如图 2-53(b)、(c)所示。

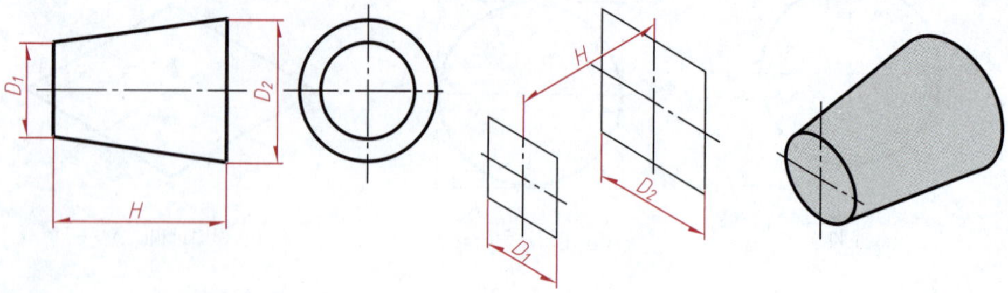

(a) 正投影　　(b) 作图过程　　(c) 作图结果

图 2-53　圆台的正等测图

工作任务三

组合体的投影绘制

素养目标

(1) 在形体分析中培养观察能力，学会“由整体到局部，再到整体”的思维方式。生活中，遇到问题不妥协、不放弃，将“大困难”变成一个个“小困难”逐一击破。做好人生规划，一步一步，聚沙成塔、集腋成裘，最终实现既定的目标。

(2) 体会剖、断面图中匠心独运的表达艺术，既承载着设计智慧的凝缩又彰显着技术逻辑的严谨。对这种承载人类工业文明精髓的视觉表达方式产生由衷的敬意与职业自豪感。

知识目标

(1) 认知组合体的投影概念；

(2) 熟悉道路桥梁中常见的组合体构件；

(3) 熟悉常见桥梁构件组合体的读图、画图方法和步骤；

(4) 熟悉组合体尺寸标注的要点；

(5) 认知剖面图、断面图的概念、形成、用途；

(6) 熟悉剖面图、断面图的绘制和阅读。

能力目标

(1) 能正确阅读和绘制工程上常见的组合体构件；

(2) 能正确完成组合体的尺寸标注；

(3) 能合理运用剖面图、断面图清楚表达形体；

(4) 根据常见构件（桥墩、桥台、梁）的模型，能绘制物体的三面投影并标注尺寸；

(5) 根据组合体的三面投影能做出组合体的立体模型；

(6) 根据三面投影能绘制剖面图和断面图。

知识引入

组合体是由若干基本体组合而成的。如图 3-1(a)、(b)、(c)所示的形体都是组合体。

微课：组合体的绘制

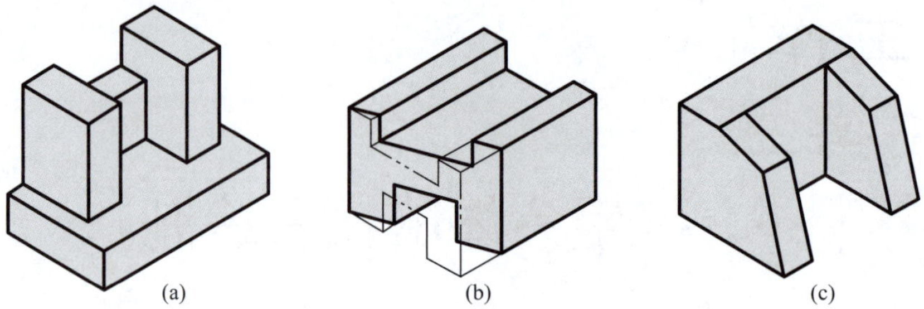

图 3-1 组合体示例

3.1 组合体的形体分析法及组合形式

3.1.1 形体分析法

为了便于画图和读图，通过分析可将组合体分解成若干基本体，并分析它们的形状结构、相对位置以及组合方式的方法，称为形体分析法。它是画图、读图和标注尺寸的基本方法。

如图 3-1(a)所示的形体是由四个四棱柱叠加而成的；图 3-1(b)是由一个长方体切割而成的组合体；图 3-1(c)是几个长方体既叠加又切割而成的组合体。分析清楚各组成部分的形状和它们之间的相对位置后，可按其相对位置逐个画出各组成部分的投影，综合起来得到组合体的投影。

知识链接

在绘制和识读组合体的投影图前，通常用形体分析法来分析组合体的组成、形状和各组成部分相对位置，以便有序地画图和读图。

3.1.2 组合体的组合形式及其投影画法

组合体的组合形式可分为叠加、切割、相交和相切等几种方式。

1. 叠加

图 3-2(a)、(b)所示的形体都是由上、下两部分叠加而成的。

画图时，先将组合体分解成若干基本体，分析清楚各基本体的形状和它们之间的相对位置。然后按相对位置逐个画上各基本体的投影，并依次叠加，综合起来便可得到组合体的投影。

特别提示

画图时应注意：两基本体表面不平齐，中间接触处应画线隔开，如图 3-2(a)所示；平齐时，实际上两表面构成一个完整的平面，不应有线隔开，如图 3-2(b)所示。

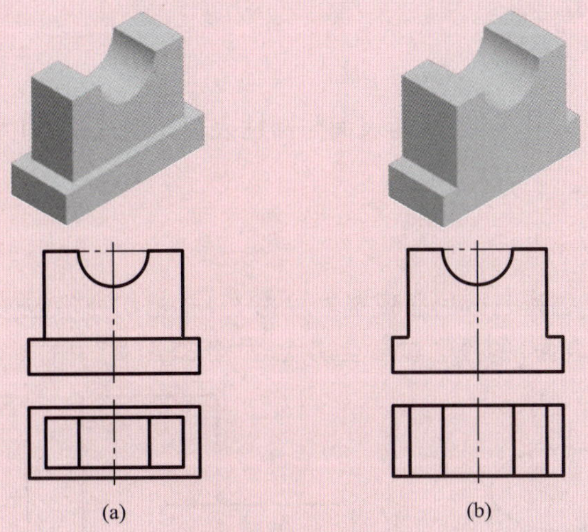

图 3-2　叠加的画法

2. 切割

图 3-3(a)所示的组合体，可以看成由长方体切割而成，如图 3-3(b)所示。

画图时，先画原始基本体(长方体)的投影，然后从切割平面的积聚性投影入手，逐个画出被切部分的投影，如图 3-3(c)、(d)、(e)、(f)所示。

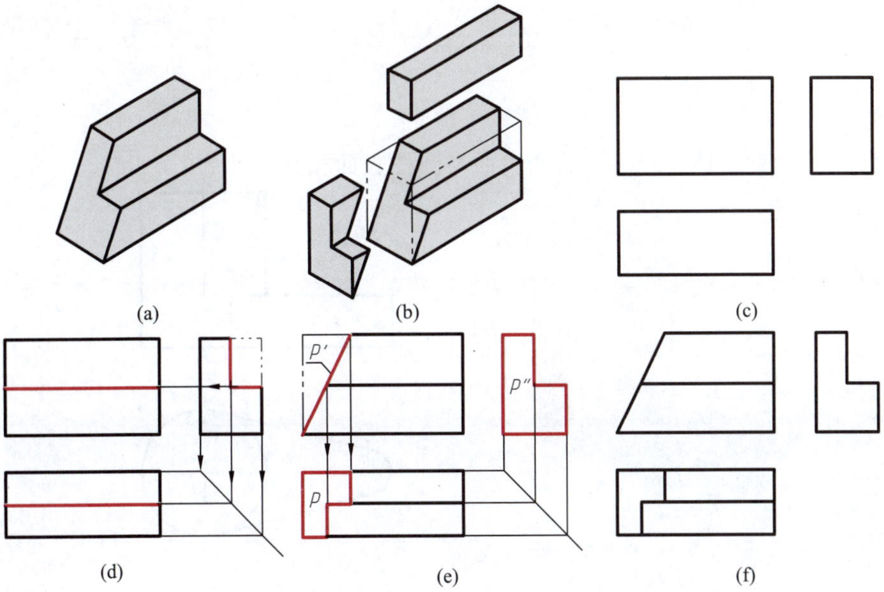

图 3-3　切割的画法

特别提示

画图时应注意：要利用线、面投影特性分析被切割后所产生的新表面的投影。如图 3-3(e) 所示，由 p'和线框 p''可知，新表面为正垂面；据此由 p'和线框 p''便能作出其水平投影——一个与侧面投影类似的线框。

3. 相切

图 3-4(a)所示的立体，耳板前、后两表面与圆柱表面光滑过渡，即为相切。

特别提示

画图时应注意：在相切两表面的非积聚性投影上，在相切处不应该画线，如图 3-4(b) 所示；相邻平面(如耳板上表面)的投影应画至切点，如图 3-4(b) 中的 $a'(b')$和 a''、b''。

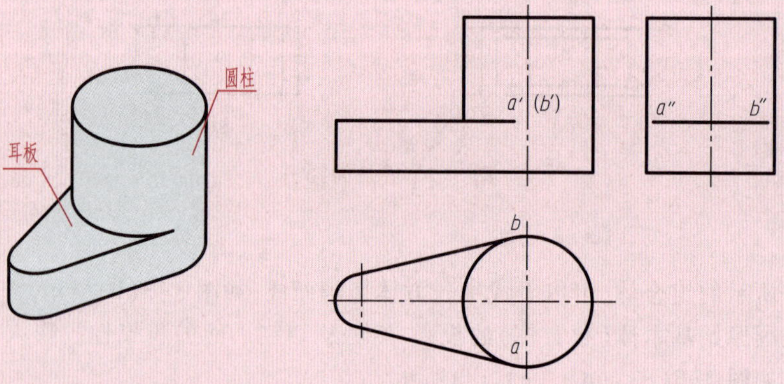

(a) (b)

图 3-4 相切的画法

4. 相交

图 3-5(a)所示的立体，耳板前、后两表面与圆柱表面相交。

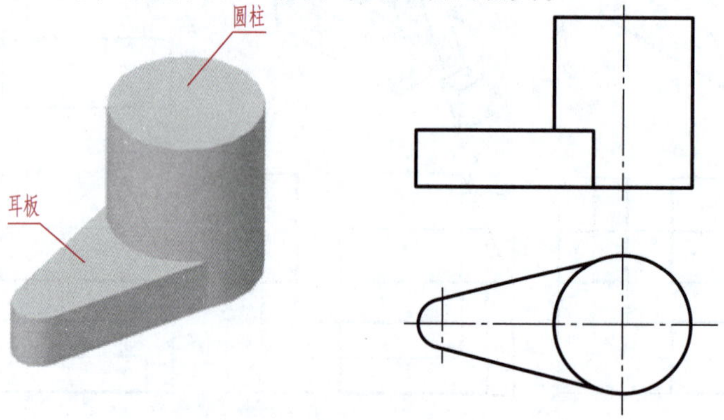

(a) (b)

图 3-5 相交的画法

特别提示

当组合体表面相交时，在相交处应画出交线(图 3-5b)。

3.2 组合体投影图的画法

拓展阅读：形体分析

3.2.1 形体分析

画组合体的投影图首先要进行形体分析，分析它是由哪些基本体组合而成的，同时要分析这些基本体彼此间的相对位置，然后再根据形体的复杂程度用恰当的投影图表达。

图 3-6(a)是一个挡土墙的立体图，它是一个组合体。该组合体的基本体组成如图 3-6(b)所示，支承板是两个三棱柱，底板由两个四棱柱叠加而成，立墙是一个四棱柱。底板也可以分析成是由长方体板切割而成的。

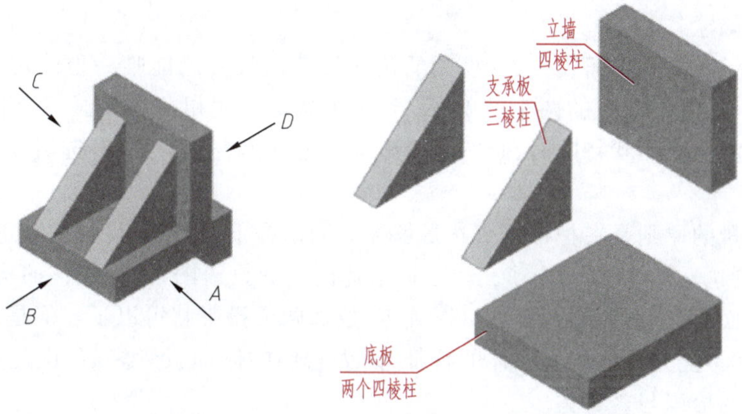

(a) 立体图　(b) 基本体组成

图 3-6　形体分析

3.2.2 投影图的确定

1. 确定立面图

投影图随形体放置和立面图方向的不同而改变，一般应按自然位置放置立面图，应把能较多反映组合体形状和位置特征的某一面作为立面图的投影方向，并尽可能使形体上主要面平行于投影面，以便使投影能得到实形，还要兼顾其他两个投影表达的清晰性，即尽可能减少其他投影中的虚线。

以图 3-6(a)所示形体为例，*A*、*B*、*C*、*D* 四个方向都可以作为立面图的方向，但比较起来 *A* 向反映形体的特征要比 *B* 向更充分一些，它既能反映支承板和底板的形状特征又能表达出立墙和底板之间的相对位置，因此选 *A* 向作为立面图方向较好。

图 3-7(a)是该挡土墙以 *A* 向作立面图方向画出的三面投影图;图 3-7(b)是以 *C* 向作立面投影方向画出的该形体的三面投影图,二者相比较,后者侧面投影上有虚线,不如选 *A* 向表达得清楚。

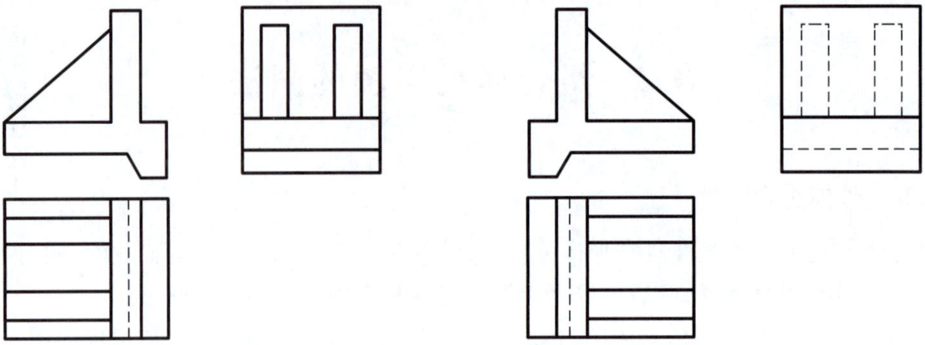

(a) 合理　　(b) 不合理

图 3-7　立面图选择

2. 确定投影数量

表达组合体一般是画三面投影,从投影的角度讲三面投影已能唯一地确定形体。当形体比较简单时,有时画三面投影中的两个就够了,个别情况与尺寸相配合仅画一个投影也能表达形体。当形体比较复杂或形状特殊时,画三面投影难以把形体表达清楚,可选用其他的投影来表达形体。

确定投影数量的原则是在把形体表达足够充分的前提下,尽量减少投影数量。

图 3-8(a)、(b)、(c)分别给出了三个不同形体的三面投影图,因为形体的构造比较简单,如只画立面图和侧面图,该形体的特征亦可以确定,故选两个投影就可以了。但是如果选的是立面图和平面图,那就不能充分的体现形体的特征,因为它们的侧面投影多解,由此可知投影数量的确定与投影选择的恰当与否有关。

立体图:投影数量的选择

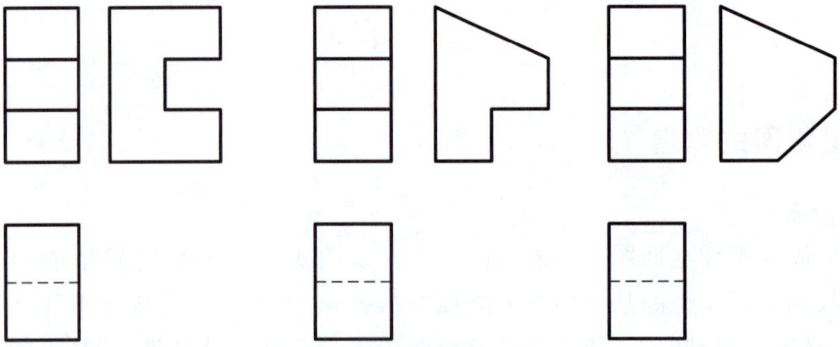

(a) 形体(一)　　(b) 形体(二)　　(c) 形体(三)

图 3-8　三个不同形体的三面投影图

3.2.3 选比例、定图幅

投影图确定后，还要根据组合体的总体大小和复杂程度，按国家标准规定选择适当的比例和图幅。

3.2.4 布置投影图

布图时，根据选定比例和组合体的总体尺寸，可粗略算出各投影范围大小，并布置匀称。考虑标注尺寸和注写文字的位置后，再作适当调整，便可定出各投影的对称线、主要端面轮廓线的位置，作为作图基准线，布图要求平衡、匀称、协调。

3.2.5 画底图

为了迅速而正确地画出组合体的三面投影图，画底稿时，应注意以下几点：

(1) 画图的先后顺序是一般应从正面投影入手。先画主要部分，后画次要部分；先画看得见的部分，后画看不见的部分；先画圆和圆弧，后画直线。

(2) 画图时，组合体的每一部分最好是三个投影配合着画。每部分也应从反映形状特征的投影先画，而不是先画完一个投影后再画另一个投影。这样，可以提高绘图速度，避免漏画和多画图线。

以图 3-9(a)所示组合体为例，其作图步骤可按图 3-9(b)、(c)、(d)、(e)所示的顺序进行，这是一个同步作图的示例。

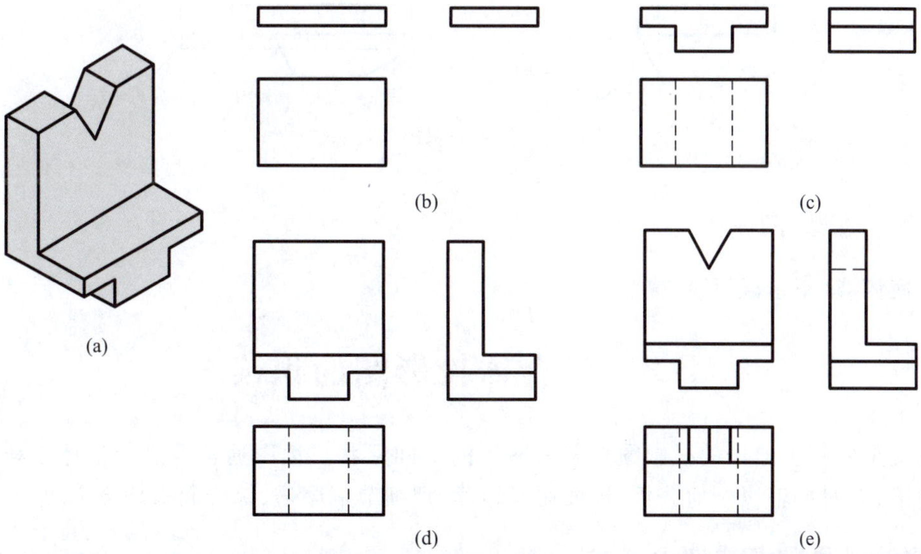

图 3-9 作组合体的投影图

再以图 3-10(a)所示桥台翼墙为例，可以看作切割形成的组合体，形体虽简单，但画图却不容易，初学者仍需进行形体分析。形体分析过程如图 3-10(b)、(c)、(d)、(e)所示。作图过程可按图 3-11(a)、(b)、(c)、(d)的顺序进行。

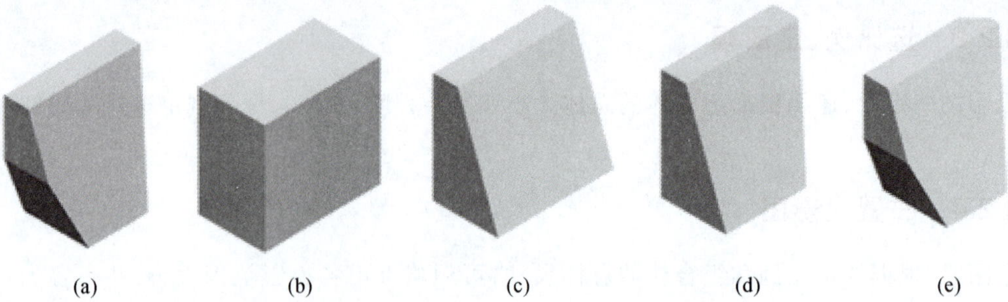

图 3-10 桥台翼墙形体分析

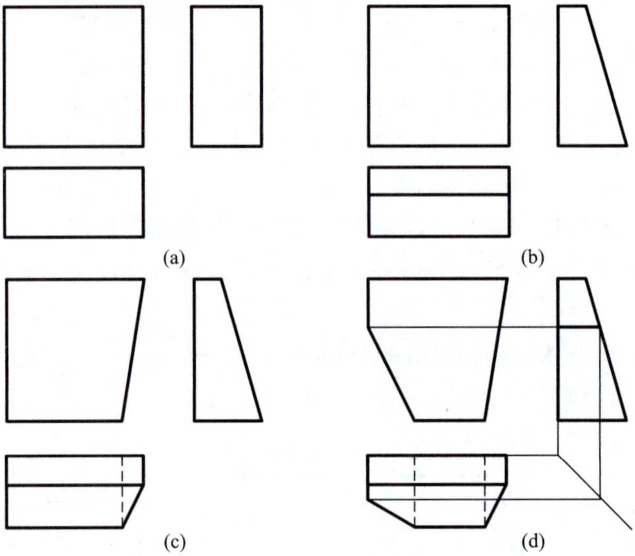

图 3-11 作桥台翼墙的投影图

3.2.6 检查、描深

检查底稿，改正错误，然后描深。

3.3 组合体投影图的识读

读图就是要根据给出的投影图想象出形体的空间形状。读图通常要进行形体分析，一部分一部分地读，有时要辅以全面分析，逐面逐线地读，把细节揣摩透，综合起来领会全貌。

3.3.1 读图的基本知识

1. 联系几个投影

组合体的每个投影只反映形体的某一个侧面的特征，而不反映形体的全貌。读图时一定要把几个投影联系起来，综合各个侧面的特征想象形体的空间形状。

图 3-12(a)、(b)所示的两个形体的正面投影外形是相同的，但一个表达的是圆锥，一个表

达的是四棱锥，二者的差异很大。所以一定要通过投影对照，把几个投影联系起来，才能想象出形体的空间形状。

2. 了解投影中线和框的含义

投影是由若干图线组成的，图线构成不同形状的线框，分析线和线框的意义是读图的基础，是对组合体的投影作形体分析、线面分析的必备条件。

(1) 线的意义。

线多数情况下是形体上某一侧面的积聚投影，也可能是形体上两个侧面交线的投影，再一种可能是曲面体轮廓线的投影。

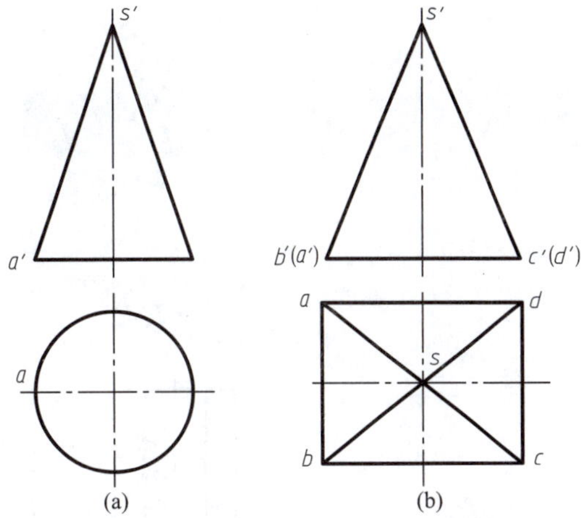

图 3-12 投影图中的线与线框

以图 3-12 所示形体为例，图(a)中的直线 $s'a'$ 是圆锥的轮廓素线。图(b)中的直线 $s'a'b'$ 是棱锥侧面△SAB 的积聚投影，直线 sa 和 sb 则是棱锥相邻两个侧面交线的投影。

通过投影对齐，分析有无积聚性，有无曲线与之对应，线的意义是不难确定的。

(2) 线框的意义。

① 线框。线框通常是代表形体表面上某一个侧面的实形或类似形，有时是表示曲面。仍以图 3-12 所示形体为例，图(a)中正面投影的三角形线框表示的是圆锥面的投影，图(a)中水平投影中的圆代表圆锥底面的实形。图(b)中水平投影中的三角形线框△sab 是△SAB 平面的类似形的投影。

② 相邻线框。投影中相邻的封闭线框一般表示不同位置的表面，而线框中间的公共边可能表示把两个形体隔开的第三个表面的积聚投影或表示形体两表面交线的投影。如图 3-13(a)中线框 $1'$ 与 $3'$ 表示两个不同位置的表面，线框 $1'$ 与 $3'$ 的公共边表示第三个表面在 V 面的积聚投影；如图 3-13(b)中线框 $6'$ 与 $7'$ 的公共边表示圆柱面与圆台面相交的交线。

③ 线框包围中的线框。投影中线框包围中的线框可能表示凸面或凹面，也可能表示通孔。图 3-13(a)中线框 4 与 5 表示两个平行面，4 面凸起；图 3-13(b)中线框 6 包围中的线框 8 表示通孔。

3. 在投影图中找对应投影关系

形体上每一个几何元素在三面投影中均有其投影。

读图时在三面投影中分析出点、线、面的对应投影是很重要的。在分析对应的投影时，一般需要借助三角板、分规等工具，按投影关系进行。下面介绍一些通过找投影关系来识别线、面的方法。

(1) 相邻投影图中对应的一对线框若为同一平面的投影，它们必定是类似形，如果是表示同一平面的类似形，它必须是几边形对应几边形，平行边对应平行边。线框各顶点投影符合点的投影规律，且各顶点连接顺序相同。

(2) 相邻投影图中对应投影无类似形，必定积聚成线。

如果某一投影图中的一个线框在相邻投影图中找不到对应的类似形线框时，则在相邻投影图中必定能找到其积聚为线的投影。如图 3-14(a)所示，水平投影图中的线框 p 在正面投影图中无类似形，按长度相等关系只能对应正面投影图中的斜线 p'。同理，正面投影图的线框 q' 只能对应水平投影图中的横线 q 及侧面投影图中的竖线 q''。

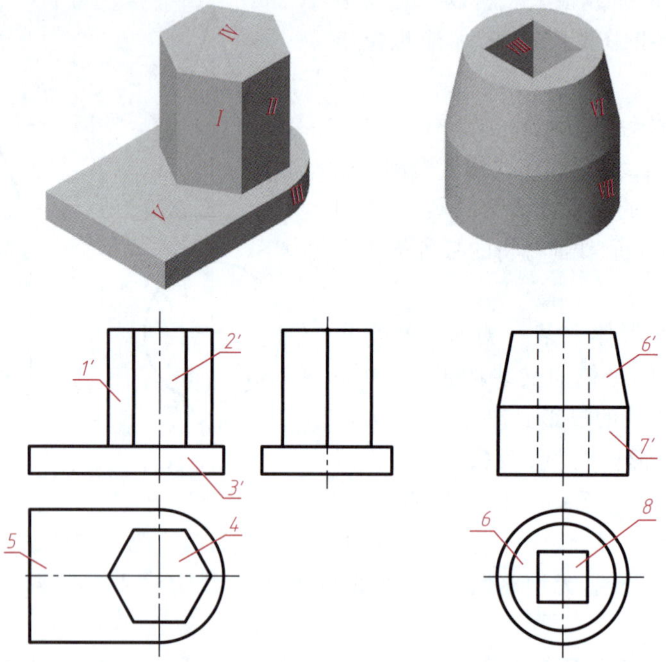

(a) (b)

图 3-13 投影图中相邻的线框

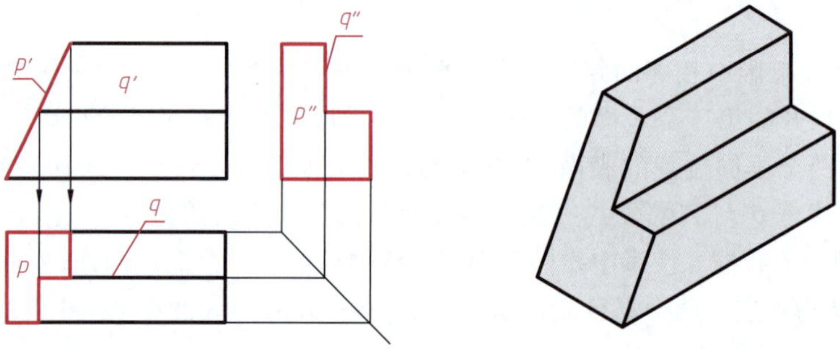

(a) 投影图 (b) 立体图

图 3-14 相邻投影图中对应投影

3.3.2 读图的方法

1. 拉伸法

拉伸法读图一般用于柱体或由平面截割柱体而成的简单体。图 3-15 所示是一棱柱被一侧垂面截割后形成的柱状体。识读其投影图时可用拉伸法，即可把反映立体形状特征的投影线框沿其投影方向并结合相邻投影拉伸为柱状体，如图 3-15(b)、(c)、(d)所示。这种读图的方法即为拉伸法。

运用拉伸法读图时，关键是在给定投影图中找出反映立体特征的线框。一般来讲，当立体的三个投影中有两个投影中的大多数线条互相平行，且都是平行于同一投影轴，而另一投影中的

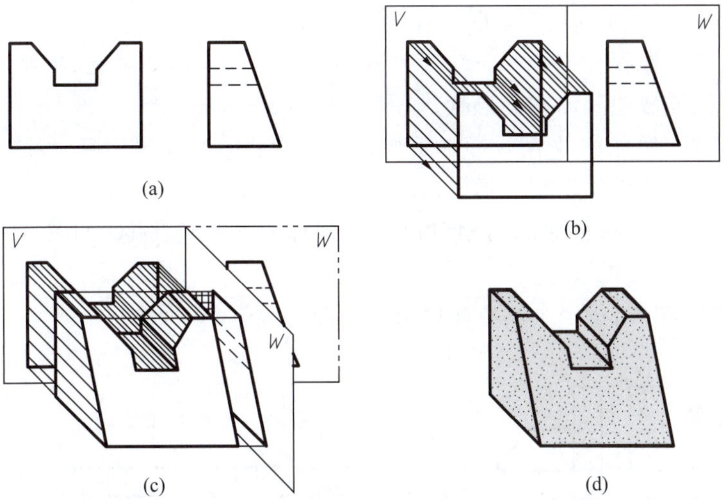

图 3-15 拉伸法读图

线条不平行，是一个几何线框，该线框就是反映立体形状特征的线框。图 3-16(a)所示的形体是柱体，图 3-16(b)所示的形体是柱状体，都可以用拉伸法读图，请读者自己分析。

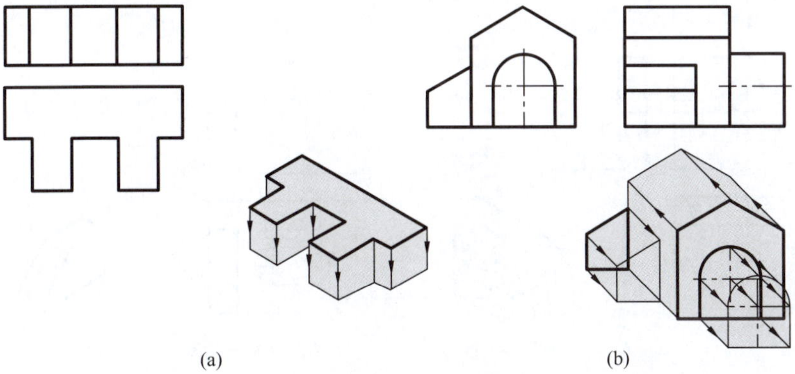

图 3-16 拉伸法读图举例

2. 形体分析法

形体分析法读图就是先从特征比较明显的投影着手，根据投影图间的投影关系把组合体分解成一些基本体，并想象各基本体的形状，再按它们之间的相对位置，综合想象组合体的形状，此读图方法常用于叠加型组合体。

下面以图 3-17 所示的形体为例，说明形体分析法。

(1) 从投影图中分离出表示各基本体的线框。

以特征比较明显的 *V* 面投影着手，将 *V* 面投影分为 3 个线框，如图 3-17(a)所示。

(2) 分别找出各线框对应的其他投影，并结合各基本体反映形状特征的投影想象形体的形状。

由于组合体各组成部分的形状和位置特征并不一定都集中在某一个方向上，因此反映各部分形状特征和位置特征的投影也不会都集中在某一个投影图上。读图时要善于找出反映特征的投影。

读形体 *I* 时，首先要抓住水平投影中反映其特征的线框 *1* 读起，再结合其 *V* 面、*W* 面投影 *1′*、

1″,可通过拉伸法想象出它的形状,如图 3-17(b)所示。

读形体*Ⅱ*时,首先要抓住 *V* 面投影中反映其形状特征的线框 *2′*读起,再结合其 *H* 面、*W* 面投影 *2*、*2″*,可以通过拉伸法想象出它的形状,如图 3-17(c)所示。

读形体*Ⅲ*时,首先要抓住 *W* 面投影中反映其形状特征的线框 *3″*读起,再结合其 *V* 面、*H* 面投影 *3′*、*3*,可以通过拉伸法想象出它的形状,如图 3-17(d)所示。

(3) 根据各部分的形状和他们的相对位置综合想象其整体形状,如图 3-17(e)、(f)所示。此时要抓住有位置特征的投影。

用形体分析法读图时,每一个基本体可采用拉伸法、线面分析法。

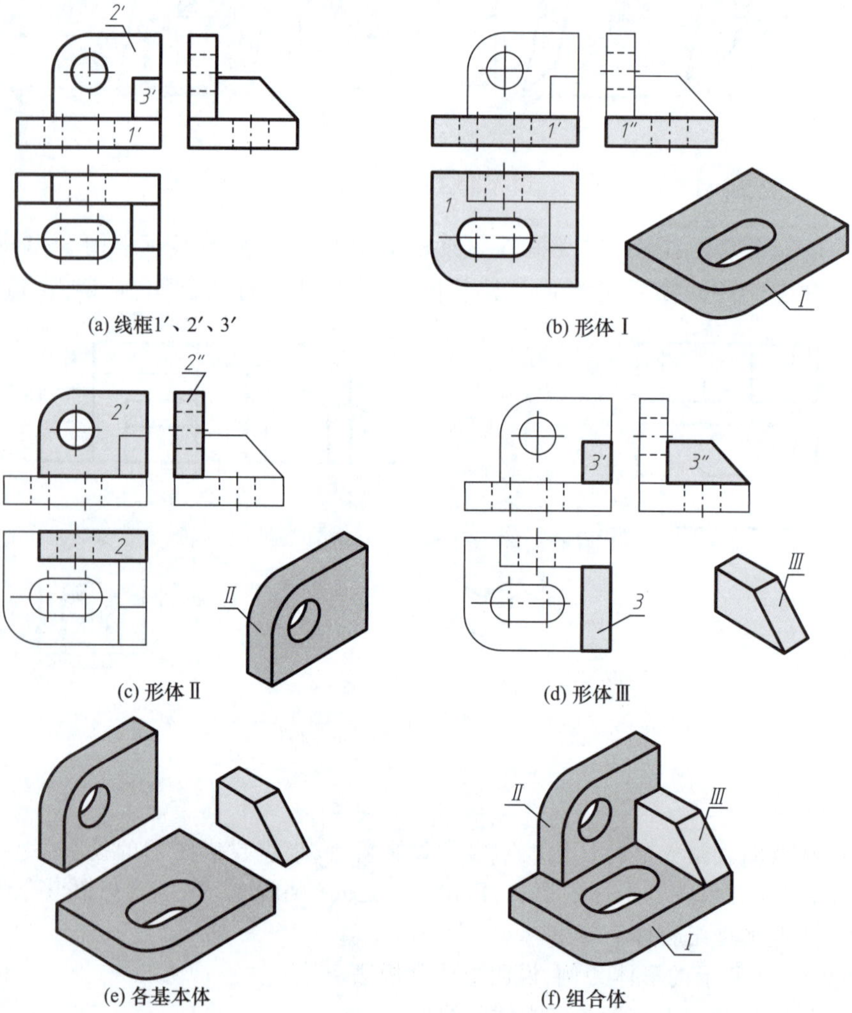

(a) 线框1′、2′、3′　(b) 形体Ⅰ　(c) 形体Ⅱ　(d) 形体Ⅲ　(e) 各基本体　(f) 组合体

图 3-17　形体分析法读图

3. 线面分析法

当形体被多个平面切割、形体的形状不规则或在某个投影图上的投影重叠时,运用形体分析法难以读懂。这时要运用线、面分析表面形状以及面与面之间的表面交线,并借助立体的概念想象出组合体的形状,这种方法称为线面分析法。

下面以图 3-18 所示的形体为例，说明线面分析法。

（1）确定物体的整体形状。

由图 3-18(a)可知，形体的三面投影均是有缺角或缺口的矩形，可初步认定该形体是由长方体切割而成的。

（2）确定切割面的位置和面的形状。

如图 3-18(b)所示，在水平投影中有梯形线框 a，而在 V 面投影中可找出与它对应的斜线 a'，由此可见 A 面是垂直于 V 面的梯形平面。长方体的左上角是由 A 面切割而成的，平面 A 相对 W 面和 H 面都处于倾斜位置，所以它们的侧投影 a'' 和水平投影 a 是类似形，不反映 A 面的真实形状。

如图 3-18(c)所示，在 V 面投影中有五边形线框 b'，而在水平投影中可找出与它对应的斜线 b，由此可见 B 面是铅垂面。长方体的左端就是由这样的两个平面切割而成的。平面 B 相对 V 面和 W 面都处于倾斜位置，因而侧面投影 b'' 也是类似的五边形线框。

（3）综合想象其整体形状。

搞清楚各截切面的空间位置和形状后，根据基本形体形状、各截切面与基本形体的相对位置，进一步分析投影图中的线、线框的含义，可以综合想象出形体的形状。分析想象过程如图 3-18(d)、(e)、(f)所示。

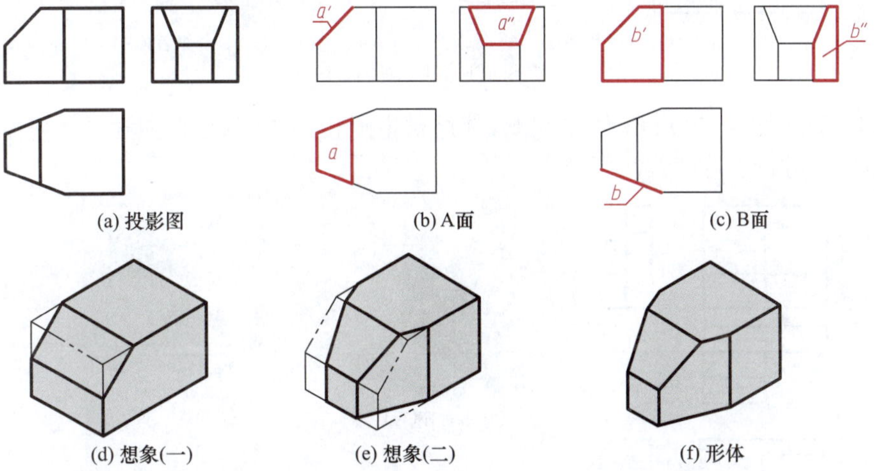

(a) 投影图　(b) A面　(c) B面

(d) 想象(一)　(e) 想象(二)　(f) 形体

图 3-18 线面分析法读图

［例题 3-1］ 如图 3-19 所示的涵洞洞口，根据其三面投影，识读其空间形状。

解：（1）形体分析。以 V 面投影中可分出三个线框，即可把涵洞洞口分为基础、墙身、缘石三个基本体，如图 3-19(a)所示。

（2）读各基本体的形状。基础可从 H 面反映形状特征的线框沿 Z 轴拉回空间，得其空间形状，如图 3-19(b)所示；缘石可从它的 W 面投影中反映形状特征的线框沿 X 轴拉出，即可得缘石的空间形状，如图 3-19(c)所示；墙身也可从它的 W 面投影中反映形状特征的线框沿 X 轴拉出，然后在拉出的四棱柱的基础上挖一个圆柱状的孔，即为墙身的空间形状，如图 3-19(d)所示。

（3）综合想象整个形状。根据基础、墙身、缘石间的相对位置，可综合想象出整个涵洞洞口的形状，如图 3-19(e)所示。

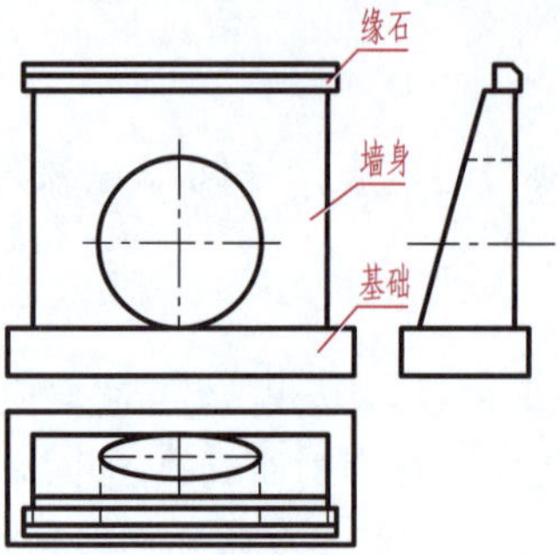

(a) 投影图

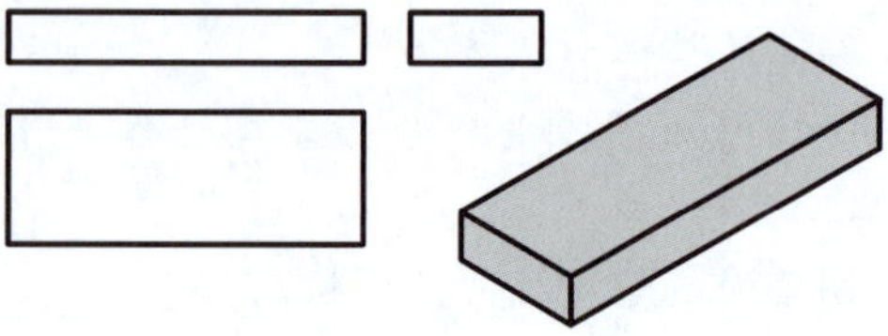

(b) 基础

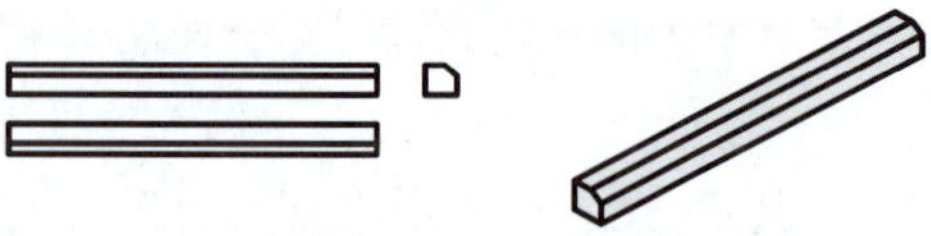

(c) 缘石

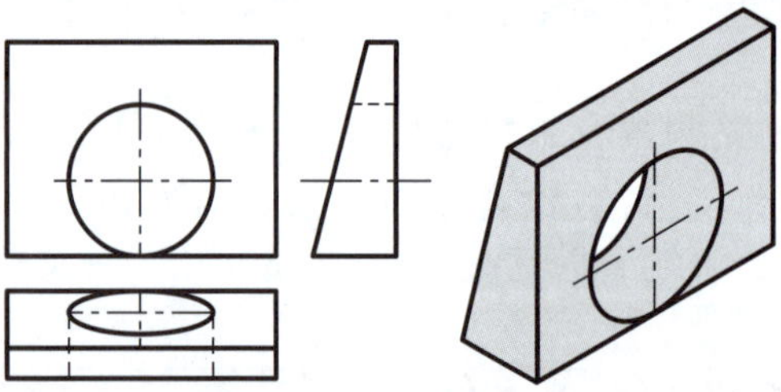

(d) 墙身

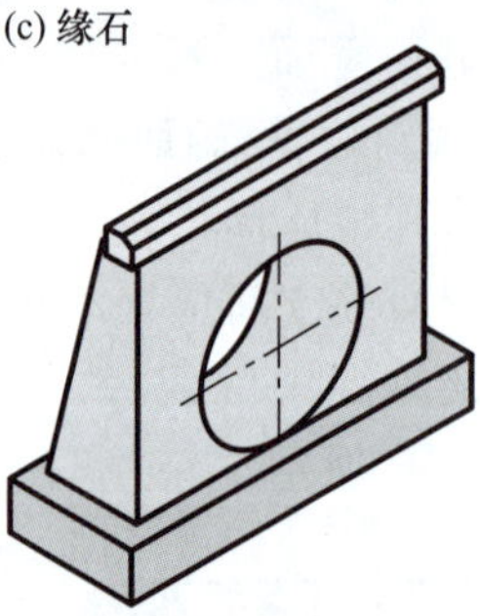

(e) 组合体

图 3-19　涵洞洞口投影图的识读

[**例题 3-2**]　图 3-20 所示为三个组合体的投影图和立体分析图，读者可互相对照，运用形体分析法或线面分析法进行读图练习。

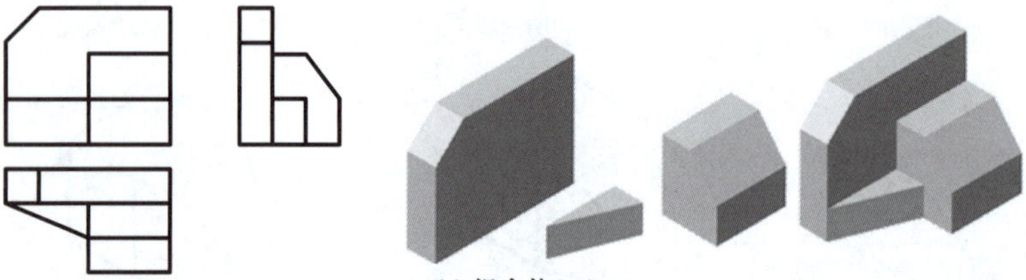

(a) 组合体(一)

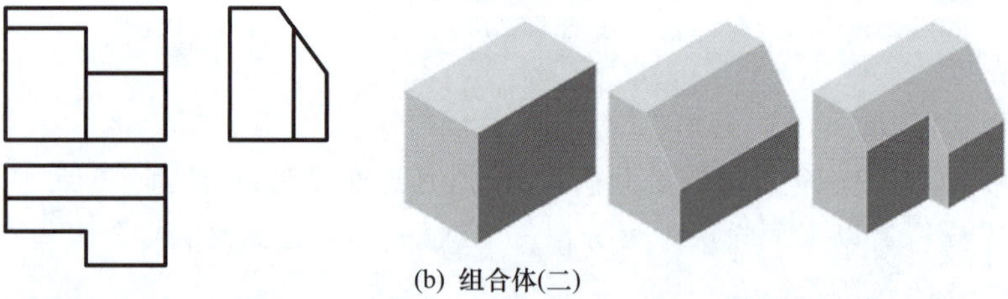

(b) 组合体(二)

(c) 组合体(三)

图 3-20　组合体读图练习

3.4 组合体的尺寸标注

知识引入

组合体的视图只能确定其形状，而要确定组合体的大小及各部分的相对位置，还必须标注足够的尺寸。

3.4.1 基本几何体的尺寸标注

组合体是由基本体组成的，为了标注好组合体尺寸，首先要熟悉基本体的尺寸注法。

标注基本体的尺寸，应根据形体的特点把它们的三个方向的尺寸完整地标注在投影图上，图 3-21(a)~(f)所示为基本几何体的尺寸标注。

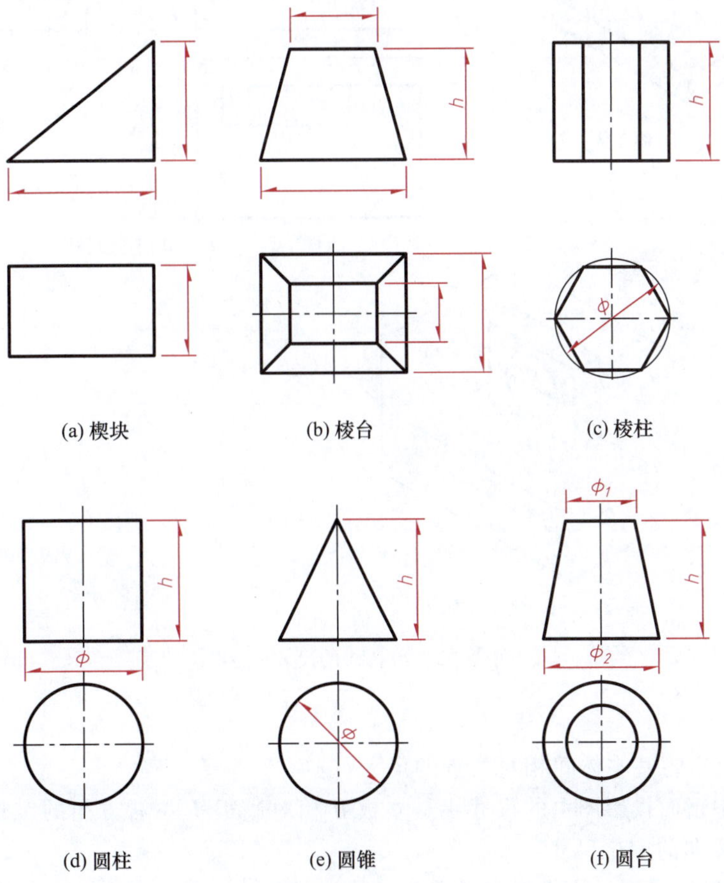

图 3-21 基本几何体的尺寸标注

3.4.2 组合体尺寸的种类

1. 定形尺寸

定形尺寸是确定组合体各组成部分大小和形状的尺寸。

标注组合体的尺寸时，首先要作形体分析，确定它是由哪些基本体组成的，每个基本体的长、宽、高都要在投影图上完整地反映出来。

以图 3-22(a)所示组合体为例，可以看出该组合体是由两个基本体组成，下部底板*I*是一个四棱柱，立板*II*也是一个四棱柱，立板上挖去一个圆柱形成圆孔*III*。在投影图尺寸中 35、20、5 是基本体*I*的定形尺寸。20、6、16 是立板*II*的定形尺寸，其中高度尺寸 16 是通过总高尺寸(21)去掉下部底板高度(5)间接得到的。ϕ12 和 6 是孔*III*的定形尺寸，圆孔的宽向尺寸与立板的宽向尺寸相同。

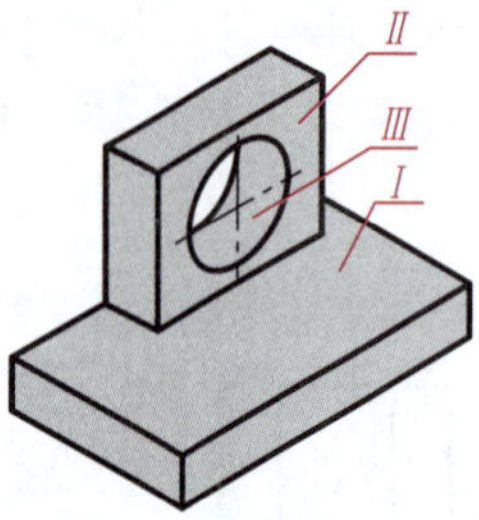

(a) 组合体

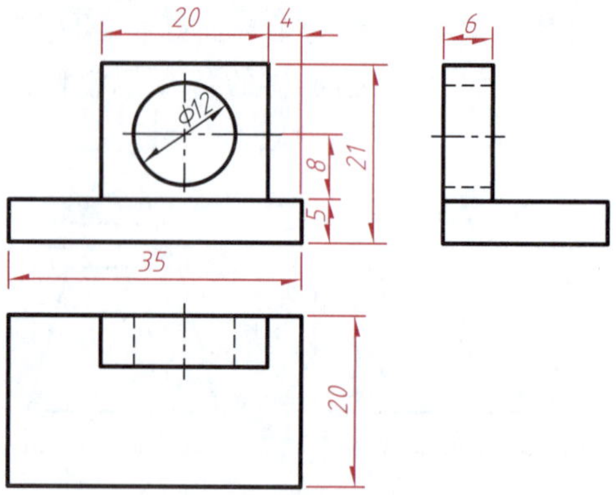

(b) 标注尺寸

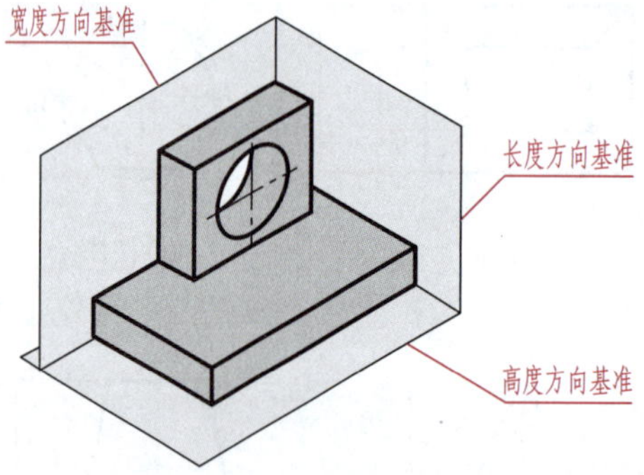

(c) 尺寸基准

图 3-22 组合体的尺寸标注

2. 定位尺寸

定位尺寸是确定各基本体间相对位置的尺寸。

图 3-22(b)中正面投影图上的尺寸 4 是立板 *II* 相对底板 *I* 左右方向的定位尺寸，8 是孔 *III* 在立板 *II* 上高低方向的定位尺寸。

当两基本体对称，表面平叠或平齐时定位尺寸均可省略。如孔 *III* 相对于立板 *II* 左右方向对称，不需要定位尺寸；立板 *II* 在高度方向相对底板 *I* 的位置是通过平叠组合在一起的，不需要定位尺寸；立板 *II* 在前后方向相对底板 *I* 是平齐的，不需要定位尺寸。

由以上分析可以看出，在某一方向确定各基本体的相对位置时，标注每一个定位尺寸均需有一个相对的基准作为标注尺寸的起点，这个起点称为尺寸基准。由于组合体有长、宽、高三个方向的尺寸，所以每个方向至少有一个尺寸基准，如图 3-22(c)所示。尺寸基准一般选在组合体底面、重要端面、对称面及回转体的轴线上。

3. 总体尺寸

总体尺寸是反映组合体总长、总宽、总高的尺寸。

如图 3-22(b)所示，组合体的总长为 35，总宽为 20，总高为 21。

特别提示

三种尺寸的分类并不是绝对的，有时一个尺寸既可能是定形尺寸，同时还可能是定位尺寸或总体尺寸。如 *V* 面投影中的 21 为总高尺寸，省略了基本体 *Ⅱ* 的高度尺寸 16。*H* 面投影中的 35 和 20 是基本体 *Ⅰ* 的定形尺寸，也是组合体的总长和总宽尺寸。

3.4.3 尺寸标注的要求

(1) 正确

要符合《道路工程制图标准》(GB 50162—1992)的规定。

(2) 完整

所谓完整，指所注尺寸能完全确定组合体的形状和大小，不能遗漏或重复。

(3) 清晰

尺寸的布置要整齐、清晰、便于阅读。为保证所注尺寸清晰应注意以下几点：

① 尺寸一般要标注在反映形状特征的投影上，布置在图形轮廓线之外，但又应靠近轮廓线，表示同一结构或形体的尺寸应尽量布置在同一投影上。

② 尺寸线尽可能排列整齐，与两投影有关的尺寸应标注在两投影之间。可把长、宽、高三个方向的定形、定位尺寸组合起来排列，小尺寸在内，大尺寸在外。

③ 某些局部尺寸允许注在轮廓线内，但任何图线不得穿越尺寸数字。

④ 避免在虚线上标注尺寸。

(4) 合理

标注的尺寸应满足设计要求，并满足施工、测量和检验的要求。

3.4.4 尺寸标注的方法和步骤

标注尺寸时要注意形体分析，先标注定形尺寸，其次是定位尺寸，最后是总体尺寸。现以图 3-23、图 3-24 所示的涵洞洞口为例，说明尺寸标注的方法和步骤。

(1) 形体分析，选定基准。经形体分析可知，涵洞洞口由基础、墙身、缘石组成，各基本体相对位置如图 3-23(b)所示，从而选定长、宽、高三个方向的尺寸基准，如图 3-23(a)所示。

(2) 标注三类尺寸。确定并标注各基本体定形尺寸。为了不遗漏尺寸，在形体分析的基础上，应先分别注出各基本体的定形尺寸，以确定所需定形尺寸的数量，如图 3-24(a)、(b)、(c)所示(实际工程中不必画分解图逐个注尺寸)，如果基本体是带切口的，不应标注截交线的尺寸，而

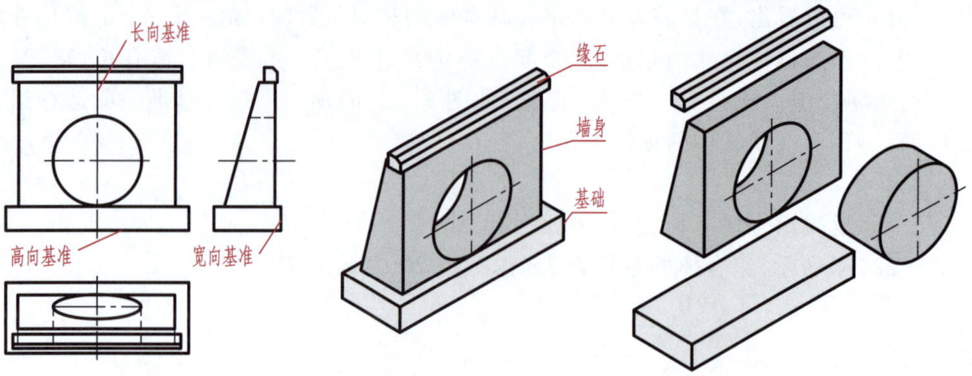

(a) 投影图　　(b) 形体分析

图 3-23　涵洞洞口的形体分析

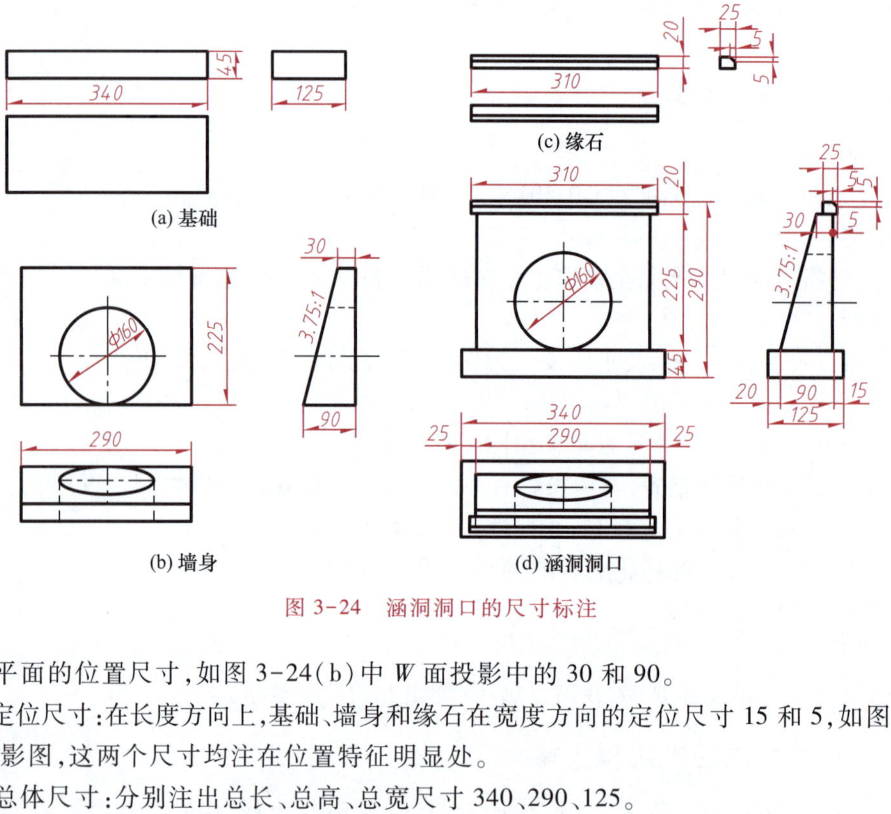

(a) 基础　　(b) 墙身　　(c) 缘石　　(d) 涵洞洞口

图 3-24　涵洞洞口的尺寸标注

是标注截平面的位置尺寸，如图 3-24(b) 中 *W* 面投影中的 30 和 90。

标注定位尺寸：在长度方向上，基础、墙身和缘石在宽度方向的定位尺寸 15 和 5，如图 3-24(d) 中 *W* 面投影图，这两个尺寸均注在位置特征明显处。

标注总体尺寸：分别注出总长、总高、总宽尺寸 340、290、125。

(3) 检查复核。注完尺寸后，要用形体分析法认真检查三类尺寸，补上遗漏的尺寸，并对布置不合理的尺寸进行必要地调整。

思考

3.75∶1这一尺寸是否多余？可否省略？

3.5 剖面图和断面图

知识引入

用投影图表达形体的结构时，其内部不可见的部分用虚线表示，但当结构复杂时，图上虚线太多，会使图形不清晰，给读图带来困难。此外，工程上还常要求表示出工程建筑物的某一部分形状及所用建筑材料，遇到这些情况，常用剖面图和断面图来加以解决。

3.5.1 剖面图的形成及标注

1. 剖面图的形成

如图 3-25 所示，用假想的剖切平面将形体切开后，移去观察者与剖切平面之间的部分，将剩余部分向投影面作投影，并将剖切平面与形体接触的部分画上剖面线或材料图例，这样得到的视图称为剖面图。

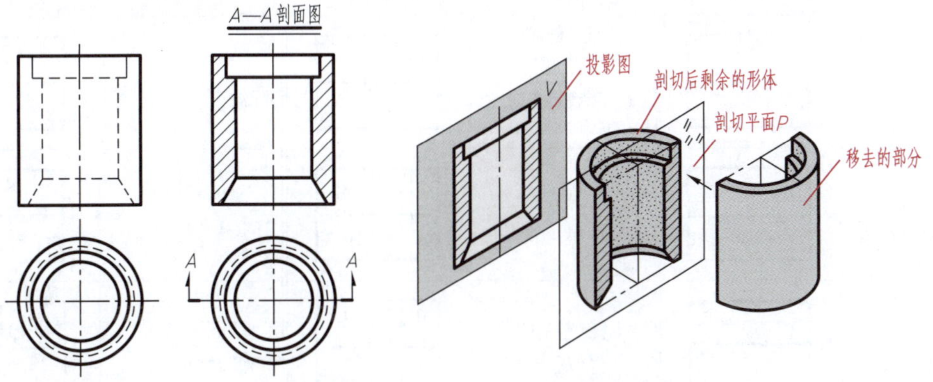

(a) 形体投影图　(b) 剖面图　(c) 形体的剖切

图 3-25　剖面图的形成

2. 剖面图的标注

(1) 剖切位置。一般用剖切符号(5~10 mm 的短粗实线)表示剖切平面的位置，剖切符号不要与轮廓线相交，如图 3-25(b)所示。

(2) 投影方向。在剖切符号两端，用单边箭头(与剖切符号垂直)表示投影方向，如图 3-25(b)所示。

(3) 剖面图名称。道路工程制图标准规定，在剖切符号和单边箭头一侧用一对大写英文字母或阿拉伯数字来表示剖面图名称，并在所得相应剖面图的上方居中写上对应的剖面图名称。其字母或数字中间用细短线间隔，如“*A-A* 剖面图”。在剖面图名称的字样底部画上上粗下细两条等长平行的短线，两线间距为 1~2 mm。

(4) 剖面线。形体被剖切后，被剖切面切到的实体应画上剖面线。剖面线为互相平行的间隔相等的 45°斜细实线，如图 3-26(a)所示。当一个形体有多个断面时，所有剖面线的方向一致，间距均应相等。如果需要指明材料种类时，可画出材料图例，材料图例又称材料符号。

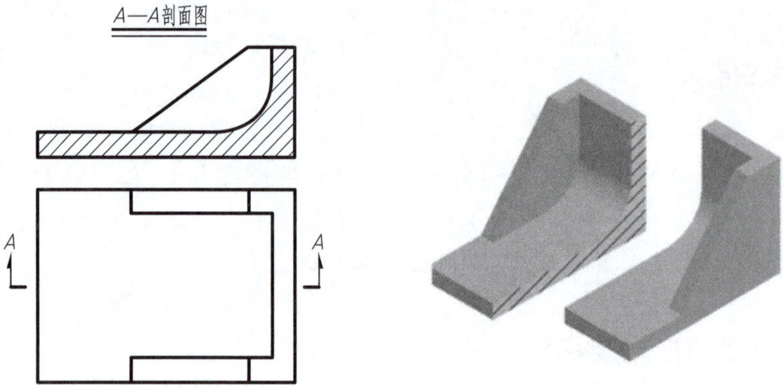

(a) 投影图　　(b) 立体图

图 3-26　剖面图的材料图例

《道路工程制图标准》(GB 50162—1992)中规定的常用建筑材料图例见表 3-1。

表 3-1　道路工程制图常用材料图例

名称	图例	名称	图例	名称	图例
天然土 夯实土	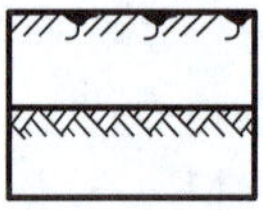	细、中粒 式沥青混凝土 粗粒式 沥青混凝土	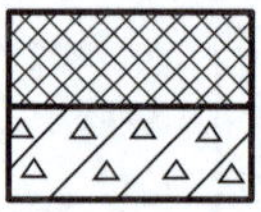	泥结碎砾 石泥灰结碎砾石	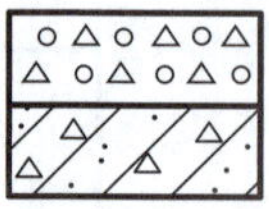
浆砌块石 浆砌片石	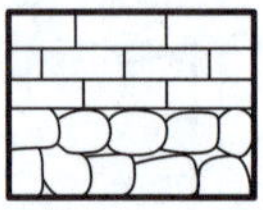	水泥稳定土 水泥稳定沙砾	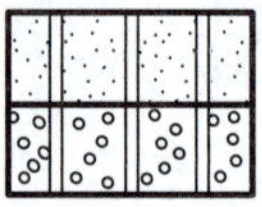	填缝碎石 天然砂砾石	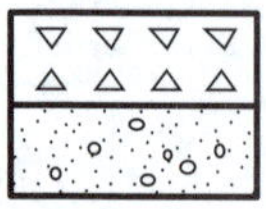
干砌片石 水泥混凝土	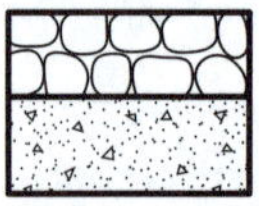	水泥稳定碎砾石 石灰土	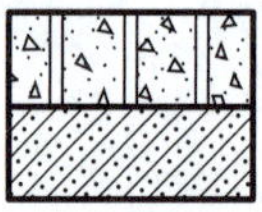	横断面木材 纵断面木材	
钢筋混凝土 沥青碎石	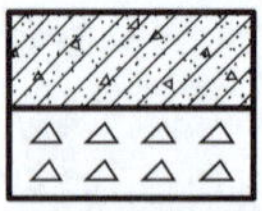	石类粉煤灰 石类粉煤灰土	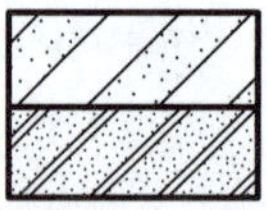	金属 橡胶	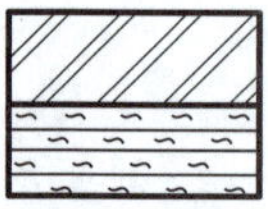
沥青灌入碎砾石 沥青表面处治		石灰粉煤灰砂砾 石灰粉煤灰 碎砾石	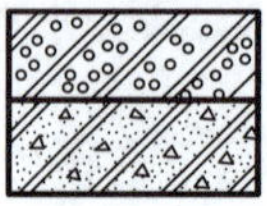	级配碎砾石水	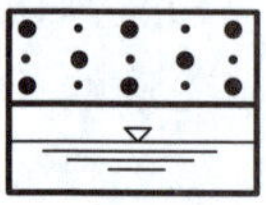

3. 画剖面图的注意事项

(1) 剖切平面的位置一般选择在需要表达的内部结构的对称面，且平行于基本投影面。

(2) 剖切是假想的，因此除了剖面图之外，并不影响其他图的完整性，如图 3-26 所示。

(3) 画剖面图时，应将剖切平面之后的部分全部向投影面投影。只要看得见的线、面的投影都应画出。

（4）图形中一般不画出虚线。

3.5.2 剖面图的分类

根据不同的剖切方式，剖面图的种类有以下几种。

1. 全剖面图

假想用剖切平面将形体全部剖开所得的剖面图，叫作全剖面图，图 3-27 所示是泄水管的全剖面图。

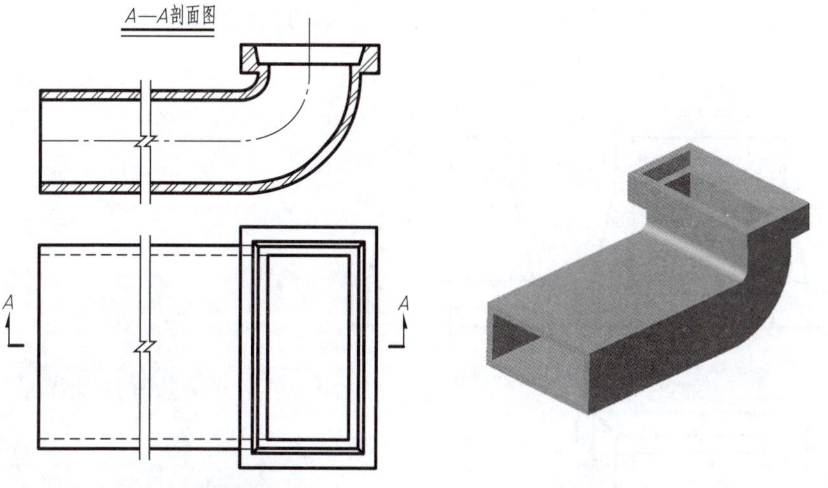

(a) 投影图 (b) 立体图

图 3-27 全剖面图

全剖面图适用外形结构比较简单而内部结构比较复杂的形体或非对称结构的形体，如图 3-28 所示。

若形体对称，且剖切面通过对称平面，全剖面图又置于基本投影位置时，标注可以省略，如图 3-28(a)所示。

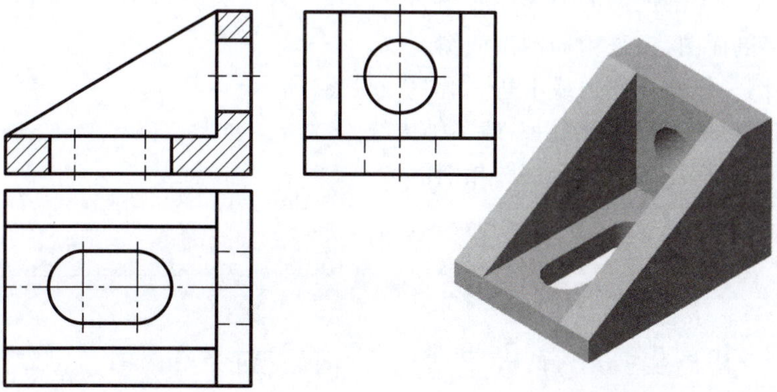

(a) 投影图 (b) 立体图

图 3-28 省略标注的全剖面图

思考

图 3-28(a)中原来的 V 面视图是如何表达的?

2. 半剖面图

当形体具有对称平面时,以对称线为分界,可将其投影的一半画正投影图,另一半画成剖面图,这种组合的图形称为半剖面图,如图 3-29 所示。

半剖面图适用于内、外形状都比较复杂,都需要表达的对称形体。

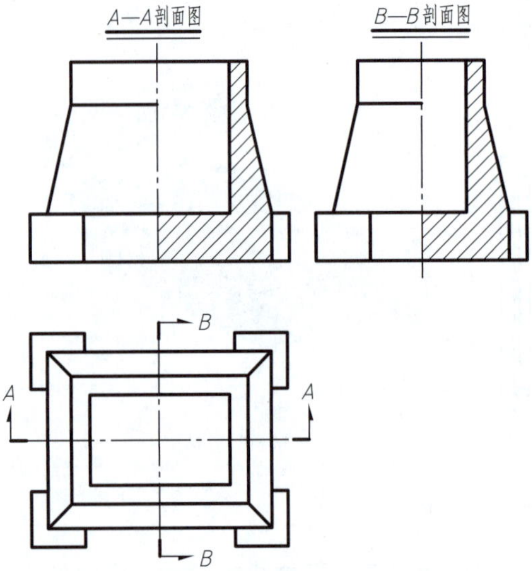

(a) 投影图

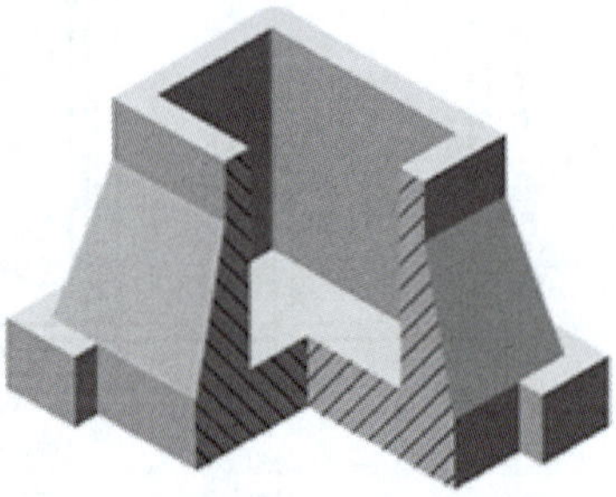
(b) 立体图

图 3-29 半剖面图

画半剖面图时应注意:

(1) 半投影图与半剖面图的分界线必须为点画线。若作为分界线的点画线刚好与轮廓线重合,则不能采用半剖面图,应采用局部剖面图。

(2) 半剖面图一般画在右边或下边,如图 3-29(a)所示。

(3) 在表示外形的投影图部分,一般不画虚线。

(4) 半剖面图的标注方法与全剖图相同。

思考

能根据图 3-29(a)中的 A-A、B-B 半剖面图补画出形体原来的 V、W 面视图吗?

3. 局部剖面图

用剖切平面局部地剖开形体所得到的剖面图,称为局部剖面图。

局部剖切用波浪线来表示剖切的范围。局部剖面图是一种灵活的表达方式，其位置、剖切范围的大小都可以根据需要来定。

如图 3-30 所示管壁上带有小圆孔的内部构造，若采用全剖面图，上部的倒角部分就表达不出来了，所以采用局部剖面图表示，既保留了上部倒角的投影，同时也表达了下部小圆孔的结构。

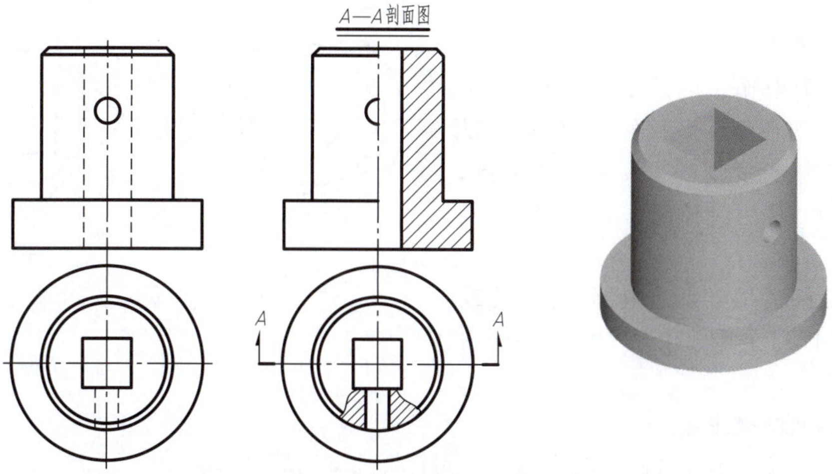

(a) (b) (c)

图 3-30 管壁的局部剖面图

在专业图中常用来表示多层结构所用材料和构造的做法，按结构层次用波浪线分开，这种剖面图又称为分层剖面图，图 3-31(b)是表示路面各结构层的局部剖面图。

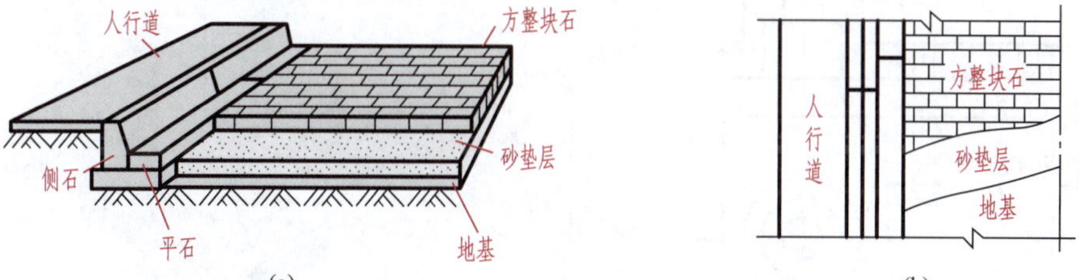

(a) (b)

图 3-31 路面各结构层的局部剖面图

局部剖面图适用于：

(1) 当形体外部形状较复杂，只有局部的内部形状需要表达时，可采用局部剖面图。

(2) 形体轮廓线与对称轴线重合，不宜采用半剖面或全剖面的形体，可采用局部剖面图，如图 3-32 所示。

特别提示

图 3-32(a)所示为对称中心线与内部轮廓线重合的局部剖面图，图 3-32(b)所示为对称中心线与外部轮廓线重合的局部剖面图。

画局部剖面图应注意：

(1) 用波浪线表示形体断裂痕迹，应画在实体部分，不能超过图形外轮廓线或画在中空部位，不能与图上其他线条重合。

(2) 局部剖面图不需要标注。

4. 阶梯剖面图

当形体具有几个不同的结构要素，且它们的中心线排列在相互平行的平面上，可以采用几个相互平行的剖切平面来剖切形体，所得到的剖面图称为阶梯剖面图，如图 3-33 所示。

阶梯剖面图适用于表达内部结构（孔或槽）的中心线排列在几个相互平行的平面内的形体。

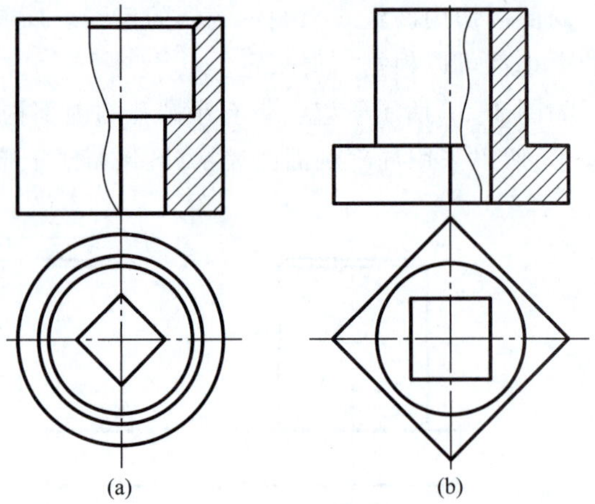
(a) (b)

图 3-32 局部剖面图

画阶梯剖面图应注意：

(1) 在剖面图上不允许画出两个剖切平面转折处交线的投影。

(2) 阶梯剖面图必须加以标注，如图 3-33(a)所示立面图，在剖切的起止点和转折处均应画出剖切符号，转折处的剖切符号不应与图形轮廓线重合。

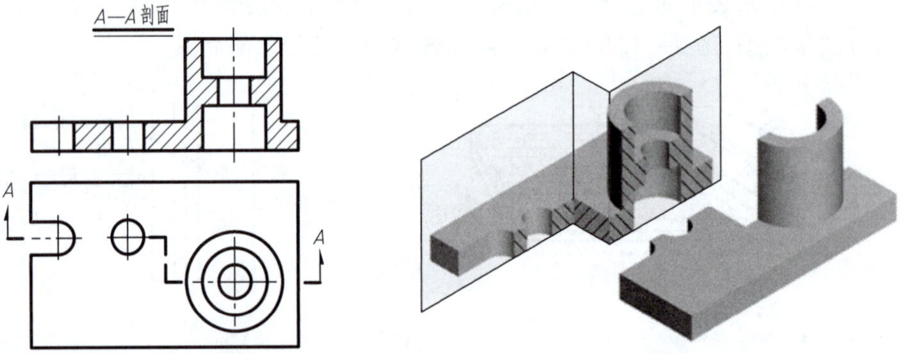

(a) (b)

图 3-33 阶梯剖面图

5. 旋转剖面图

用两相交的剖切平面（交线垂直于一基本投影面）剖切形体后，将倾斜于基本投影面的剖面旋转到与基本投影面平行的位置，再进行投影，使剖面图得到实形，这样的剖面图称为旋转剖面图。如图 3-34 所示，用一个正平面和一个铅垂面分别通过检查井的两个圆柱孔轴线将其剖开，再将铅垂部分旋转到与 V 面平行后再投影而得到旋转剖面图。

旋转剖面图适合于表达内部结构（孔或槽）的中心线不在同一平面上，且具有回转轴的形体。

画旋转剖面图应注意：

两剖切平面交线一般应与所剖切的形体回转轴重合，并必须标注。

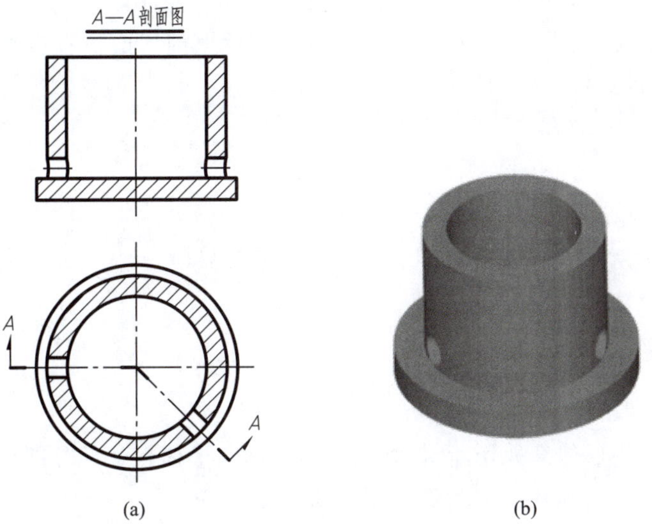

图 3-34 检查井旋转剖面图

思考

图 3-34(a)中的两个视图满足长对正的关系吗?

6. 展开剖面图

剖切平面是用曲面或平面与曲面组合而成的铅垂面,沿构造物的中心线剖切,再将剖切平面展开(或拉直),使之与投影面平行,并进行投影,这样画出的剖面图称为展开剖面图。

展开剖面图适用于道路路线纵断面及带有弯曲结构的工程形体。图 3-35 所示为一弯桥,由

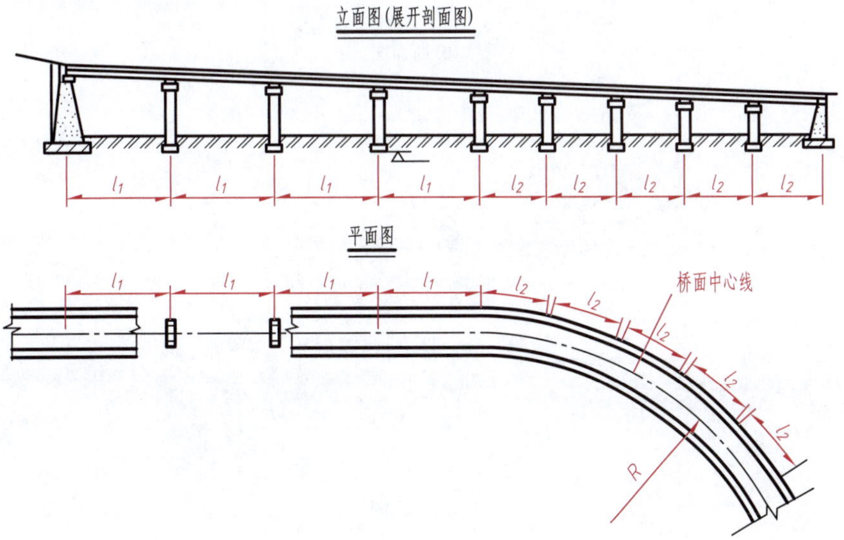

图 3-35 弯桥的展开剖面图

平面图可知弯桥的中心线是由直线与圆弧合成的，它的正立面图采用了一个由平面和柱面组合而成的铅垂面作为剖切面，沿弯道的中心进行剖切，然后把剖切面拉直展平，使它们平行于正立面并进行投影，从而得到弯道桥的纵剖面图。

思考

图 3-35 所示弯桥的两个视图满足长对正的关系吗？

3.5.3 断面图

1. 断面图的形成

假想用剖切平面将形体某处切断，仅画出剖切平面与形体接触部分即截断面的形状，这种图形称为断面图，如图 3-36 所示为梁的剖面图和断面图。

断面图上一般要画出材料图例或剖面线。

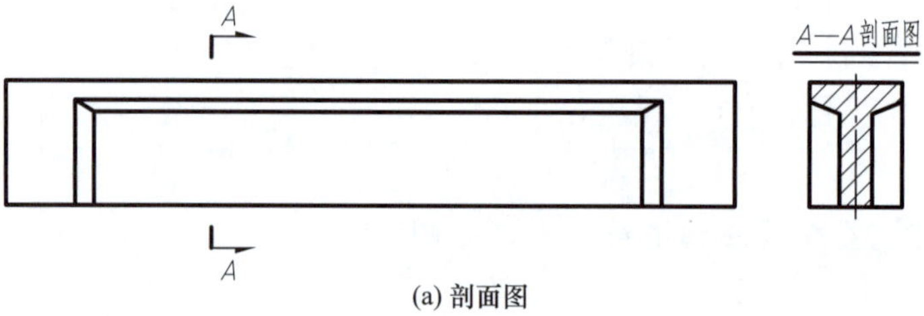

(a) 剖面图

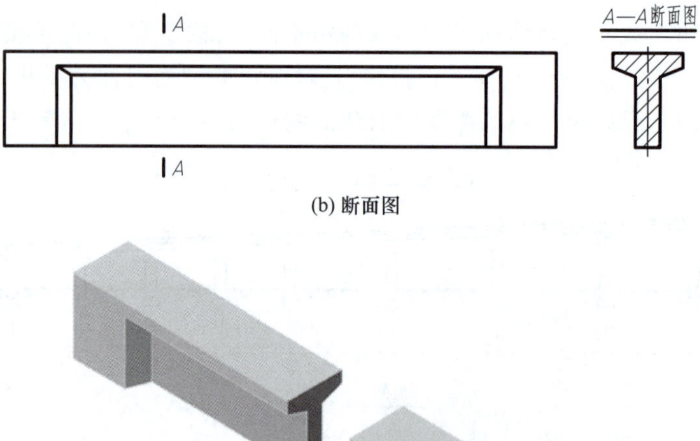

(b) 断面图

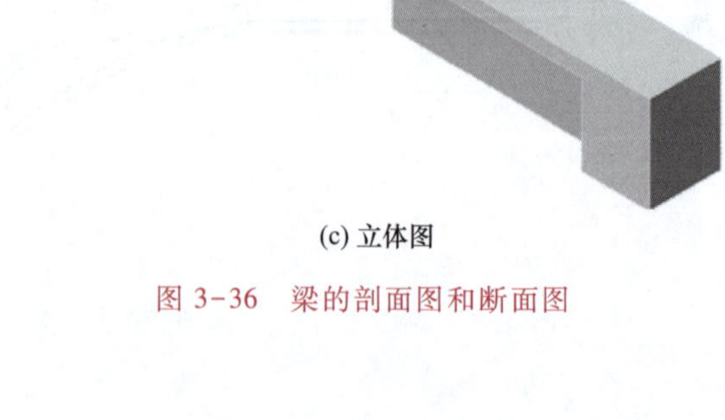

(c) 立体图

图 3-36 梁的剖面图和断面图

特别提示

仔细观察图 3-36 所示的 A- A 剖面图和 A- A 断面图。剖面图是剩余物体的投影，而断面图是截断面的投影，注意区别“体”与“面”。

2. 断面图的标注

断面图的标注与剖面图的标注有所不同。断面图的剖切符号只画出剖切位置线，不画表示投影方向的单边箭头，只是用编号的注写位置来表明投影方向。编号写在剖切线下方，表示向下投影，编号写在剖切线右边，表示向右投影，如图 3-37 中的 *A*-*A*、*B*-*B* 断面图。

(a) 立体图

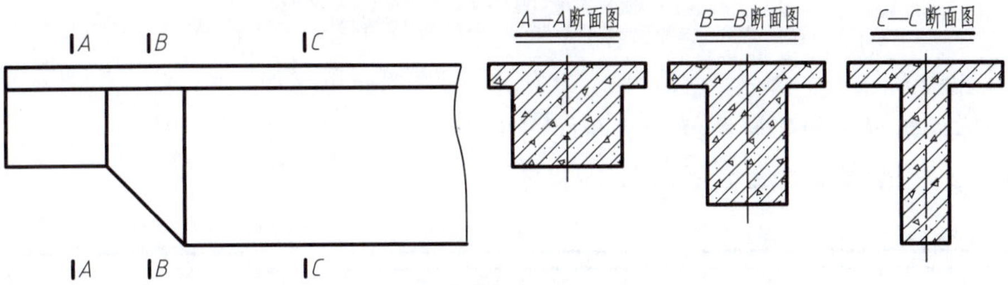

(b) 断面图

图 3-37 梁的断面图

3. 断面图的分类

根据布置的位置不同，断面图分为移出断面图、重合断面图和中断断面图。

(1) 移出断面图

画在投影图外面的断面图称为移出断面图，如图 3-37 所示，形体的移出断面图在立面图上标出其剖切位置及编号，将各断面图顺序排列画出并注上 *A*-*A*、*B*-*B* 断面图等视图名称。

思考

在图 3-38 所示挡土墙的四个移出断面图中，能标出剩余三个断面图的对应视图名称吗？

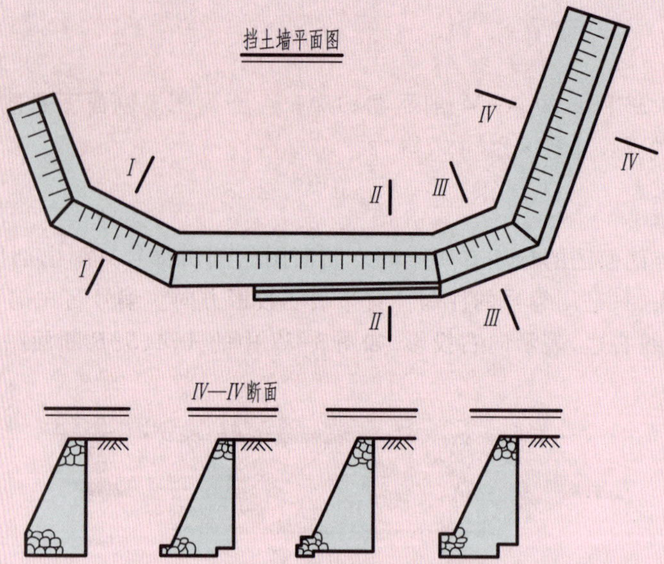

图 3-38 挡土墙的移出断面图

（2）重合断面图

画在物体切断处的投影轮廓线内的断面图称为重合断面图，如图 3-39(a)、(b)、(c)所示，分别为槽钢、工字钢、角钢的重合断面图。

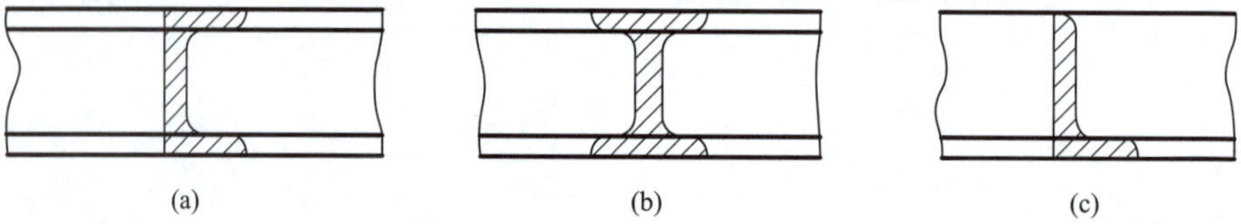

图 3-39 型钢的重合断面图

重合断面图的比例应与基本视图一致，其断面轮廓线规定用细实线，并不加注任何标注。

（3）中断断面图

把长构件的投影断开，断面图画在中间，这样的断面图称为中断断面图。如图 3-40 所示为槽钢的中断断面图。

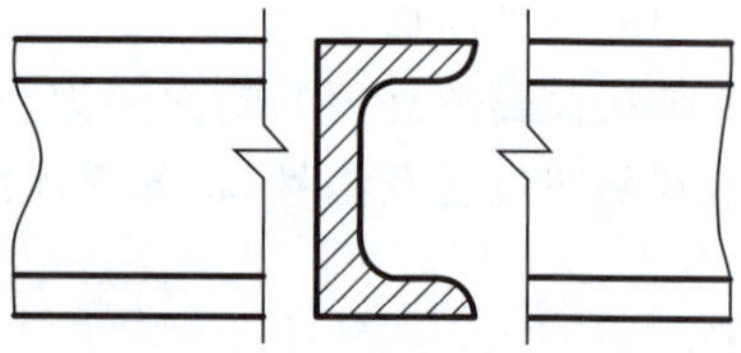

图 3-40 槽钢的中断断面图

中断断面图适合于表达较长而只有单一断面的杆件及型钢。如钢屋架杆件及钢桥中型钢杆件，如图 3-41 所示。

中断断面图不需标注，断面轮廓线为粗实线，而且比例与基本视图一致。

3.5.4 剖面图、断面图的规定画法

在画剖、断面图时，为了画图方便且图形表达更为明晰，还有一些规定画法，画图时应该遵守。

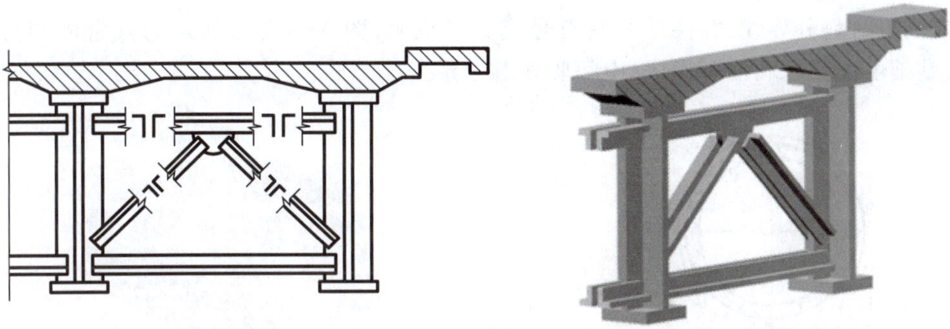

(a) 中断断面图 (b) 立体图

图 3-41 钢桥中型钢杆件的中断断面图

（1）较大面积的断面符号可以简化，如图 3-42 所示是涵洞洞口铺砌的断面图，由于面积较大，可只在其断面轮廓的边沿画出断面符号。

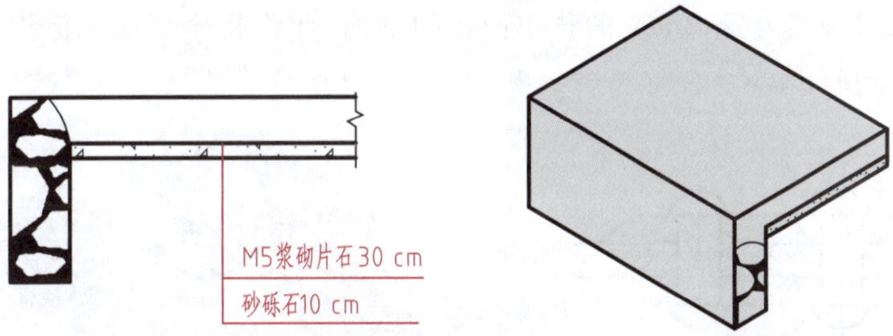

(a) 断面图 (b) 立体图

图 3-42 较大面积断面符号的简化

（2）薄板、圆柱等构件（如梁的横隔板、桩、柱、轴等），凡剖切平面通过其纵向对称中心线或轴线时，均不画剖面线，但可以画上材料图例。如图 3-43 所示的泄水管的栅盖，由于剖切平面通过薄板的纵向对称中心线，所以当不剖处理。

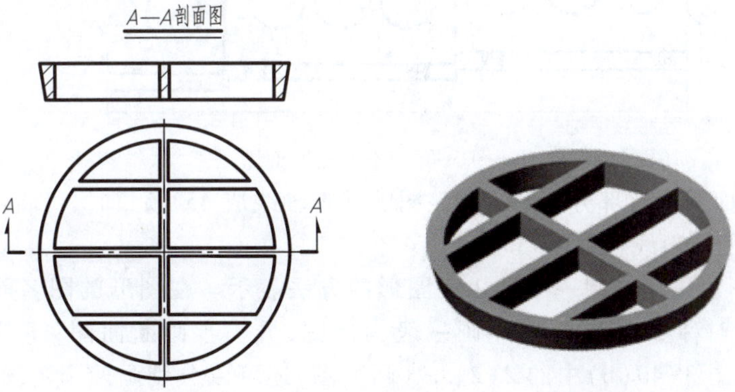

(a) 投影图 (b) 立体图

图 3-43 薄板剖切的表示方法

（3）在工程图中为了表示构造物不同的材料（如不同强度等级的混凝土或砂浆等），在同一断面上应画出材料分界线，并注明材料符号或文字说明，图 3-44（a）所示为圆管涵洞身的断面图，管底基础由混凝土和沙砾组成，中间要画出分界线。

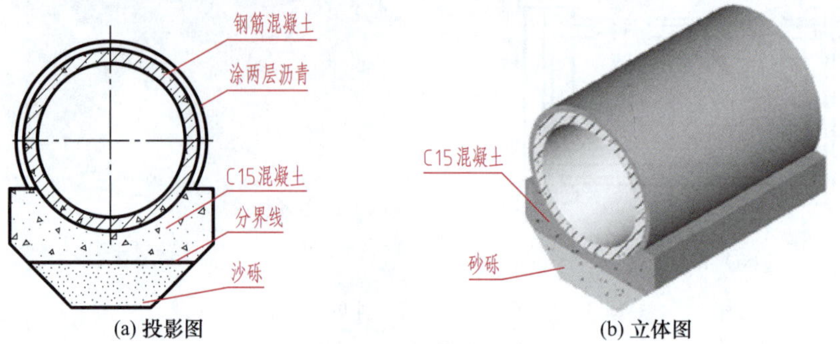

图 3-44 材料分界线

（4）两个或两个以上的相邻断面的剖面线可画成不同倾斜方向或不同间隔的阴影线，如图 3-45 所示。在不影响图形清晰的前提下，断面也可不画阴影线，如图 3-46 所示空心板断面图。对于图样上实际尺寸宽度小于 2 mm 的狭小面积的剖面，允许将全部面积涂黑，涂黑的断面之间应留出空隙，如图 3-47 所示。

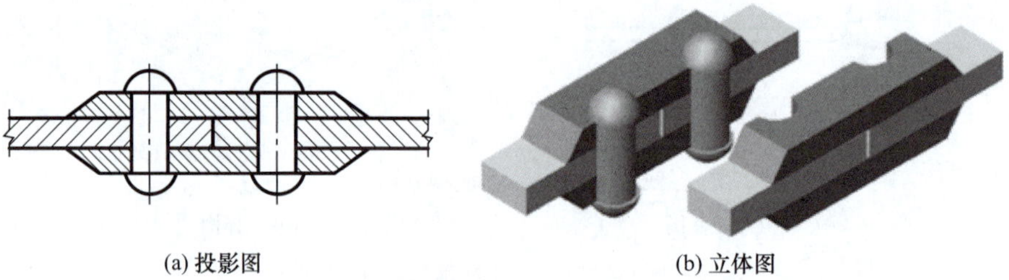

图 3-45 相邻构件的剖面线画法

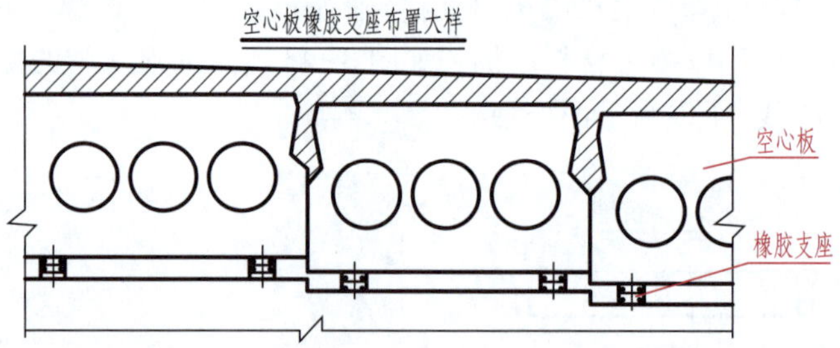

图 3-46 空心板断面图

（5）当剖、断面图中有部分轮廓线与该图的基本轴线成 45°倾角时，可将剖面线画成与基本轴线成 30°或 60°的倾斜线（图 3-48）。

（6）对称图形可采用绘制一半或 1/4 图形的方法表示。在图形的图名前，应标注“1/2”或“1/4”字样。可以对称中心为界，一半画一般构造图，另一半画断面图；还可以分别画两个不同的 1/2 断面，如图 3-49（b）中的 *2-2*、*3-3* 断面图；还可以分别画两个不同方向的投影图，如图 3-50所示。在对称中心线的两端，可标注对称符号，对称符号应由两条平行的细实线组成，如图 3-49（b）中的半立面图所示。

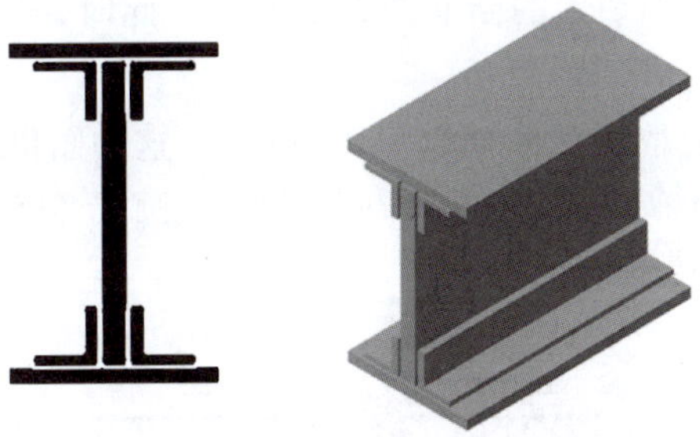

图 3-47 涂黑代替剖面线的画法

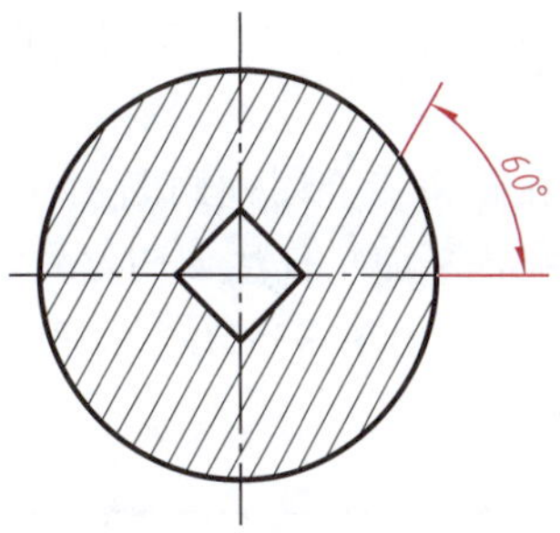

图 3-48 剖面线的画法

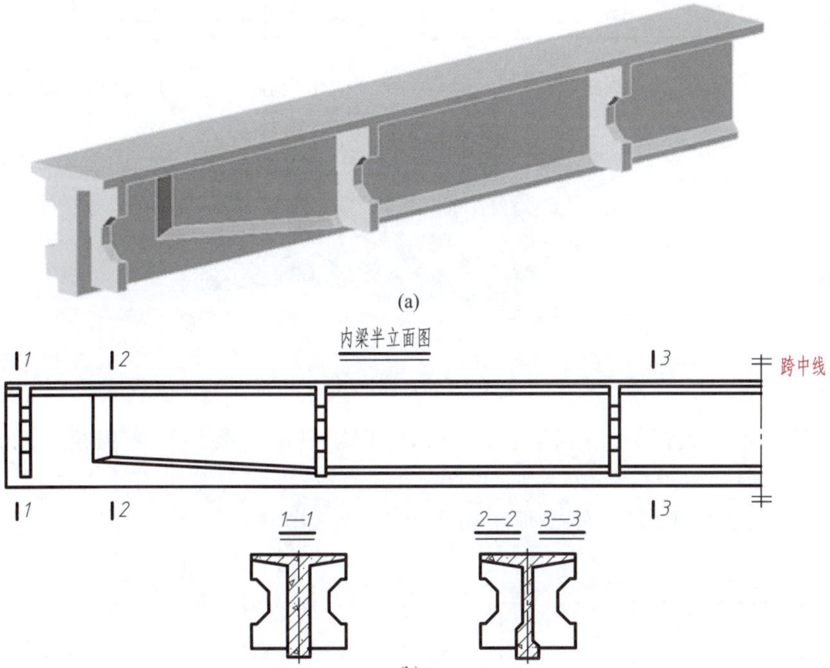

(a)

(b)

图 3-49 对称图形的画法

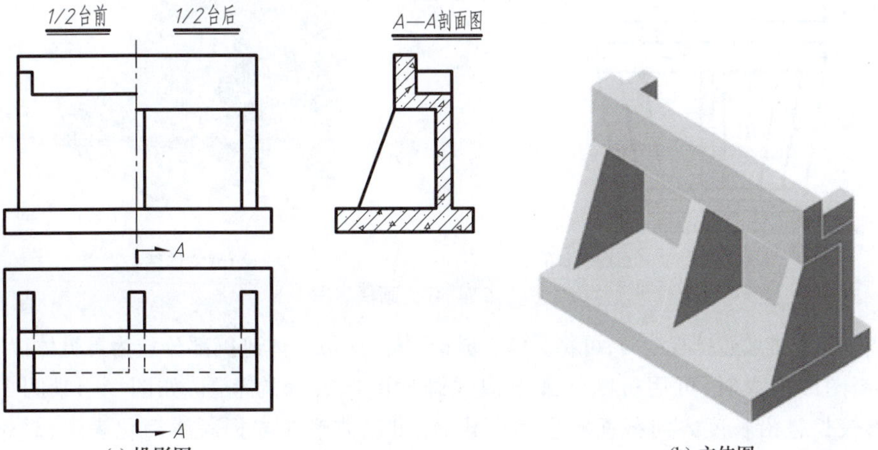

(a) 投影图

(b) 立体图

图 3-50 两个相反方向的 1/2 视图

在总体布置图中，可以将对称的一半图形画成剖切后的断面图或剖面图。此时，不宜再在图中标注“1/2”字样。

（7）在路桥专业图中画断面图时，可根据需要取舍截断面以后可见部分，这种图仍称为断面图，但不注明“断面”，仅注剖切编号字母，如图 3-51 所示，按理论其 *1—1* 剖面应画成 3-51(b)的形式，但专业图常用图 3-51(c)的形式表示，不把端隔板画出来。

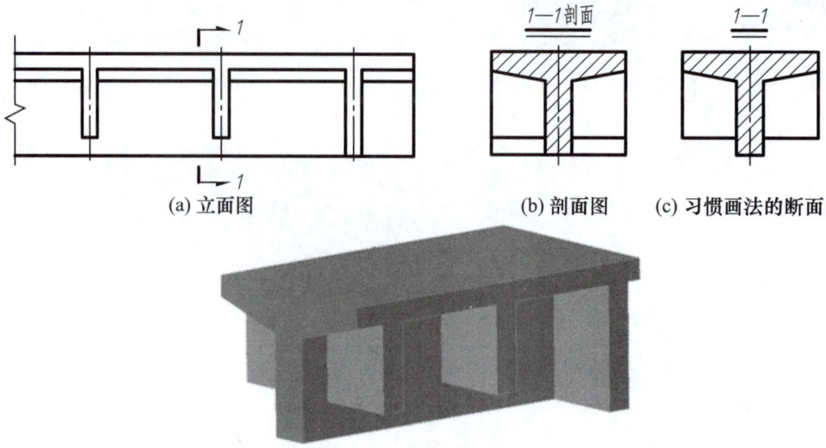

(a) 立面图　(b) 剖面图　(c) 习惯画法的断面图

(d) 立体图

图 3-51　习惯画法一

（8）当虚线表示被遮挡的复杂结构图线时，应仅绘制出主要结构或离视图较近的虚线，如图 3-52所示，桥台的立面图由台前、台后两个图合并而成，虚线部分没有全部画出，这样处理，避免重叠不清，便于表达主要结构，便于画图和读图。

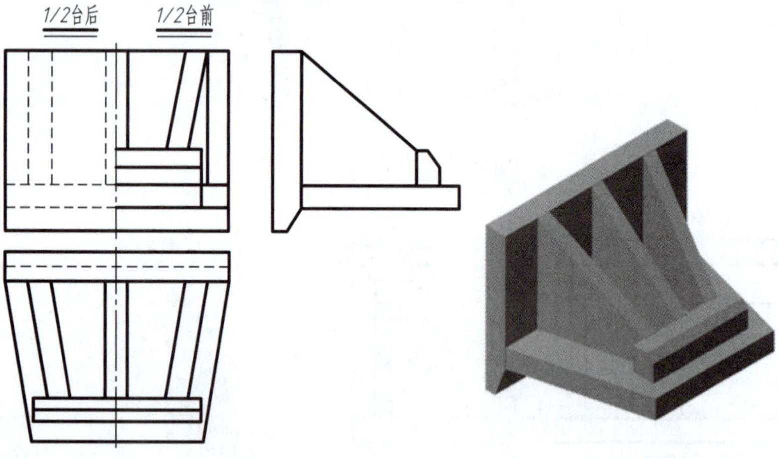

(a) 投影图　(b) 立体图

图 3-52　习惯画法二

（9）当土体或锥坡遮挡视线时，可将土体看成透明体，使被土体遮挡部分成为可见体以实线表示。

（10）当图形较大时，可用折断线或波浪线画出图形表示的范围，如图 3-46、图 3-53(a)所示。当图形较长且沿长度方向截面不发生变化时，可用波浪线或折断线简化表示，越过省略部分的尺寸线不能中断，并应标注实际尺寸。波浪线不应超出图形轮廓线；折断线应等长、成对布置，如图 3-53(b)所示。

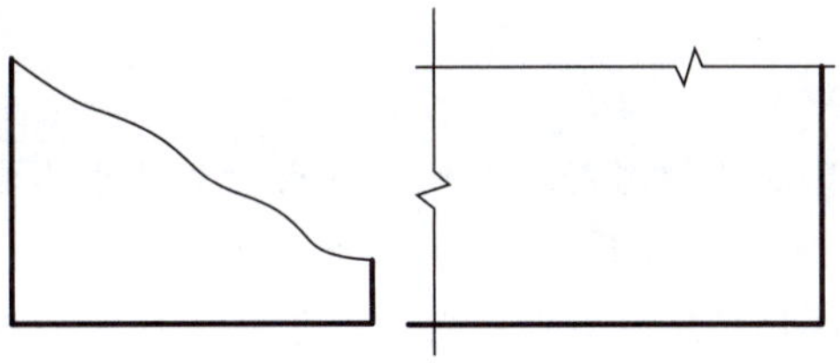

(a)

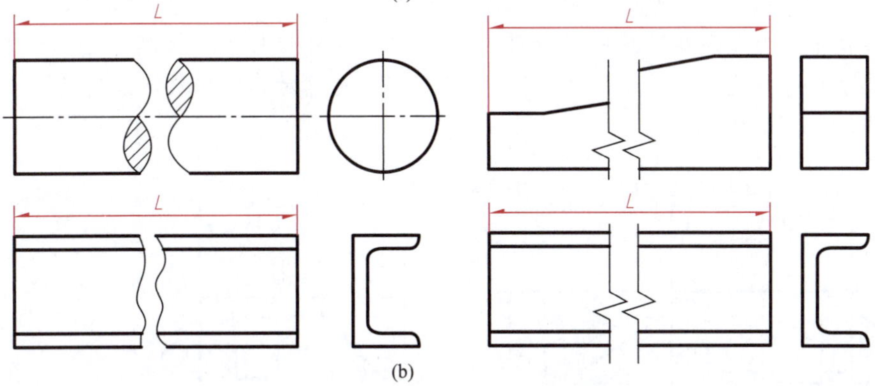

(b)

图 3-53 构件的折断线

工程案例1

图 3-54 是重力式桥台的投影图，立面图采用全剖面图。台身由混凝土浇筑而成、而基础及台帽由钢筋混凝土浇筑而成，剖面图中画出了材料图例。由于材料不同，在台身与基础，台身与台帽断面之间都画出分界线。侧面图由台前和台后两个方向的视图各取一半拼成，这是常见的表达方法。由于桥台宽度方向尺寸较大，所以采用了折断的画法。

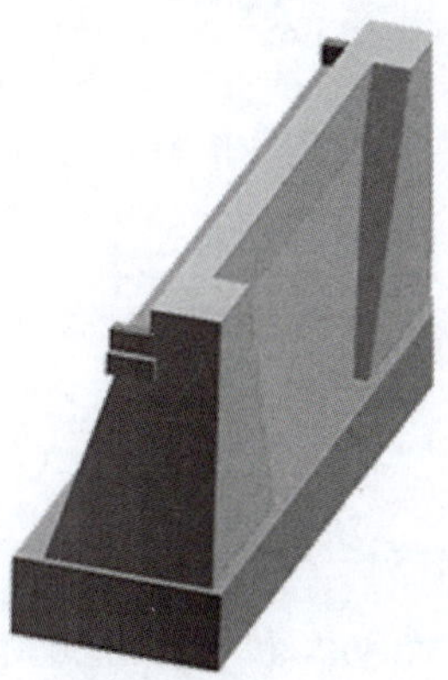

(a)

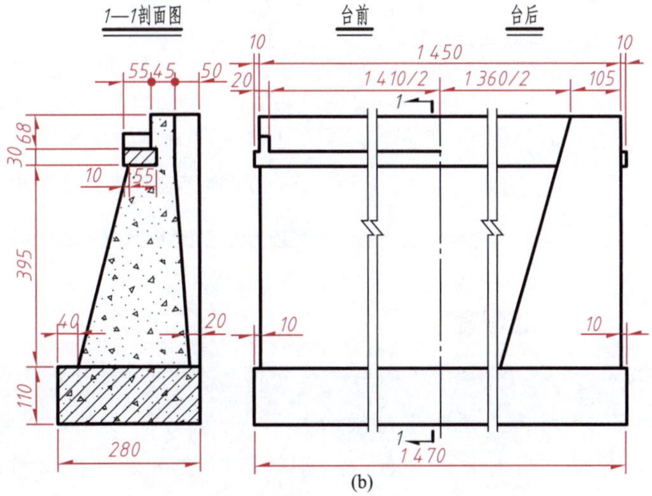

(b)

图 3-54 重力式桥台的投影图

工程案例2

图 3-55 所示为肋式杯形基础的投影图和立体图。由于基础左右对称，且内外结构都比较复杂，都需要表达，因此立面图采用半剖面图，一半显示外形，另一半显示内部结构。此时剖切平面通过肋板的纵向对称面，所以肋板部分按不剖处理。由于杯形基础前后也对称，侧面图也采用半剖面图。由于在半剖面图中内部结构表达得很清楚，所以在半投影图中不需要画出虚线，投影图和剖面图的分界线为点画线。在半剖面图中，应该尽量把外形尺寸与内部构造的尺寸分开标注。如果某些尺寸只有一边能画尺寸界线时，可将尺寸线略超过对称中心线后注写尺寸数字，如图中立面图中的尺寸 100、90 等。

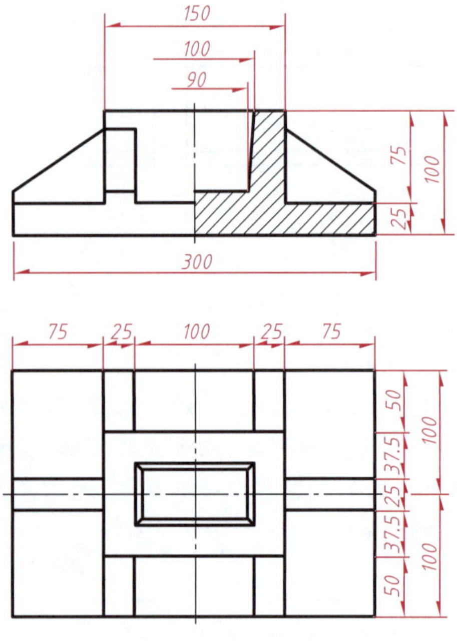

(a) 投影图

(b) 立体图

图 3-55 肋式杯形基础的投影图和立体图

工程案例3

图 3-56 所示为预制 T 形梁的投影图，预制 T 形主梁安装后浇筑桥面板等，由于梁身断面不断变化，所以采用断面图来表示。各断面图整齐排列在投影图之外，使梁截面变化情况表达清楚，虽然画的是断面图，但为了表达清楚横隔板与主梁的相互关系，在断面图上画了距离面较近的横隔板的投影，这也是道路工程制图中的习惯画法。

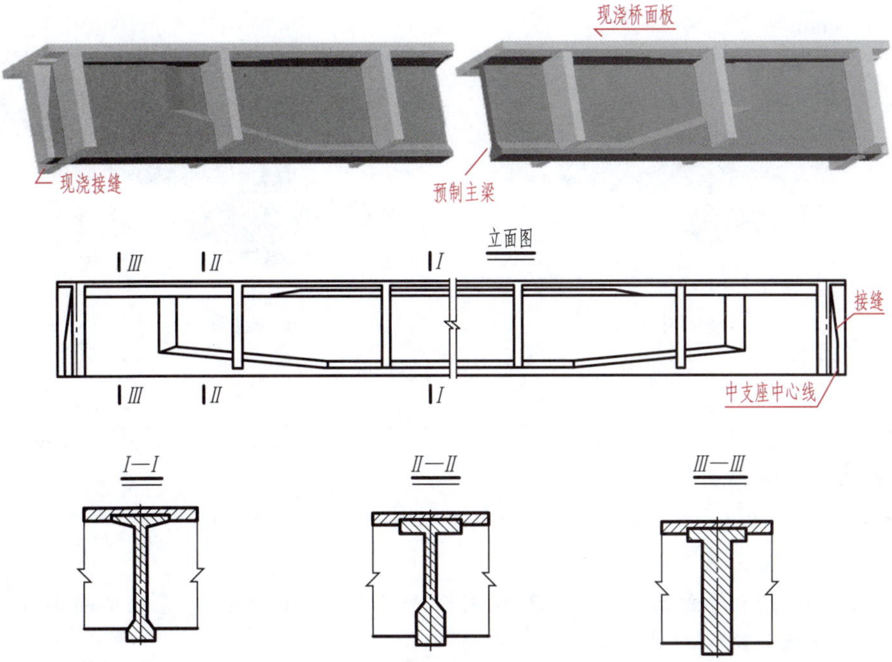

图 3-56 预制 T 形梁的投影图

工程案例4

图 3-57(a)为一桥梁上部结构的行车道板的三面投影图和立体图,图 3-57(b)、(c)、(d)为不同方向的立体图。

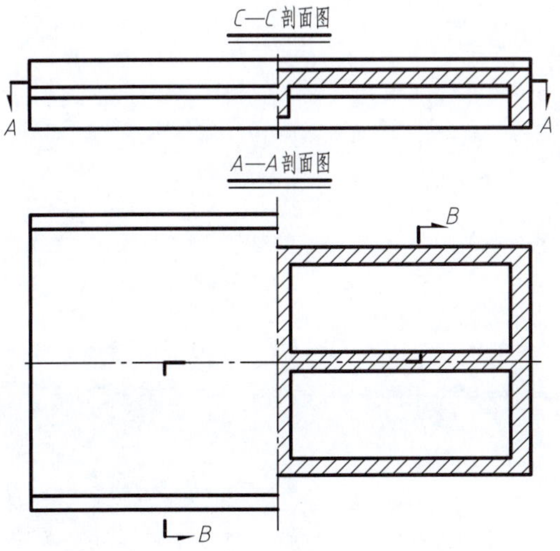

(a) 投影图

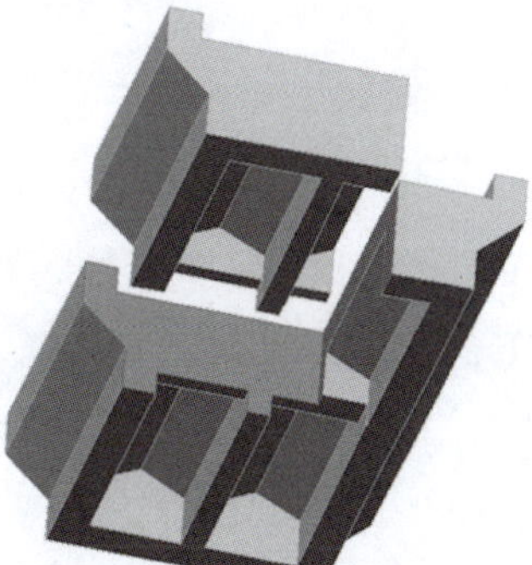

(b) 立体图(一)

(c) 立体图(二)

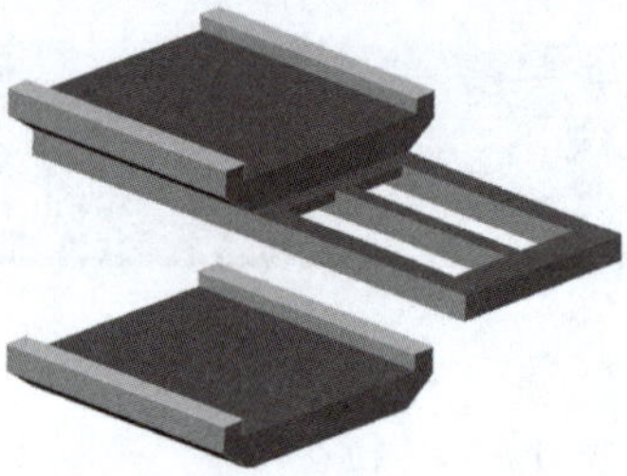

(d) 立体图(三)

图 3-57 行车道板的投影图和立体图

立面图采用半立面图和 C-C 剖面合并而成，C-C 剖面平行于 V 面，显示了行车道板的半个纵向构造，称为半纵剖面图。

平面图采用半平面和 A-A 剖面合并而成，A-A 剖面平行于 H 面，显示了行车道板的半个纵梁布置，称为梁格布置系统。

侧面图采用 B-B 阶梯剖面图，由于 B-B 剖面平行于 W 面，把行车道板横向剖切，所以称为横剖面图，分为跨端和跨中剖面两种。

三个投影图都分别被剖切，但是当一个投影图被剖切之后，进行第二个投影图剖切时，仍作为完整的形体进行剖切。

工作任务四 道路路线施工图识读

素养目标

(1) 体会“要致富先修路”，已建成的美丽公路、生态路、景观路、旅游路等已成为人民脱贫路、民族团结路、幸福路，增强行业使命感；

(2) 养成工程图样阅读中认真细致、一丝不苟的工作作风。

知识目标

(1) 认知高程投影的特性及工程运用；

(2) 说明平面、曲面高程投影的表示方法；

(3) 认知地形图的形成及特点；

(4) 认知道路的基本组成和相关概念；

(5) 说明道路路线平面图、纵断面图、横断面图的图示特点及识读方法。

能力目标

(1) 参观道路工程实体，能指认道路结构组成部分的位置；

(2) 能识读地形图；

(3) 能绘制平面、曲面与地形面的交线；

(4) 能初步识读路线平面图、纵断面图、横断面图。

知识引入

道路工程是在地面上修建的，由于地面的形状往往比较复杂，长度方向尺寸和高度方向尺寸相差很大，用三面投影图表示，作图困难，且不易表达清楚，常需要绘制表示地面起伏状况的地形图，以便在图样上解决有关工程问题。因此，在生产实践中常采用标高投影法来表示地形图。

4.1 标高投影

知识引入

标高投影法就是在物体的水平投影图上加注某些特征点、线、面的高程数值和比例来表示空间物体的方法。

在标高投影中,水平投影面 H 被称为基准面。

标高就是空间点到基准面 H 的距离。一般规定,H 面的标高为零,H 面上方的点标高为正值,下方的点标高为负值。

4.1.1 点的标高投影

点的标高投影是作出点在基准面 H 上的投影,然后在其投影右下角标出该点的标高。

如图 4-1(a)所示,空间有三个点 A、B、C,点 A 在 H 面上方 5 m,点 B 在 H 面上,点 C 在 H 面下方 4 m,作出它们在基准面 H 上的投影 a、b、c,并在其右下角标注各点的标高 5、0、-4,即得各点的标高投影,如图 4-1(b)所示。

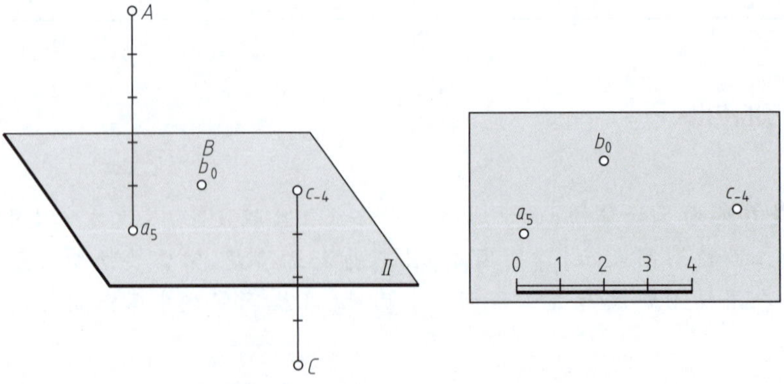

(a) 立体图　　(b) 投影图

图 4-1 点的标高投影

特别提示

在标高投影图上必须标明比例或附比例尺，否则就无法根据投影图来确定点在空间的位置。其长度单位如图中没有注明，则以 m 计。根据一点的标高投影，则可确定该点在空间的位置。

4.1.2 直线的标高投影

1. 直线的表示法

直线的位置是由直线上的两个点或直线上一点及该直线的方向确定，因此，在标高投影中，直线的表示法有两种：

（1）绘出直线的水平投影并加注直线上两点的高程，如图 4-2(a)所示，直线 AB、CD 和 EF，它们的标高投影分别为 a_3b_5、c_8d_2 和 e_4f_4。

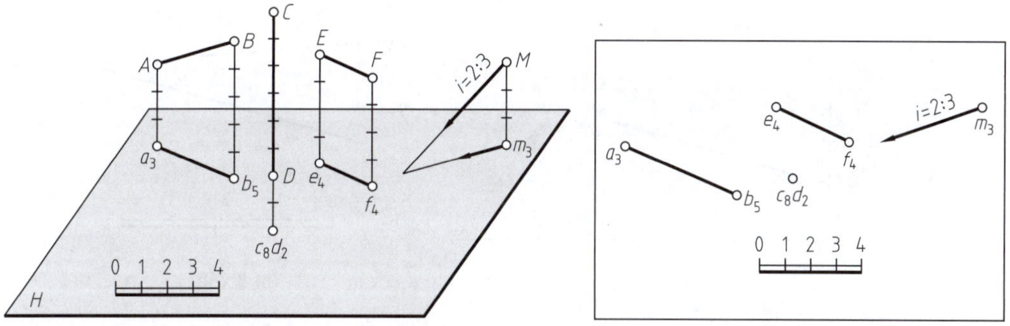

(a) 立体图　　(b) 投影图

图 4-2　直线的标高投影

（2）绘出直线上一个点的标高投影并加注直线的坡度和方向，如图 4-2(b)所示，直线上一点 M 的标高投影为 m_3，直线的方向用箭头表示，箭头指向下坡，坡度为 2∶3。

2. 直线的坡度和平距

直线上任意两点的高差与其水平距离（水平投影长度）之比称为该直线的坡度，用符号 i 表示。

$$坡度(i)=\frac{高差(h)}{水平距离(L)}=\tan\alpha$$

上式表明，两点间的水平距离为 1 个单位时，两点间的高差即为坡度。

直线上任意两点的水平距离与其高差之比称为直线的平距。直线的坡度和平距互为倒数，即平距越小，坡度越大；反之，平距越大，坡度越小。

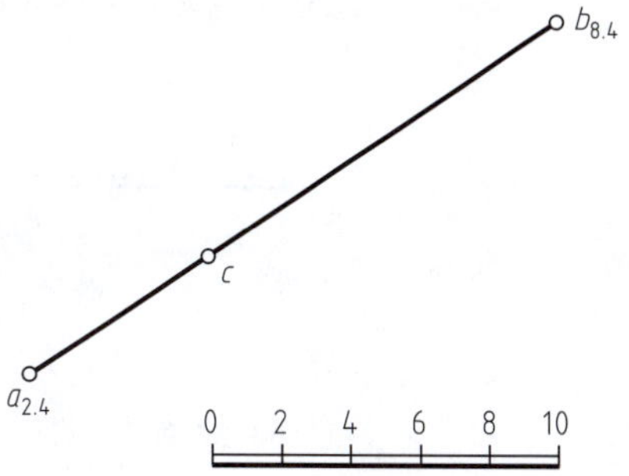

图 4-3　求直线的坡度及 C 点标高

［例题 4-1］　求图 4-3 所示直线 AB 的坡度，并求出直线上点 C 的标高。

解：为求坡度，先求出高差 h 和水平距离 L，然后用 $i=h/L$ 来求得。

$$h_{AB}=8.4\ \text{m}-2.4\ \text{m}=6.0\ \text{m}$$

$$L_{AB}=18.0\text{ m}\quad（用所给比例尺量得）$$

则

$$i=h/L=6.0\text{ m}/18.0\text{ m}=1/3$$

量得 $L_{AC}=6.0$ m，由 $i=h_{AB}/L_{AB}$，得

$$h_{AC}=l_{AC}\times i=6.0\text{ m}\times1/3=2.0\text{ m}$$

故 C 点的标高为 2.4 m+2.0 m=4.4 m。

3. 直线的实长和整数标高点

（1）直线的实长和倾角

在标高投影中求直线的实长，仍然可以采用正投影中的直角三角形法，如图 4-4(a)所示，以直线的标高投影作为直角三角形的一条直角边，以直线两端点的高差作为另一直角边，用给定的比例尺做出后，斜边即为直线的实长。斜边和标高投影的夹角为直线对于水平面的倾角 α，如图 4-4(b)所示。

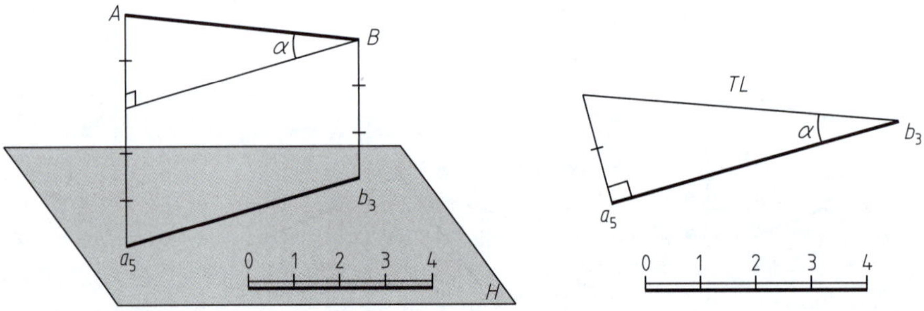

(a) 立体图　　(b) 投影图

图 4-4　求直线的实长和倾角

（2）直线上的整数标高点

在实际工作中，常遇到直线两端的标高投影的高程并非整数，需要在直线的标高投影上做出各整数标高点。解决这类问题，可利用定比分割原理作图。

［例题 4-2］　如图 4-5(a)所示，已知直线 AB 的标高投影 $a_{3.4}b_{6.7}$，求直线上各整数标高点。

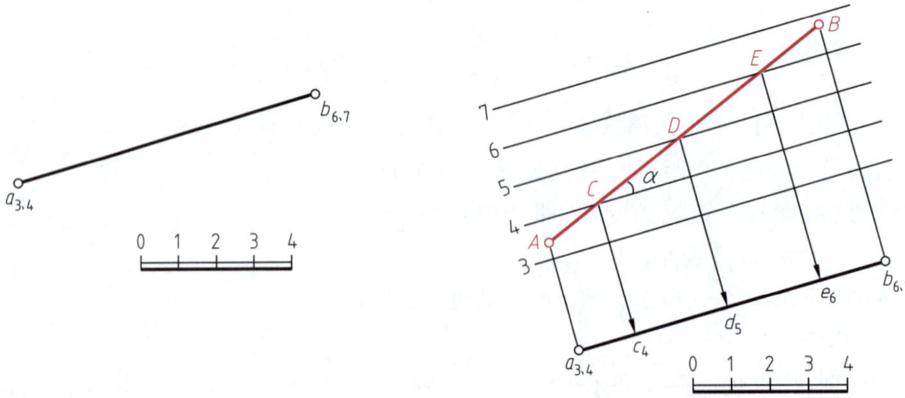

(a) 已知条件　　(b) 作图结果

图 4-5　求直线上的整数标高点

分析：过直线 $a_{3.4}b_{6.7}$ 作一辅助的铅垂面，在该面上按所给比例尺作出低于直线上最低点 $a_{3.4}$ 和高于最高点 $b_{6.7}$ 之间的若干条整数标高的水平线，即得高程分别为 3、4、5、6、7 的等高线。根据 A、B 两点的标高在铅垂面上作出直线 AB，其与各整数标高的水平线分别交于 C、D、E 各点，然后将这些点投至直线的标高投影上，即得 c_4、d_5、e_6 各整数标高点。AB 反映实长，它与水平线的夹角反映该线对于水平面的倾角 α。作图结果如图 4-5(b)所示。

作图步骤：

(1) 平行于 $a_{3.4}b_{6.7}$ 作五条等距平行线，由下往上标高依次为 3、4、5、6、7。

(2) 由直线标高投影两端点 $a_{3.4}b_{6.7}$ 分别作直线垂直于 $a_{3.4}b_{6.7}$，在垂线上按标高 3.4 和 6.7 分别定出 A、B 两点。

(3) 连接 A、B 两点，得其与平行线组的交点 C、D、E。

(4) 再把各交点投影到直线的标高投影 $a_{3.4}b_{6.7}$ 上去，即可得到直线上的各整数标高点。

若平行线间的距离按比例采用单位长度，还可同时求出 AB 的实长及对 H 面的倾角 α。

4.1.3 平面的标高投影

1. 平面上的等高线和坡度比例尺

(1) 等高线

平面上的水平线称为平面上的等高线，如图 4-6(a)所示。在实际应用中常取高差相等、标高为整数的等高线，并且把平面与基准面 H 的交线作为高程为零的等高线。

平面上的等高线有以下特性：① 等高线是直线；② 等高线互相平行；③ 相邻等高线高差相等时，水平距离也相等。

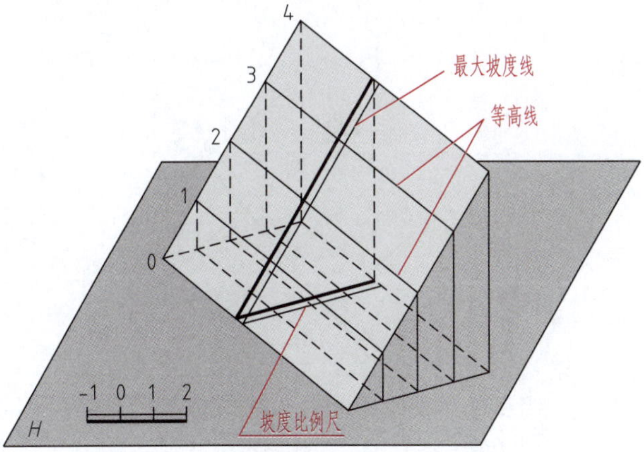

(a) 立体图

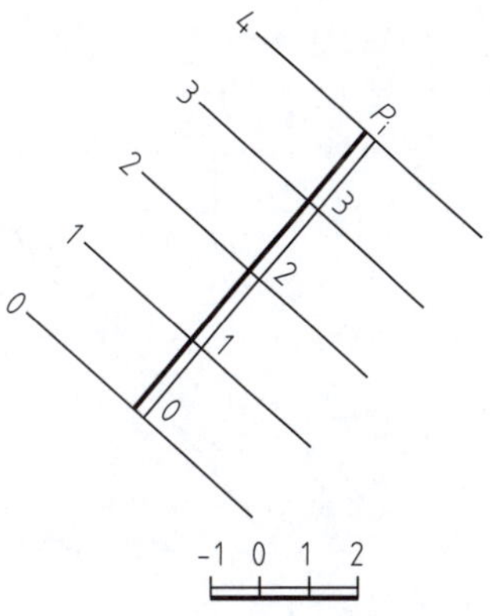

(b) 投影图

图 4-6 平面上的等高线和坡度比例尺

(2) 坡度比例尺

如图 4-6(a)所示，平面上与水平线(等高线)垂直的直线称为平面上的最大坡度线。

最大坡度线对基准面 H 的倾角，即平面对基准面的倾角；最大坡度线的坡度就是该平面的坡度。

将平面上最大坡度线的投影附以整数标高，并画成一粗一细的双线，称为平面的坡度比例尺。如图 4-6(b)所示，P 平面的坡度比例尺用 P_i 表示。

最大坡度线的投影，即坡度比例尺和平面上的等高线的投影互相垂直，最大坡度线的平距就是等高线的平距，如图 4-6(b)所示。

2. 平面的表示法

在标高投影中，平面常采用等高线表示法，坡度比例尺表示法，平面上的一条等高线和平面的坡度表示法，平面上的一般位置直线和该平面的坡度与倾向表示法。

(1) 等高线表示法

如图 4-7 所示，这种表示法实质上是两平行直线表示平面，在实际应用中一般采用高差相等、标高为整数的一系列等高线来表示平面。

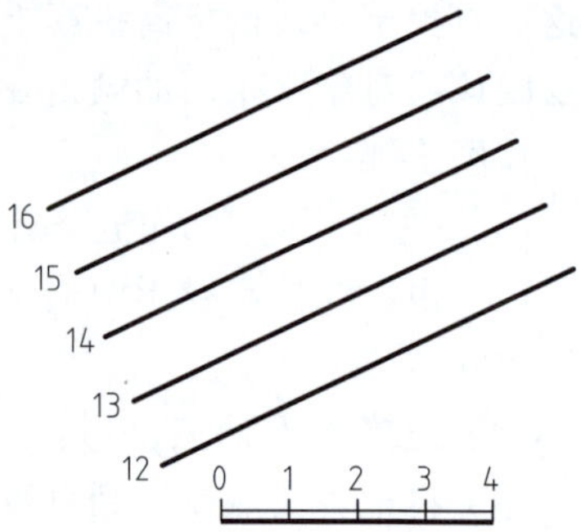

图 4-7　等高线的表示法

思考

能作出图 4-7 所示平面上标高为 17 或 11 的等高线吗？

(2) 坡度比例尺表示法

如图 4-8(a)所示，这种表示法实质上就是最大坡度线表示法。坡度比例尺的位置和方向一经给定，平面的方向和位置也就随之确定。根据平面上等高线与坡度比例尺相互垂直的关系，过坡度比例尺上的各整数标高点作坡度比例尺的垂线，则可得平面上相应标高的等高线，如图 4-8(b)所示。

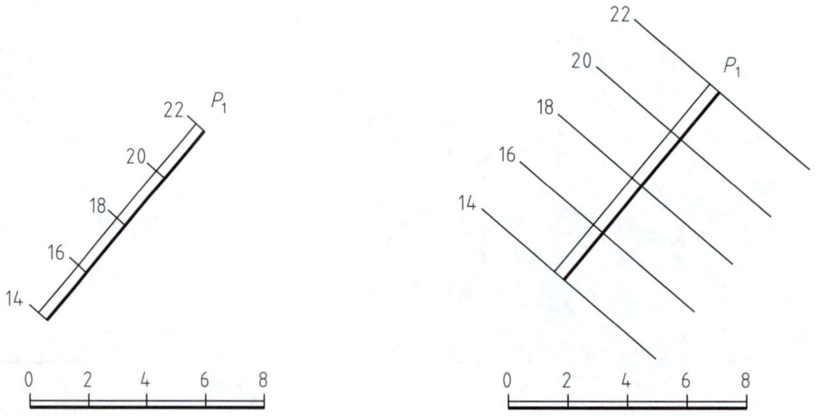

(a)　(b)

图 4-8　坡度比例尺表示法

(3) 平面上的一条等高线和平面的坡度表示法。

如图 4-9(a)所示，平面上的一条等高线和平面的坡度表示法，实质上是等高线表示法和最大坡度线表示法的综合。已知平面上的一条等高线，就可定出最大坡度线的方向。由于平面的坡度已知，则平面的方向和位置就确定了。如果作平面上的等高线，可利用坡度求得等高线的平距，然后作已知等高线的垂线，在垂线上按图中所给比例尺截取平距，再过各分点作已知等高线的平行线，即可做出平面上一系列等高线的标高投影，如图 4-9(b)所示。

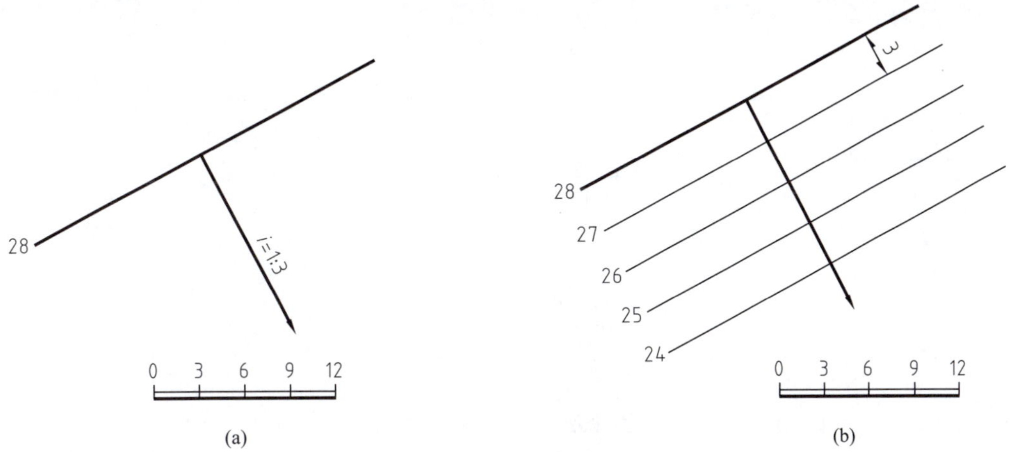

图 4-9 等高线和平面的坡度表示法

(4) 平面上的一条非等高线和平面的坡度与倾向表示法。

图 4-10(a)所示为一标高为 5 m 的水平场地及一坡度为 1∶3的斜坡引道，斜坡引道两侧的倾斜平面 *ABC* 和 *DEF* 的坡度均为 1∶2，这种倾斜平面可由平面内一条倾斜直线的标高投影加上该平面的坡度来表示，如图 4-10(b)所示。图中 a_2b_5 旁边的箭头只是表明该平面向直线的某一侧倾斜，并不表示坡度的方向，坡度线的准确方向需作出平面上的等高线后才能确定，所以用虚线表示。过一条直线可以作无数个平面，然而给定平面的坡度后，又指出了平面向某一侧倾斜，并要包含直线，则此平面的位置就可以确定。图 4-11(b)所示为上述平面上等高线的做法。该平面上标高为 2 m 的等高线必通过 a_2，而过 b_5 则有一条标高为 5 m 的等高线，这两条等高线之间的水平距离 $L=1/i\times h=2\times3$ m $=6$ m。以 b_5 为圆心，以 $R=6$ m 为半径(按图中所给比例尺量取)，在平面的倾斜方向画圆弧，再过 a_2 作直线与圆弧相切，就得到标高为 2 m 的等高线，立体图如图 4-11(c)所示。三等分 a_2b_5，可得到直线上标高为 3 m、4 m 的点，过各分点作直线与等高线 2 m 平行，就得到一系列相应的等高线。

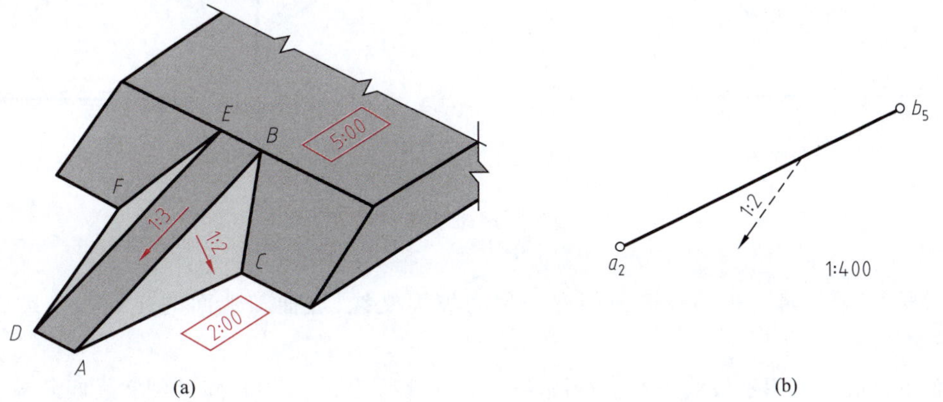

图 4-10 非等高线和平面的坡度与倾向表示法

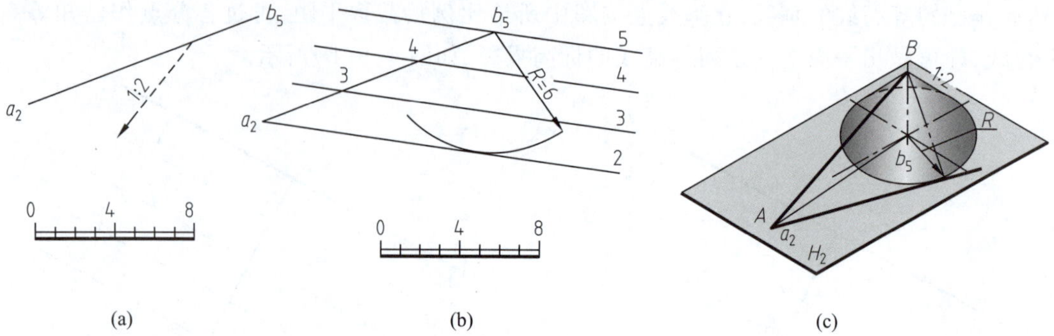

图 4-11 作已知平面的等高线

3. 两平面的相对位置

两平面在空间中的相对位置可分为平行与相交两种情况。

(1) 平行。如果两平面平行,则它们的坡度比例尺和等高线互相平行、平距相等、标高数字的增减方向一致,如图 4-12(a)所示。

(2) 相交。在标高投影中求两平面的交线,是利用辅助平面法在相交两平面上求得两个共有点,其连线即为两平面的交线。通常采用整数标高的水平面作为辅助面。水平辅助面与两平面的截交线是两条标高相同的等高线,这两条等高线的交点就是两平面的共有点,分别求出两个共有点并连接起来,就可求得交线,如图 4-12(b)所示。

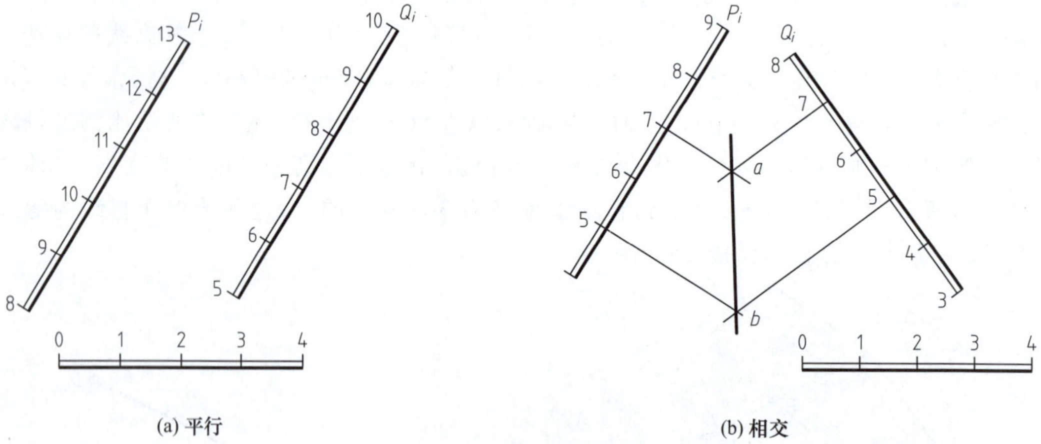

图 4-12 两平面的相对位置

在工程中,把建筑物相邻两坡面的交线称为坡面交线,坡面与地面的交线称为坡脚线(填方)或开挖线(挖方)。

坡面倾斜情况可用示坡线表示。如图 4-13(b)所示,图中长短相间的细实线叫示坡线,它与等高线垂直,用来表示坡面。

工程案例1

已知基坑底面的标高为-2 m，坑底的大小和各坡面的坡度如图 4-13(a)所示，地面标高为 2 m，求基坑的开挖线和坡面交线。

分析：地面标高为 2，因此开挖线实际上就是各坡面上标高为 2 的等高线；坡面交线就是相邻两坡面上标高相同的等高线的交点的连线。

作图步骤如下：

(1) 作出各坡面上标高为 2 m 的等高线，它们分别与坑底的相应底边线平行，水平距离分别为 $L_1=4\ \text{m}\times1.5=6\ \text{m}$，$L_2=4\ \text{m}\times1=4\ \text{m}$，$L_3=4\ \text{m}\times2=8\ \text{m}$。

(2) 连接坑底和坑顶的各对应顶点，即得各坡面交线。

(3) 将结果加深，画出各坡面的示坡线，完成作图，如图 4-13(b)所示。

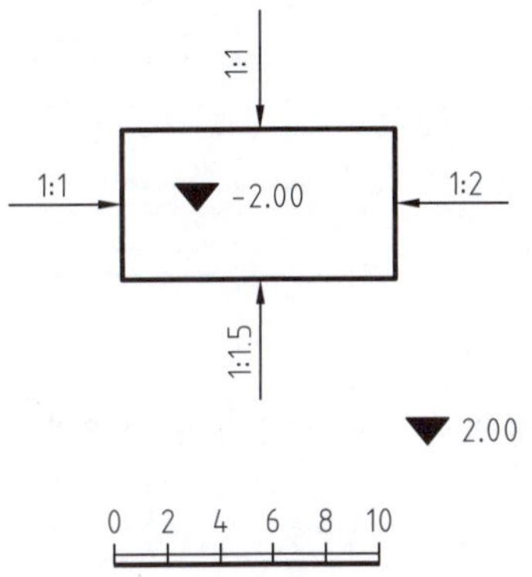

(a) 已知条件

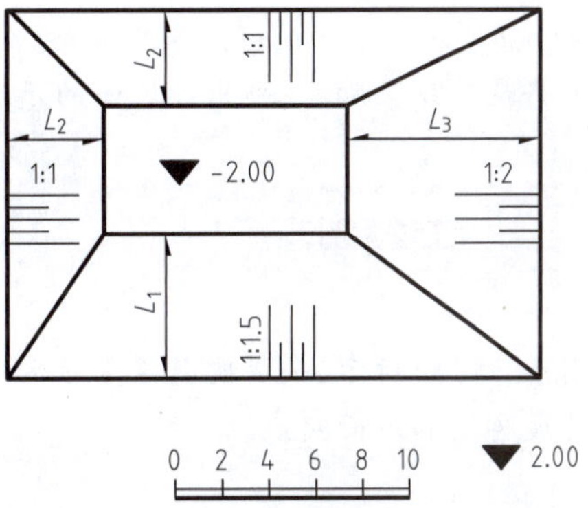

(b) 作图结果

图 4-13 基坑的标高投影

工程案例2

已知主堤和支堤相交，顶面标高分别为 3 m 和 2 m，地面标高为 ±0.000，各坡面坡度如图 4-14(a)所示，试作相交两堤的标高投影图。

分析：作相交两堤的标高投影图，需求出三种线(图 4-14b)：各坡面与地面交线，即坡脚线；支堤顶面与主堤坡面的交线；主堤坡面与支堤坡面的交线。

作图步骤：

(1) 求坡脚线。以主堤为例，先求堤顶边缘到坡脚线的水平距离 $l=h/i=(3-0)\,\text{m}/1=3\ \text{m}$，再沿两侧坡面坡度线方向按 1∶300 比例量取，过零点作顶面边缘的平行线，即得两侧坡面的坡脚线。同样方法作出支堤的坡脚线。

(2) 求支堤顶面与主堤坡面的交线。支堤顶面标高为 2 m，与主堤坡面交线就是主堤坡面上标高为 2 m 的等高线中的 a_2b_2 的一段。

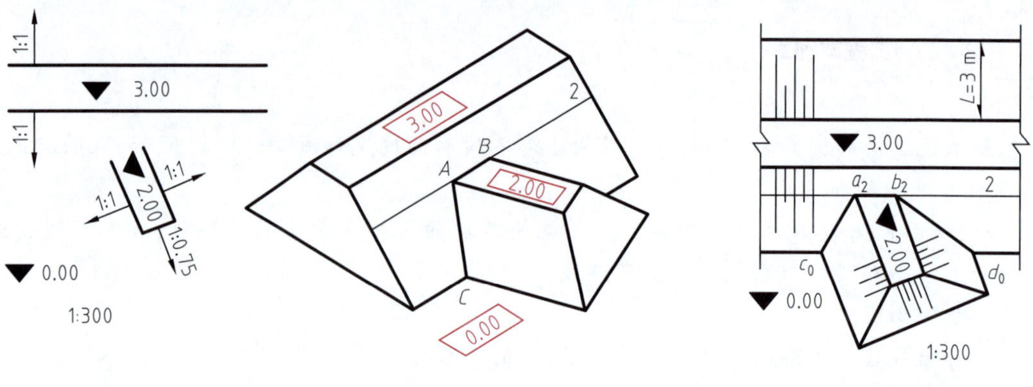

(a) 已知条件　(b) 作图过程　(c) 作图结果

图 4-14　支堤与主堤相交的高程投影

（3）求主堤坡面与支堤坡面的交线。它们的坡脚线交于 c_0、d_0，连 c_0、a_2 和 d_0、b_2，即得坡面交 c_0a_2 和 d_0b_2。

（4）将最后结果加深，画出各坡面的示坡线，如图 4-14(c)所示。

工程案例3

如图 4-15(a)所示，一斜坡引道直通水平场地，设地面高程为 2 m，水平场地顶面高程为5 m，试画出其坡脚线和坡面交线。

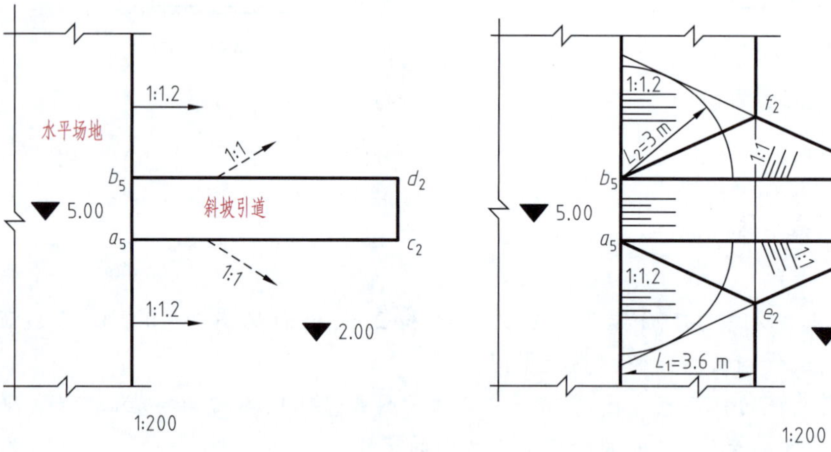

(a) 已知条件　(b) 作图结果

图 4-15　斜坡引道与水平场地的高程投影

作图步骤：

（1）求坡脚线。水平场地边缘与坡脚线水平距离 $L_1 = 1.2\times3\ \text{m} = 3.6\ \text{m}$。斜坡引道坡脚线求法与图 4-11(b)所示相同，分别以 a_5 和 b_5 为圆心，以 $L_2 = 1\times3\ \text{m} = 3\ \text{m}$ 为半径画弧，再自 c_2 和 d_2 分别作此两弧的切线，即得引道两侧的坡脚线。

(2) 求坡面交线。水平场地与斜坡引道的坡脚线分别交于 e_2 和 f_2，连 a_5e_2 和 b_5f_2，就是所求的坡面交线。

(3) 将结果加深，画出各坡面的示坡线，如图 4-15(b) 所示。

4.1.4 曲面的标高投影

知识引入

在标高投影中，曲面是用一系列的等高线来表示的，即用一系列的水平面与曲面相截，再画出这些截交线(等高线)的投影。

工程上常见的曲面有锥面、同坡曲面和地形面等。

1. 圆锥面

如图 4-16 所示为一圆锥面，用一系列水平面和它相截，其截交线就是等高线，画出这些等高线的标高投影，即圆锥面的标高投影。由图可看出，这些等高线都是同心圆，当水平面高差相等时，等高线间的水平距离相等。当锥面正立时，等高线越靠近圆心，其标高数字越大；当锥面倒立时，等高线越靠近圆心，其标高数字越小。圆锥面示坡线的方向应指向锥顶。

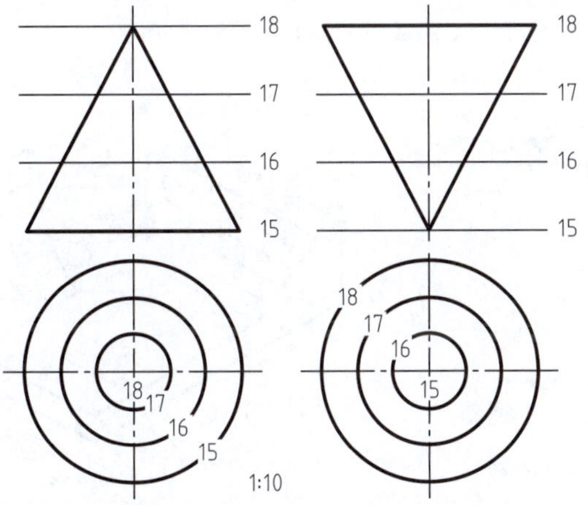

(a) 正圆锥面　　(b) 倒圆锥面

图 4-16　圆锥面的标高投影

特别提示

(1) 必须注明锥顶高程，否则无法区分圆锥与圆台。

(2) 等高线在遇到标高数字时必须断开。

(3) 标高字头朝向高处以区分正圆锥与倒圆锥。

(4) 等高线的疏密反映了坡度的大小。

在土石方工程中,常在两坡面的转角处采用与坡面坡度相同的锥面过渡,如图 4-17 所示。

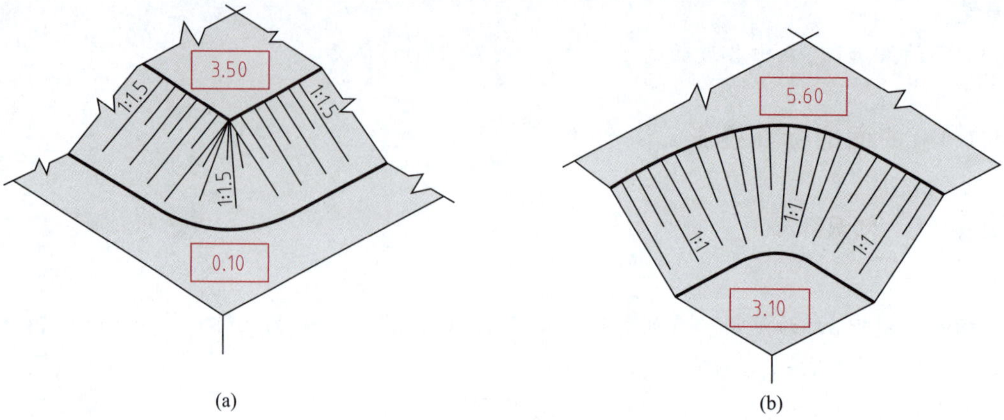

图 4-17 转角处的锥面过渡

工程案例4

在土坝与河岸的连接处,用圆锥面护坡,河底标高为 118.00 m,土坝、河岸、圆锥台顶面标高及各坡面坡度如图 4-18(a)所示,试完成它们的标高投影图。

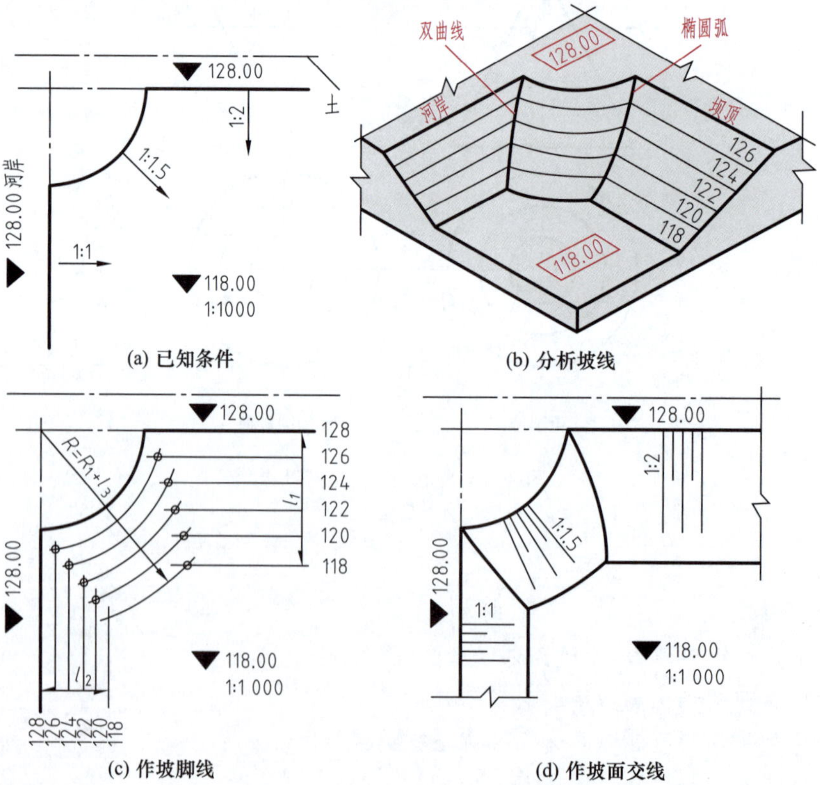

图 4-18 土坝、河岸和护坡的高程投影

分析：圆锥面坡脚线为圆弧，两条坡面交线分别为曲线段，如图 4-18(b)所示。

作图步骤：

(1) 作坡脚线。土坝、河岸、锥面护坡各坡面的水平距离分别为 $l_1=(128-118)\times2\ m=20\ m$，$l_2=(128-118)\times1\ m=10\ m$，$l_3=(128-118)\times1.5\ m=15\ m$。根据各坡面的水平距离，即可作出坡脚线。应注意，圆弧面的坡脚线是圆锥台顶圆的同心圆，其半径为锥台顶圆半径(R_1)与其水平距离(l_3)之和，即 $R=R_1+l_3$，如图 4-18(c)所示。

(2) 作坡面交线。各坡面相同高程等高线的交点即坡面交线上的点，依次光滑连接各点，即得交线，如图 4-18(d)所示。

2. 同坡曲面

图 4-19(a)是一段倾斜的弯道，它的两侧边坡是曲面，且曲面上任何地方的坡度都相同，这种曲面称为同坡曲面，即各处的坡度皆相等的曲面。工程上常用到同坡曲面，道路在弯道处，无论路面有无纵坡，其边坡均为同坡曲面。同坡曲面的形成如图 4-19(b)所示，以一条空间曲线作导线，让一个正圆锥的顶点沿此导线运动，当正圆锥轴线方向不变时，所有正圆锥的包络曲面就是同坡曲面。

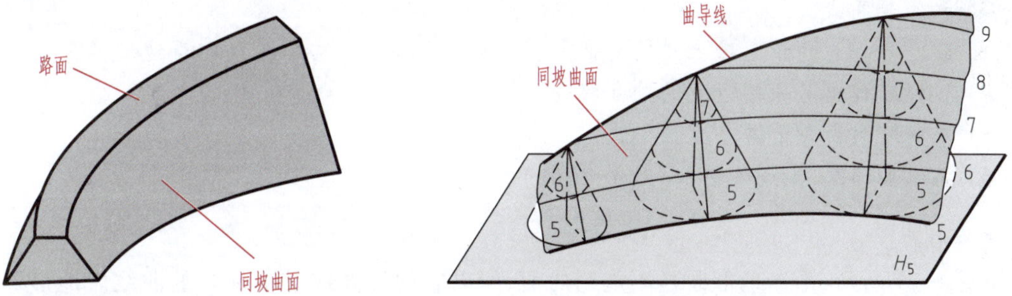

(a) 斜坡弯道　　(b) 同坡曲面形成

图 4-19　同坡曲面

要作同坡曲面的等高线，应明确以下三点：

(1) 运动的正圆锥与同坡曲面处处相切。

(2) 运动的正圆锥与同坡曲面坡度相同。

(3) 同坡曲面的等高线与运动的正圆锥同标高的等高线相切。

微课：同坡曲面

工程案例5

图 4-20(a)所示为一弯曲倾斜道路与干道相连，干道顶面标高为 9.00 m，地面标高为 5.00 m，弯曲引道由地面逐渐升高与干道相连，画出坡脚线与坡面交线。

分析：引道两边的边坡就是同坡曲面，同坡曲面上标高为 5 的等高线就是引道的坡脚线；同坡曲面和干道边坡坡面上相同标高等高线的交点的连线就是坡面交线。

作图步骤：

(1) 算出边坡平距。

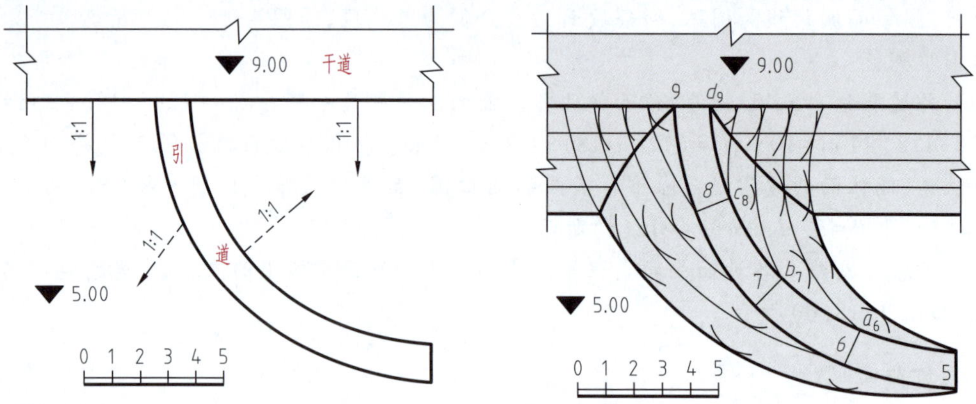

(a) 已知条件 (b) 作图结果

图 4-20 干道与弯曲引道的高程投影

微课:标高投影的应用

(2) 定出曲导线上整数标高点 a_6、b_7、c_8、d_9。

(3) 以 a_6、b_7、c_8、d_9 为圆心,分别以 $R=1$、2、3、4 为半径画同心圆,即为各正圆锥的等高线。

(4) 作正圆锥上相同标高等高线的公切曲线(包络线),即得边坡的等高线。同样可作出另一侧边坡的等高线。

(5) 求同坡曲面与干道边坡的交线。

(6) 将结果加深,完成作图,如图 4-20(b)。

3. 地形面

如图 4-21 所示,由于地形面是不规则曲面,所以它的等高线是不规则的曲线。地形等高线有下列特性:

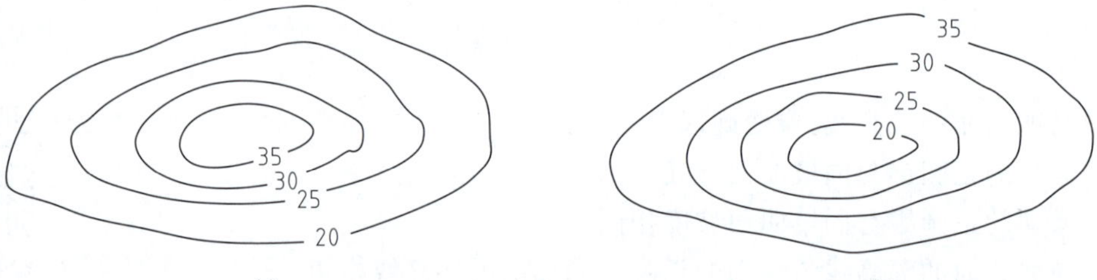

(a) (b)

图 4-21 地形面表示法

(1) 等高线一般是封闭曲线(在有限的图形范围内可不封闭)。

(2) 除悬崖、峭壁外,等高线不相交。

(3) 同一地形内,等高线越密地势越陡,反之等高线越稀疏地势越平坦。

用这种方法表示地形面,能够清楚地反映地形的起伏变化以及坡向等。如图 4-22 中右方环状等高线,中间高、四面低,表示有一山头;山头东北面等高线密集、平距小,说明这里地势陡峭;西南面等高线稀疏、平距较大,说明这里地势平坦,坡向是北高南低。相邻两山头之间,形状像马鞍的区域称为鞍部。地形图上等高线高程数字的字头按规定应朝向上坡方向。相邻等高线之间的高差称为等高距,图 4-22 中的等高距为 5 m。

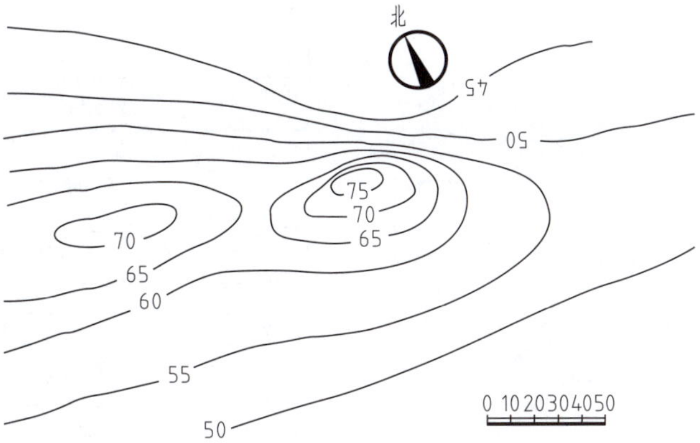

图 4-22 地形图

在一张完整的地形等高线图中，为了便于看图，一般每隔四条等高线有一条画成粗线，这样的粗等高线称为计曲线，不加粗的等高线称为首曲线。

为了便于看地形图，把典型地貌在地形图上的特征（图 4-23）归纳如下：

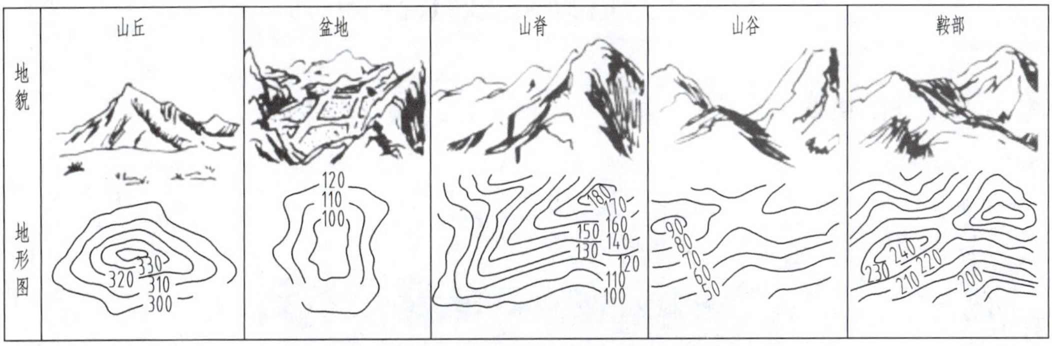

图 4-23 典型地貌在地形图上的特征

(1) 山丘。等高线闭合圈由小到大高程依次递减，等高线亦随之渐稀，则对应地形是山丘。

(2) 盆地。等高线闭合圈由小到大高程依次递增，等高线亦随之渐稀，则对应地形是盆地。

(3) 山脊。等高线凸出方向指向低高程，则对应地形是山脊。

(4) 山谷。等高线凸出方向指向高处，则对应地形是山谷。

(5) 鞍部。相邻两峰之间，形状像马鞍的区域称为鞍部，在鞍部两侧的等高线形状接近对称。

4. 地形断面图

用铅垂面剖切地形面，剖切平面与地形面的截交线就是地形断面，并画上相应的材料图例，称为地形断面图。其作图方法如图 4-24 所示。

(1) 过 *A-A* 作铅垂面，它与地形面上各等高线的交点为 *1*、*2*、*3*、…，如图 4-24(a) 所示。

(2) 以 *A-A* 剖切线的水平距离为横坐标，以高程为纵坐标，按等高距及比例尺画一组平行线，如图 4-24(b) 所示。

(3) 将图 4-24(a) 中的 *1*、*2*、*3*、…各点转移到图 4-24(b) 中最下面一条直线上，并由各点作纵坐标的平行线，使其与相应的高程线相交得到一系列交点。

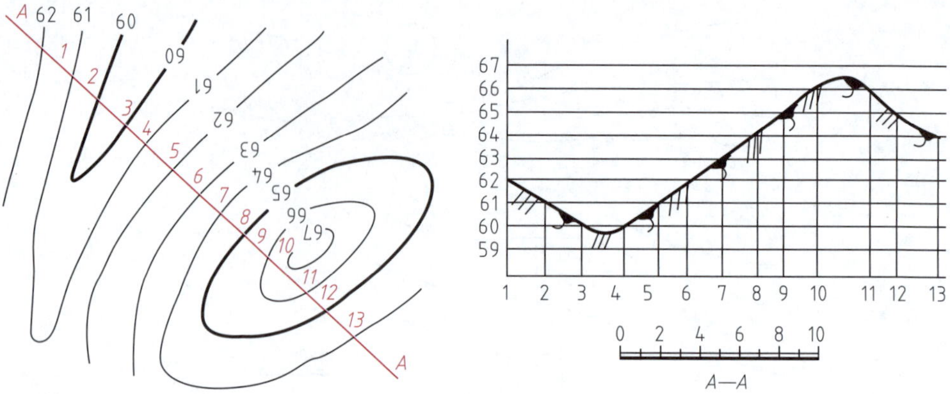

(a) 已知条件 (b) 作图结果

图 4-24 地形断面图的作图方法

(4) 光滑连接各交点,即得地形断面图,并根据地质情况画上相应的材料图例。

4.2 道路路线工程图

引入思考

道路都由哪些部分组成?如何才能清楚表达它们?

案例引入:云南独龙江乡的交通演变史

4.2.1 道路的组成

道路是一种供车辆行驶和行人步行的带状结构物,道路根据它们不同的组成和功能特点,可分为公路和城市道路两种。位于城市郊区和城市以外的道路称为公路,位于城市范围以内的道路称为城市道路。道路工程具有组成复杂、长宽高三向尺寸相差悬殊、形状受地形影响大和涉及学科广的特点。由于以上特点,道路工程的图示方法与一般工程图样不完全相同。

道路的组成包括线形组成和结构组成两大部分。

1. 道路的线形组成

道路路线是指沿长度方向的行车道中心线。道路的位置和形状受道路所在地区的地形、地貌、地物以及地质等自然条件的综合影响，道路中线在平面上是由直线段和平曲线段组成，在纵面上是上坡段、平坡段、下坡段及连接上、下坡段的竖曲线组成。因此，它是一条三维空间曲线，该线的形状称为路线。

2. 道路的结构组成

道路在结构上的基本组成包括路基、路面、桥梁、涵洞、隧道、防护工程和排水设施等。

4.2.2 公路路线工程图

知识引入

为了确定这条空间线的具体位置，要进行勘测设计工作，选线、定线就是选定道路中线平面及纵面的线形。为了便于具体分析和进行设计，通常将公路分成三个投影面来研究。在平面上投影称为公路平面图；在平行路中线的立面上的投影称为公路纵断面图；在垂直于路中线的立面上的投影称为公路横断面图。

公路路线工程图包括路线平面图、路线纵断面图和路线横断面图。

1. 路线平面图

路线平面图是上面绘有道路中心线的地形图。其作用是表达路线的方向、平面线型（直线和左、右弯道）、沿线两侧一定范围内的地形、地物情况以及结构物的平面位置。图 4-25 所示为某公路 K61+563.91 至 K62+263.19 段的路线平面图。路线平面图的主要内容包括地形和路线两部分。

（1）地形部分。

① 方位。为了表示路线所在地区的方位和路线的走向，在路线平面图上应画出指北针或坐标网。指北针在图上是用“⊕”符号来表示的，箭头所指为正北方向。方位的坐标网其 X 轴向为南北方向（上为北），Y 轴向为东西方向。

② 比例。路线平面图是根据不同的地形情况经过勘测采用相应的比例绘制的，山岭重丘区一般采用 1∶2 000，平原和微丘区一般采用 1∶5 000 的比例。图 4-25 所示路线平面图的比例为 1∶2 000。

③ 地貌。由图 4-25 可以看出，平面图地貌情况主要用等高线表示，两等高线之间的高差为 2 m，每隔 10 m 有一条加粗（计曲线）等高线一条，并标出相应的高程数字。根据图中等高线的疏密可以看出，该地区东西两侧地势较高。

④ 地物。在路线平面图上地物用图例表示。如河流、房屋、道路、桥梁、电力线、植被等，表示地物的常用图例如表 4-1 所示。从图 4-25 可以看出，该地区为大片旱地，在路线东侧有河流，东南片区河流两侧为沙砾滩地，滩地以东为树林地。在 K61+960 附近通过沟谷的老路上有桥梁，在 K62+182.68 后右侧老路上有涵洞。图中还表示出了控制点、电力线等的位置。

示例

⊗ $\frac{BM\ 56}{2\ 770.6}$ 表示第 56 个水准点，该点的高程为 2 770.6 m。

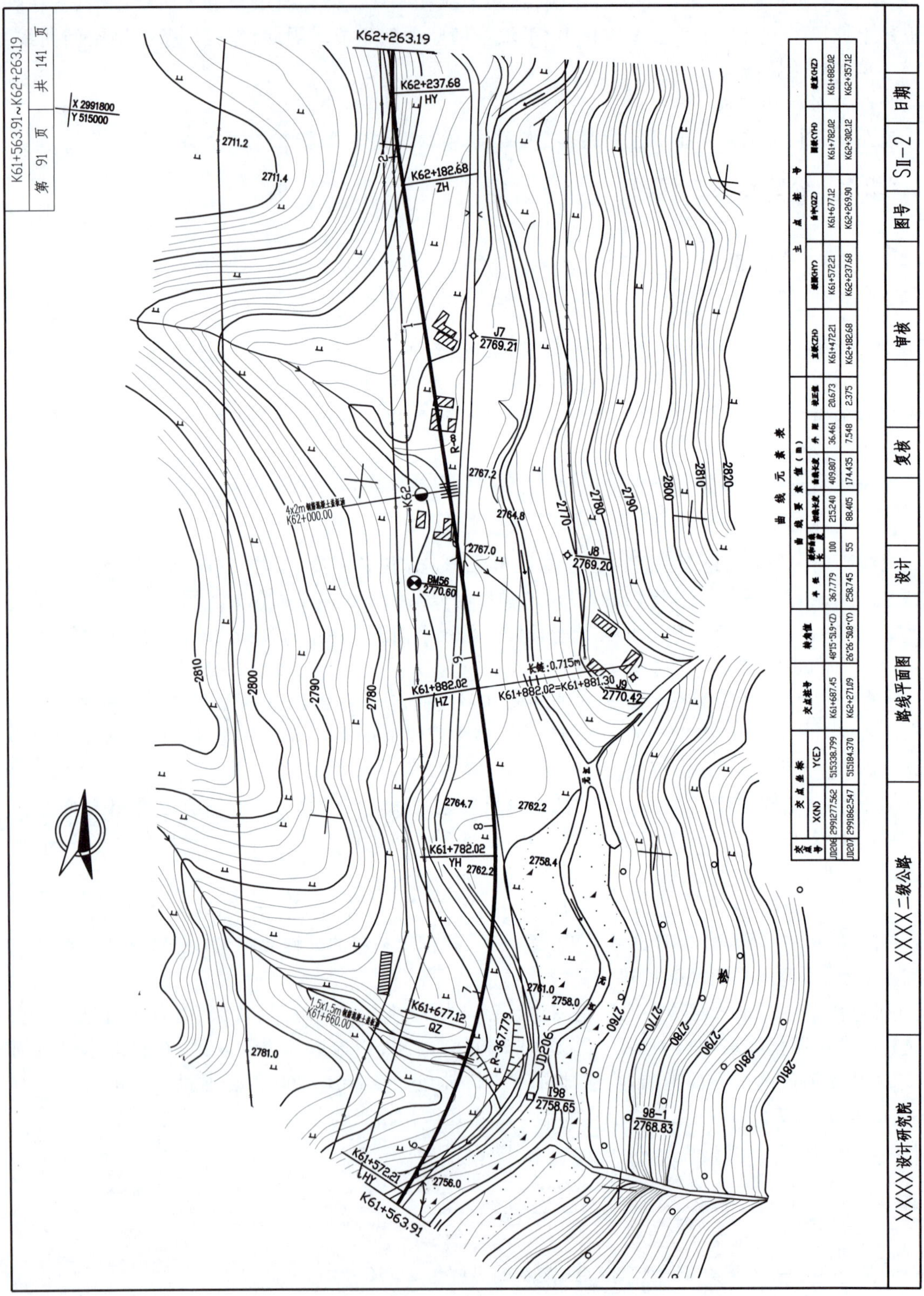
K61+563.91~K62+263.19
第 91 页 共 141 页
X 2991800
Y 515000
K62+263.19
K62+237.68
HY
K62+182.68
ZH
J7
2769.21
4x2m钢筋混凝土盖板涵
K62+000.00
K62
BM56
2770.60
J8
2769.20
长链:0.715m
K61+882.02=K61+881.30
J9
2770.42
K61+882.02
HZ
K61+782.02
YH
1.5x1.5m钢筋混凝土盖板涵
K61+660.00
K61+677.12
QZ
R-367.779
JD206
I98
2758.65
98-1
2768.83
K61+572.21
HY
K61+563.91
曲线元素表
交点号
交点坐标
X(N)
Y(E)
交点桩号
转角值
曲线要素值(m)
半径
缓和曲线长度
切线长度
曲线长度
外距
校正值
主点桩号
直缓(ZH)
缓圆(HY)
曲中(QZ)
圆缓(YH)
缓直(HZ)
JD206 2991277.562 515338.799 K61+687.45 48°15′51.9″(Z) 367.779 100 215.240 409.807 36.461 20.673 K61+472.21 K61+572.21 K61+677.12 K61+782.02 K61+882.02
JD207 2991862.547 515184.370 K62+271.09 26°26′50.8″(Y) 258.745 55 88.405 174.435 7.548 2.375 K62+182.68 K62+237.68 K62+269.90 K62+302.12 K62+357.12
XXXX设计研究院
XXXX二级公路
路线平面图
设计
复核
审核
图号
SⅡ-2
日期

图 4-25 路线平面图

表 4-1 道路工程常用地物图例

名称	图例	名称	图例	名称	图例
学校	文	机场		港口	
井		变电室		烟囱	
池塘 坑穴	池	冲沟	3.4	斜坡 陡坎	
陡崖、陡坎 a.土质的 b.石质的	a 300 b 700	河流	清江	沙滩	
		沟堑		砂砾滩	
房屋 建筑中房屋	建	高压电线 低压电线		电线架 通信线	
大车道		乡村路		小路	
原有公路		原有桥梁		原有涵洞	
铁路 a1-电杆	a1	堤		菜地	
旱地		果园		林地	松
灌木林		花圃、花坛		稻田 a 田埂	a
天然草地		人工牧草地		切线交点	
指北针		埋石图根点		三角点	
卫星定位等级点		水准点		导线点	

（2）路线部分。

① 设计路线。由于道路的宽度相对于长度而言尺寸小得多，所以路线平面图以一条粗实线

表示道路设计线。

② 里程桩。道路路线的总长度和各段之间的长度用里程桩号表示，里程桩号应从路线起点到终点由小到大依次编号，并规定在平面图中路线的前进方向是从左向右。里程桩可分整桩和加桩两种，按相应规定要求桩距而设置的桩称为整桩。平面图中应标出公里桩和百米桩两种整桩。公里桩宜标注在路线前进方向的左侧，用符号“◐”表示桩位，用数字表示桩号，且注写在符号的上方，如“K57”，表示距路线起点 57 km。百米桩用垂直于路线的细短线表示桩位，用阿拉伯数字表示百米数，注写在短线的端部。如图 4-25 所示，该图中在“K62”公里桩的后方注写的“8”表示该处的里程桩号为“K61+800”即该点距路线起点 61 800 m。加桩又分为地形加桩、地物加桩、曲线加桩、地质加桩、断链加桩和行政区域加桩。由于局部改线或事后发现距离错误，或分段测量中由于假设起点里程等原因致使路线里程不连续，桩号与路线的实际里程不一致，这种现象称为“断链”，为了说明该情况而设置的桩，称为断链加桩，有长链和短链两种。桩号 K61+882.02 处设有“K61+882.02＝K61+881.30”的长链桩。

思考

图 4-25 所示“K62”公里桩距起点的距离是多少？

③ 平曲线。路线的平面线形包含直线和曲线两类几何元素，而曲线又包含缓和曲线与圆曲线。由道路的使用功能决定，路线的各几何元素必须光滑连接。在平面图中，将直导线的交点标记为 JD，并沿前进方向按顺序将交点编号（图 4-26）根据实际情况在交点处设置圆曲线或圆曲线加缓和曲线，只设置圆曲线时，圆曲线与前后直线的切点分别为 ZY（直圆）和 YZ（圆直），把圆曲线中心标记为 QZ（曲中），共有三个主点桩号（如图 4-26 中 JD_1）；如果设置缓和曲线，则有 ZH（直缓）、HY（缓圆）、QZ（曲中）、YH（圆缓）、HZ（缓直）五个主点桩号（如图 4-26 中 JD_2）。除上述控制曲线位置的要素外，控制曲线形态的要素有：α_Z 为左偏角，α_Y 为右偏角，R 为圆曲线半径，

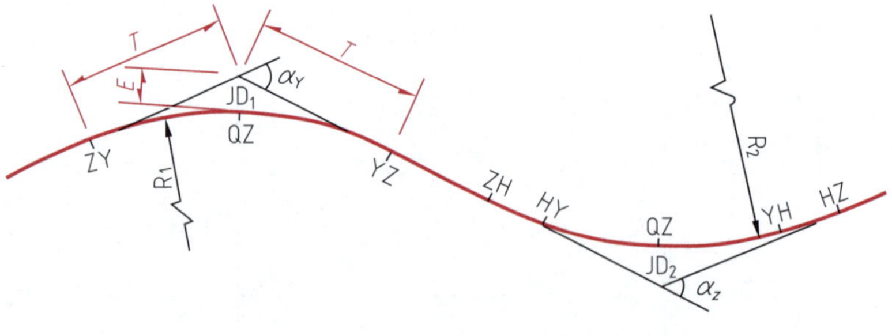

	α		R	L_s	T	L	E
	Z	Y					
JD_1		23°16′20″	8 300		926.24	1 800.17	61.85
JD_2	12°31′16″		5 500	600.15	602.50	1 200.35	32.91

图 4-26 平曲线几何要素

T 为切线长，E 为外距，L 为曲线长，L_s 为缓和曲线长。这些曲线要素须填入曲线要素表，高等级公路还应列出导线点的坐标表。

④ 结构物和控制点。在平面图上还应标出道路沿线的结构物和控制点，如桥梁、涵洞、三角点和水准点等。道路工程常用结构物图例如表 4-2 所示，结合此表可从图 4-25 中了解到道路沿线结构物的位置、类型和分布情况，以及控制点的坐标和高程。

表 4-2　道路工程常用结构图例

项目	序号	名称	图例	序号	名称	图例
平面	1	涵洞		6	通道	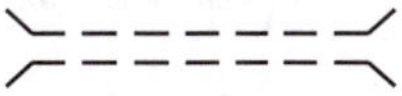
	2	桥梁（大、中桥按实际长度绘制）	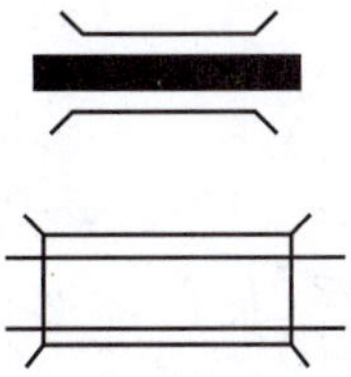	7	分离式立交 (a)主线上跨 (b)主线下穿	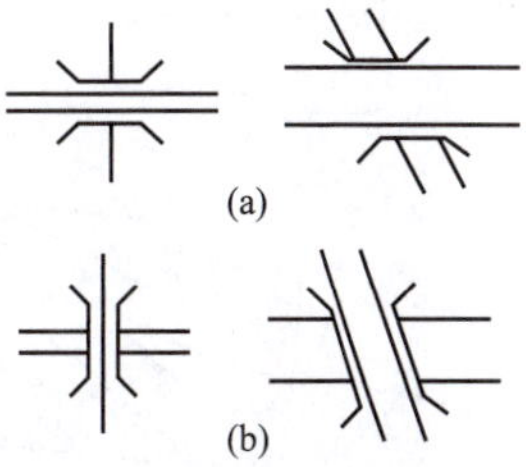 (a) (b)
	3	隧道		8	互通式立交（采用形式绘）	
	4	养护机构		9	管理机构	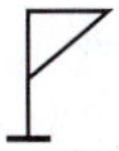
	5	隔离墩		10	防护栏	
项目	序号	名称	图例	序号	名称	图例
纵断	1	箱涵		5	桥梁	
	2	盖板涵	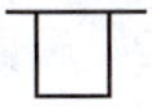	6	箱型通道	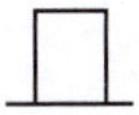
	3	拱涵		7	管涵	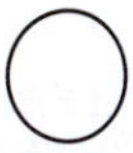
	4	分离式立交 (a)主线上跨 (b)主线下穿	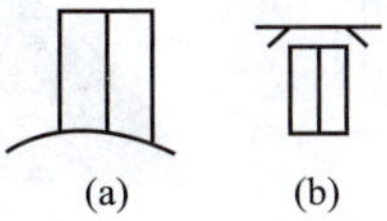 (a) (b)	8	互通式立交 (a)主线上跨 (b)主线下穿	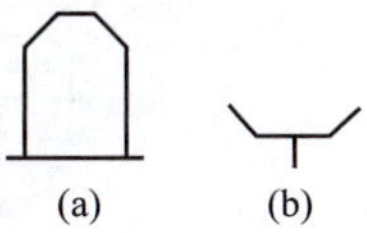 (a) (b)

特别提示

（1）《道路工程制图标准》(GB 50162—1992)中规定，以加粗粗实线绘制路线设计线，以加粗虚线绘制路线比较线。

（2）路线平面图应从左向右绘制，桩号为左小右大。

（3）平面图的植物图例，应朝上或向北绘制；每张图纸的右上角应有角标(或可用表格形式)，注明图纸序号及总张数。

（4）由于公路具有狭长曲折的特点，需要画在若干张图纸上。使用时可将图纸拼接起来，如图 4-27 所示。路线分段应在直线部分取整数桩号断开，断开的两端均应以点画线垂直于路线画出接图线。

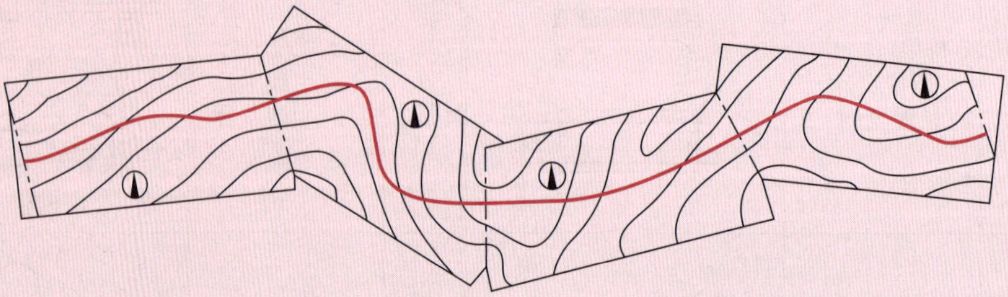

图 4-27 路线图幅拼接

2. 路线纵断面图

路线纵断面图是通过公路中心线用假想的铅垂剖切面纵向剖切，然后展开绘制后获得的，如图 4-28 所示。由于道路路线是由直线和曲线组合而成的，所以纵向剖切面既有平面又有曲面，为了清楚地表达路线的纵断面情况，特采用展开的方法，将此纵断面展平成一个平面，并绘制在图纸上，这就形成了路线纵断面图。

图 4-28 路线纵断面图形成示意图

路线纵断面图主要表达道路的纵向设计线形以及沿线地面的高低起伏状况、地质和沿线设置构造物的概况。

路线纵断面图包括图样和资料表两部分，一般图样画在图纸的上部，资料表布置在图纸的下部。图 4-29 所示为某公路从 K61+563.91 至 K62+263.20 段的纵断面图。

（1）图样部分。

路线纵断面图的横向表示路线的里程（前进方向），竖向表示设计线和地面的高程。由于路线和地形的高程变化比起路线的长度要小得多，为了在路线纵断面图上清晰地显示出高程的变化和设计上的处理，绘制时一般竖向比例放大 10 倍。如图 4-29 所示，该图横向比例为 1∶400，由于该路段高差较大，竖向比例比横向比例仅仅放大了 5 倍。为了便于画图和读图，一般还应在纵断面图的左侧按竖向比例画出高程标尺。

在纵断面图中，粗实线为公路纵向设计线，是由直线段和竖曲线组成的，它是根据地形起伏和公路等级，按相应的公路工程技术标准确定，设计线上各点的标高通常是指路基边缘的设计高程。不规则的细折线为设计中心线处的地面线，它是根据原地面上沿线各点的实测中心桩高程绘制的。比较设计线与地面线的相对位置，可确定填挖地段和填挖高度。

在设计线的纵向坡度变更处，即变坡点，应按公路工程技术标准的规定设置竖曲线，以利于汽车平衡行驶。竖曲线分为凸形和凹形两种，在图中分别用“┌┬┐”和“└┬┘”符号表示，符号中部的竖线应对准竖曲线的起点和终点，水平线上方应标注竖曲线要素值（半径 R、切线长 T、外距 E）。如图 4-29 所示，在 K62+050.00 处设有 R = 11 000.000 m 的凸曲线，该竖曲线中点（变坡点）的高程为 2 770.140 m（T = 111.697 m，E = 0.567 m）。

道路沿线如设有桥梁、涵洞、立交和通道等构造物时，应按其相应设计里程和高程处，按表 4-2 所示图例绘制并注明构造物名称、种类、大小和中心里程桩号。如图 4-29 所示，在 K61+660.00 里程桩处设有一座 1.5 m×1.5 m 的钢筋混凝土盖板涵。

（2）资料表部分。

路线纵断面图的资料表是与图样上下对应布置的，这种表示方法较好地反映出纵向设计线在各桩号处的高程、填挖方量、地质条件和坡度以及平曲线与竖曲线的配合关系。资料表主要包括以下栏目和内容：

① 地质概况。根据实测资料，在该栏中注出沿线各段的地质情况。

② 高程。资料表中有设计高程和地面高程两栏，它们应和图样互相对应，分别表示设计线和地面线上各点（桩号）的高程。

③ 填挖高度。设计线在地面线下方时需要挖土，设计线在地面线上方时需要填土，挖和填的高度值应是各点（桩号）对应的设计高程与地面高程之差的绝对值。

④ 坡度及坡长。标注设计线各段的纵向坡度和水平长度距离。该栏中的对角线表示坡度方向，左下至右上表示上坡，左上至右下表示下坡，坡度及坡长分注在对角线的上下两侧。如图 4-29 所示，该栏中第二格的标注“2.97%/430.715”，表示从 K61+620 至K62+050 坡段设计纵坡为 2.97%，总设计长度 430.715 m，此段路线是上坡。

⑤ 里程桩号。沿线各点的桩号是按测量的里程数值填入的，单位为 m，桩号从左向右排列。

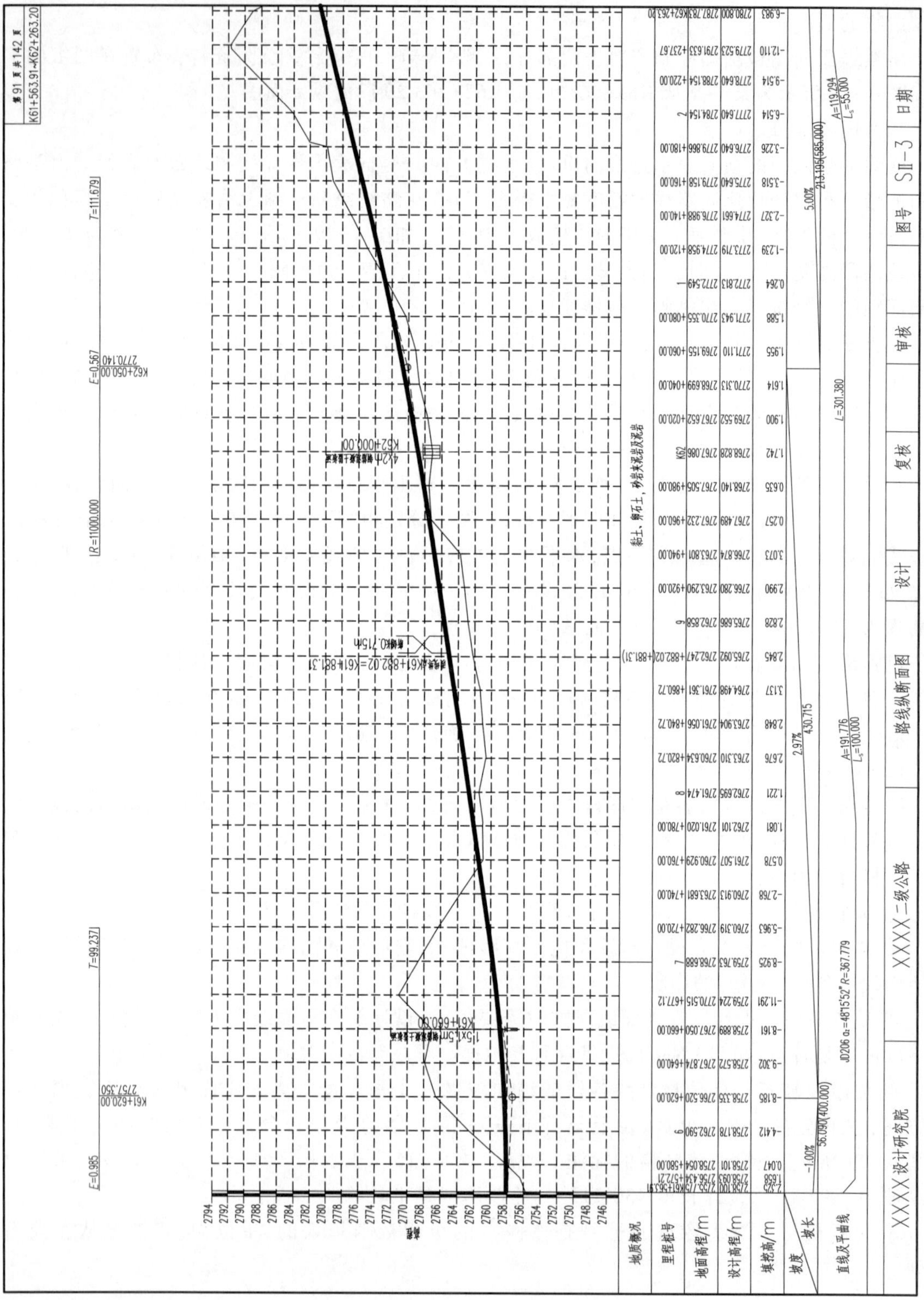
地质概况
里程桩号
地面高程/m
设计高程/m
填挖高/m
坡度 坡长
直线及平曲线
XXXX设计研究院
XXXX二级公路
路线纵断面图
设计
复核
审核
图号
SⅡ-3
日期
第91页 共142页
K61+563.91~K62+263.20

图 4-29 路线纵断面图

⑥ 直线及平曲线。在路线设计中竖曲线与平曲线的配合关系直接影响着汽车行驶的安全性和舒适性，以及道路的排水状况，故《公路路线设计规范》(JTG D20—2006)对路线的平纵配合提出了严格的要求。由于道路路线平面图与纵断面图是分别表示的，所以在纵断面图的资料表中以简约的方式表示出平纵配合关系。在该栏中，以“——”表示直线段，以“╱‾‾‾╲”和“╲＿＿╱”或“┌──┐”和“└──┘”四种图样表示平曲线段，其中前两种表示设置缓和曲线的情况，后两种表示不设缓和曲线的情况，图样的凸凹表示曲线的转向，上凸表示右转曲线，下凹表示左转曲线。

⑦ 超高。为了减少汽车在弯道上行驶时的横向作用力，道路在平曲线处需设计成外侧高内侧低的形式。道路边缘与设计线的高程差称为超高，如图 4-30 所示。

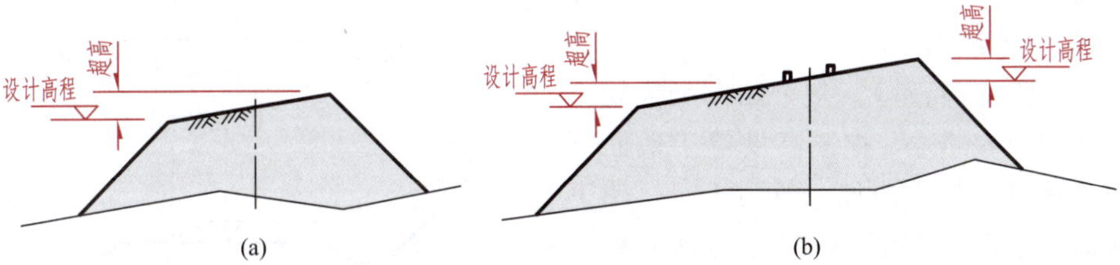

图 4-30 道路超高

特别提示

(1) 左侧纵坐标表示标高尺，横坐标表示里程桩。

(2) 纵断面图的比例中竖向比例比横向比例一般扩大 10 倍，扩大倍数视高差而定，高差大的可扩大少一些。纵断面图的比例一般在第一张图的注释中说明。

(3) 地面线是剖切面与原地面的交线，根据各里程桩的地面高程用细折线表示。

(4) 设计线是剖切面与设计道路的交线，根据各里程桩的设计高程用粗实线表示。

(5) 里程桩号从左向右按桩号大小排列。

(6) 变坡点一般用直径为 2 mm 的中粗线圆圈表示；切线一般用细虚线表示，竖曲线一般用粗实线表示，如图 4-31 所示。

(7) 纵断面图的标题栏绘在最后一张图或每张图的下方，注明路线名称、纵向比例、横向比例等。每图纸右上角应有角标，注明图纸序号及总张数。

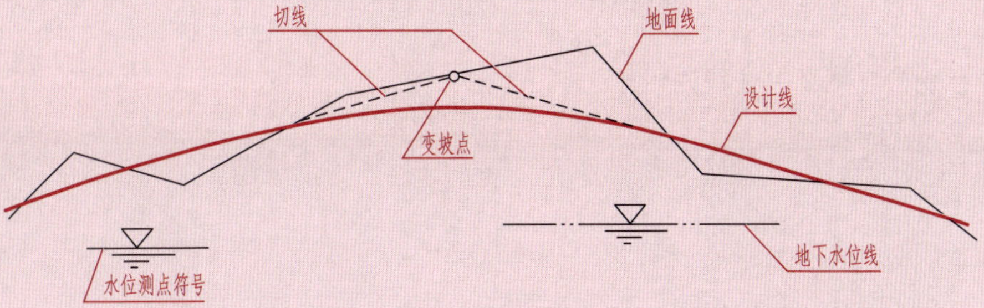

图 4-31 道路设计线

3. 路线横断面图

路线横断面图是用假想的剖切平面，垂直于路中心线剖切而得到的。其作用是表达路线各中心桩处路基横断面的形状和横向地面高低起伏状况。

路基横断面图的基本形式有填方路基（路堤）、挖方路基（路堑）和填挖结合路基（半填半挖路基）。

（1）填方路基（路堤）。整个路基全为填土区。如图 4-32(a)所示，填土高度等于设计标高减去地面标高。填方边坡一般为 1∶1.5。图下注有该断面的里程桩号、中心线处的填方高度 h_T 以及该断面的填方面积 A_T。

（2）挖方路基（路堑）。整个路基全为挖土区。如图 4-32(b)所示，挖土高度等于地面标高减去设计标高。挖方边坡一般为 1∶1。图下注有该断面的里程桩号、中心线处的挖方高度 h_W 以及该断面的挖方面积 A_W。

（3）填挖结合路基（半填半挖路基）。路基断面一部分为填土区，一部分为挖土区，是前两种路基的综合。如图 4-32(c)所示，图下注有该断面的里程桩号、中心线处的填（或挖）方高度 h_T（或 h_W）以及该断面的填方面积 A_T 和挖方面积 A_W。

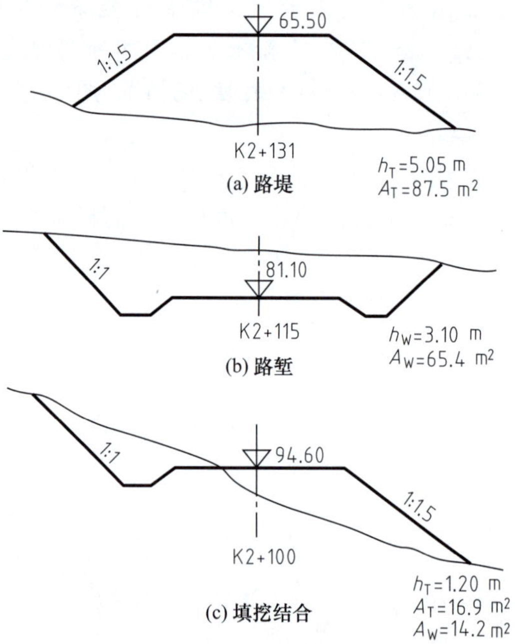

图 4-32 路基横断面的基本形式

特别提示

（1）横断面图的地面线一律用细实线，设计线用粗实线，道路的超高、加宽也应在图中表示出来。

（2）在同一张图纸内绘制的路基横断面图，应按里程桩号顺序排列，从图纸的左下方开始，先由下而上，再自左向右排列，如图 4-33 所示。

（3）在每张路基横断面图的右上角应写明图纸序号及总张数，在最后一张图的右下角绘制图标。

（4）绘图比例应在图纸中注释说明。

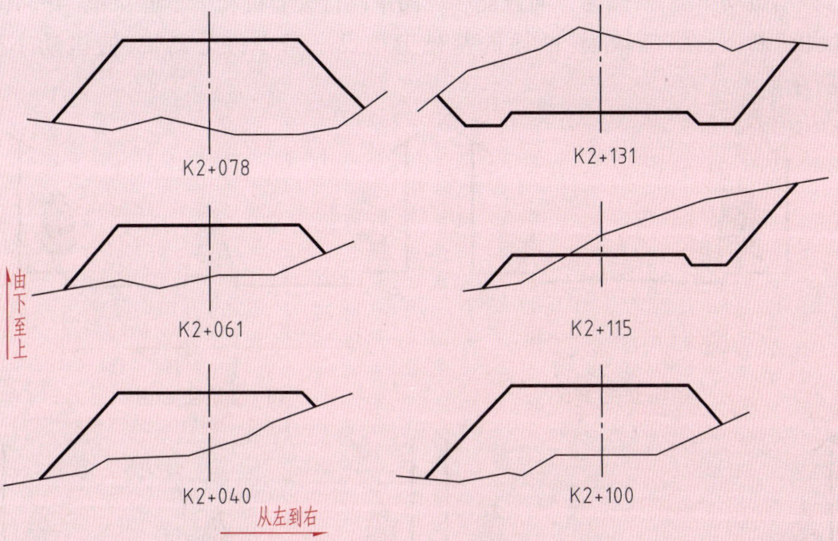

图 4-33 路基横断面图

4.2.3 城市道路路线工程图

知识引入

城市道路一般由车行道(机动车道、非机动车道)、人行道、绿化带、分隔带、交叉口和交通广场以及各种设施组成。在交通高度发达的现代化城市,还建有架空高速道路以及地下道路等。

城市道路的线型设计结果也是通过平面图、纵断面图和横断面图来表达的。它们的图示方法与公路路线工程图完全相同,但由于城市道路的设计是在城市规划与交通规划的基础上实施的,交通性质和组成部分比较复杂,尤其是行人和各种非机动车较多,各种交通工具和行人的交通问题都需要在横断面设计中综合考虑,所以横断面设计是矛盾的主要方面,一般都放在平面和纵断面图设计之前进行。

1. 横断面图

城市道路横断面图是道路中心线法线方向的断面图。城市道路横断面图由车行道、人行道、绿化带和分离带等部分组成。

(1) 城市道路横断面图布置的基本形式。

根据机动车道和非机动车道不同的布置形式,道路横断面的布置有以下四种基本形式:

① “一块板”断面:把所有车辆都组织在同一车行道上行驶,但规定机动车在中间,非机动车在两侧,如图 4-34(a)所示。

② “两块板”断面:用一条分隔带或分隔墩从道路中央分开,使往返交通分离,但同向交通仍在一起混合行驶,如图 4-34(b)所示。

③ “三块板”断面:用两条分隔带或分隔墩把机动车和非机动车交通分离,把车行道分隔为三块:

中间为双向行驶的机动车道，两侧为方向彼此相反的单向行驶非机动车车道，如图 4-34(c)所示。

④ “四块板”断面：在“三块板”断面的基础上增设一条中央分离带，使机动车分向行驶，如图 4-34(d)所示。

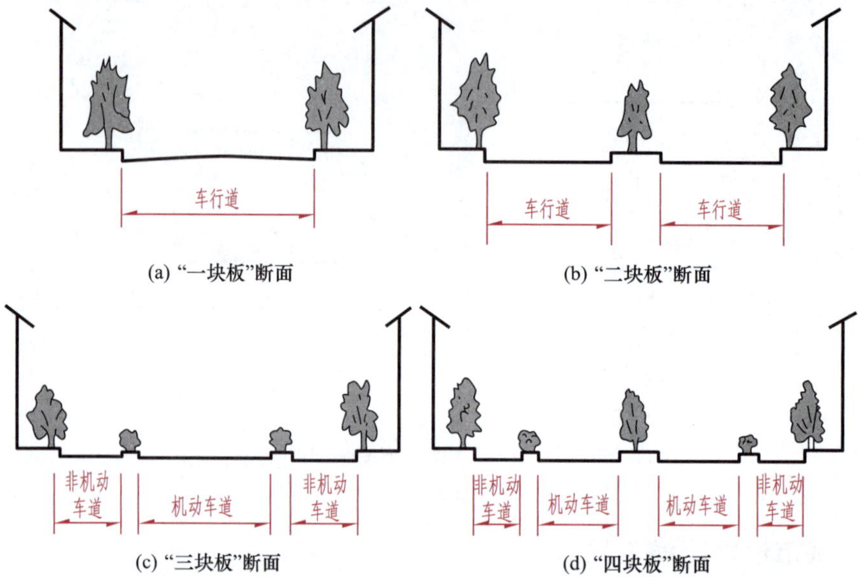

(a) “一块板”断面 (b) “二块板”断面

(c) “三块板”断面 (d) “四块板”断面

图 4-34 城市道路横断面布置的基本形式

四种形式的横断面都有它们各自的优缺点和适用条件，必须根据具体情况，结合地区特点、交通性质、占地和拆迁等因素综合考虑，反复研究并经过技术经济比较后才能选定。另外，随着城市交通的发展和变化，城市道路横断面形式也应随之发生相应的变化。

(2) 横断面图的内容。

横断面设计的最后成果用标准横断面设计图表示。图中要表示出横断面各组成部分的位置和宽度，以及排水方向和横坡等。图 4-35 所示为某路段设计横断面图，由图可知该路段采用了“四块板”断面形式，机动车与非机动车分道单向行驶。两侧为人行道，中间有隔离带。图中还表示了各组成部分的宽度以及结构设计要求。

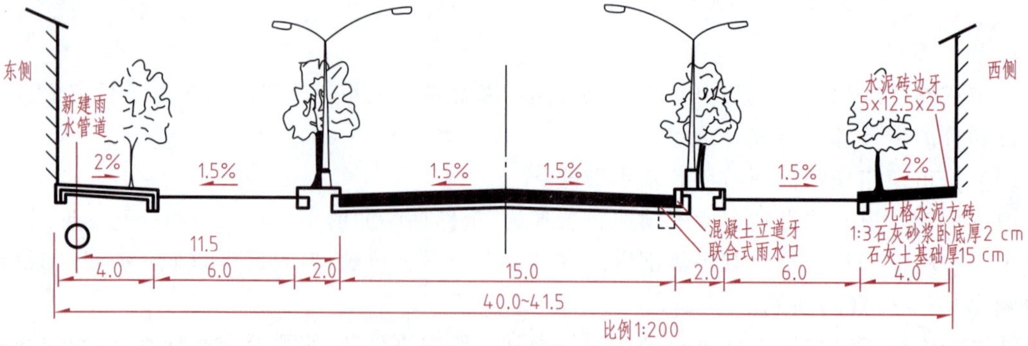

图 4-35 标准横断面设计图

除了需绘制近期设计横断面图之外，对分期修建的道路还要画出远期规划设计横断面图。

为了设计土石方工程量和施工放样，与公路横断面图相同，需绘出各个中线桩的现状横断面，并加绘设计横断面图，标出中线桩的里程和设计标高，称为施工横断面图。

2. 平面图

城市道路平面图与公路路线平面图相似，它是用来表示城市道路的方向、平面线型和车行道布置以及沿路两侧一定范围内的地形和地物情况。

如图 4-36 所示为某城市道路路线平面图，它主要表示了环形交叉口和市区道路的平面设计情况。

城市道路平面图的内容可分为道路和地形、地物两部分。

(1) 道路情况。

道路中心线用点画线表示。为了表示道路的长度，在道路中心线上标有里程。如图 4-36 所示的平面图表示从 K6+520~K6+730 一段道路的平面图。

道路的走向可用坐标网或指北针来确定。如图 4-36 所示，该图是用坐标网来确定的北段道路的走向随里程的增加为北偏西方向。JD5 的坐标 $x=2\ 892\ 727.505$，$y=431\ 963.005$，读图时可将几张图拼接起来阅读。从指北针方向可知，道路的走向为北偏东方向。

城市道路平面图所采用的绘图比例较公路路线平面图大，因此车、人行道的分布和宽度可按比例画出。由图可看出，两侧机动车道宽度为 8.25 m，非机动车道宽度为 5 m，人行道为 4.75 m，中间分隔带宽度为 6 m。机动车道与非机动车道之间的分隔带宽度为 0.5 m，所以该路段为“四块板”断面布置形式。

(2) 地形和地物情况。

城市道路所在的地势一般比较平坦。地形除用等高线表示外，还用大量的地形点表示高程，如图 4-36 所示。

本段道路是郊区扩建的城市道路，原有道路为宽约 8 m 的水泥路。新建道路因此占用了沿路两侧一些工厂、民房、学校用地。该地区的地物情况见表 4-3。

表 4-3 道路工程常用地物图例

名称	图例	名称	图例	名称	图例
只有屋盖的简易房		石棉瓦房	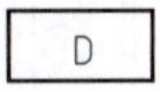 D	贮水池	 水
砖石或混凝土结构房屋	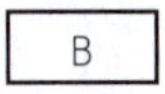 B	围墙		下水道检查井	
砖瓦房	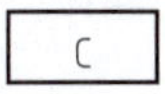 C	非明确路边线	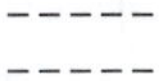	通信杆	

3. 纵断面图

城市道路纵断面图也是沿道路中心线的展开断面图。其作用与公路路线纵断面图相同，其内容也是由图样和资料表两部分组成，如图 4-37 所示。

城市道路纵断面图的图样部分完全与公路路线纵断面图的图示方法相同。如绘图比例竖直方向较水平方向放大 10 倍表示等，如图 4-37 所示，该图水平方向采用 1∶500，则竖直方向采用 1∶50。

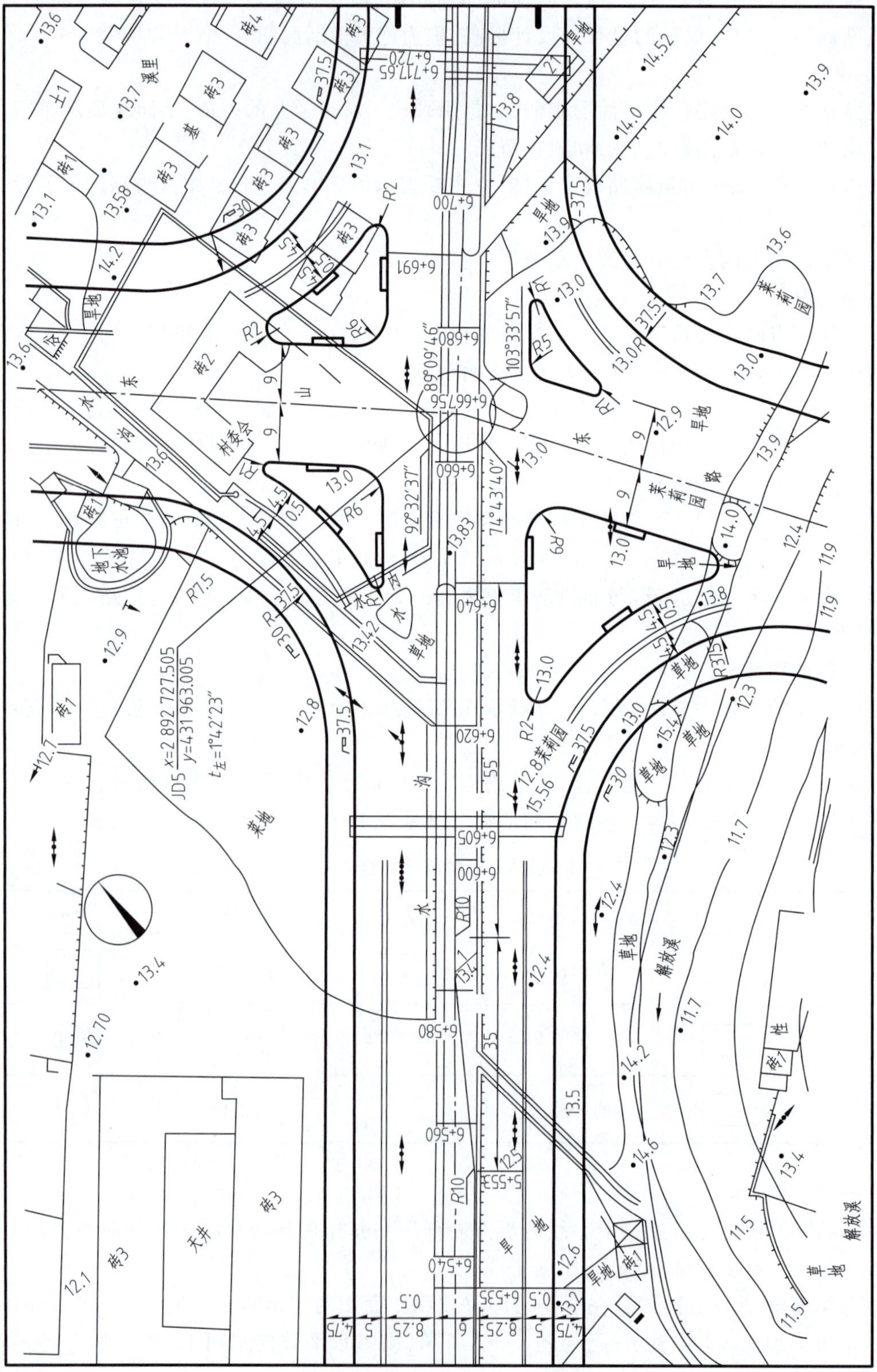

图 4-36 某城市道路路线平面图

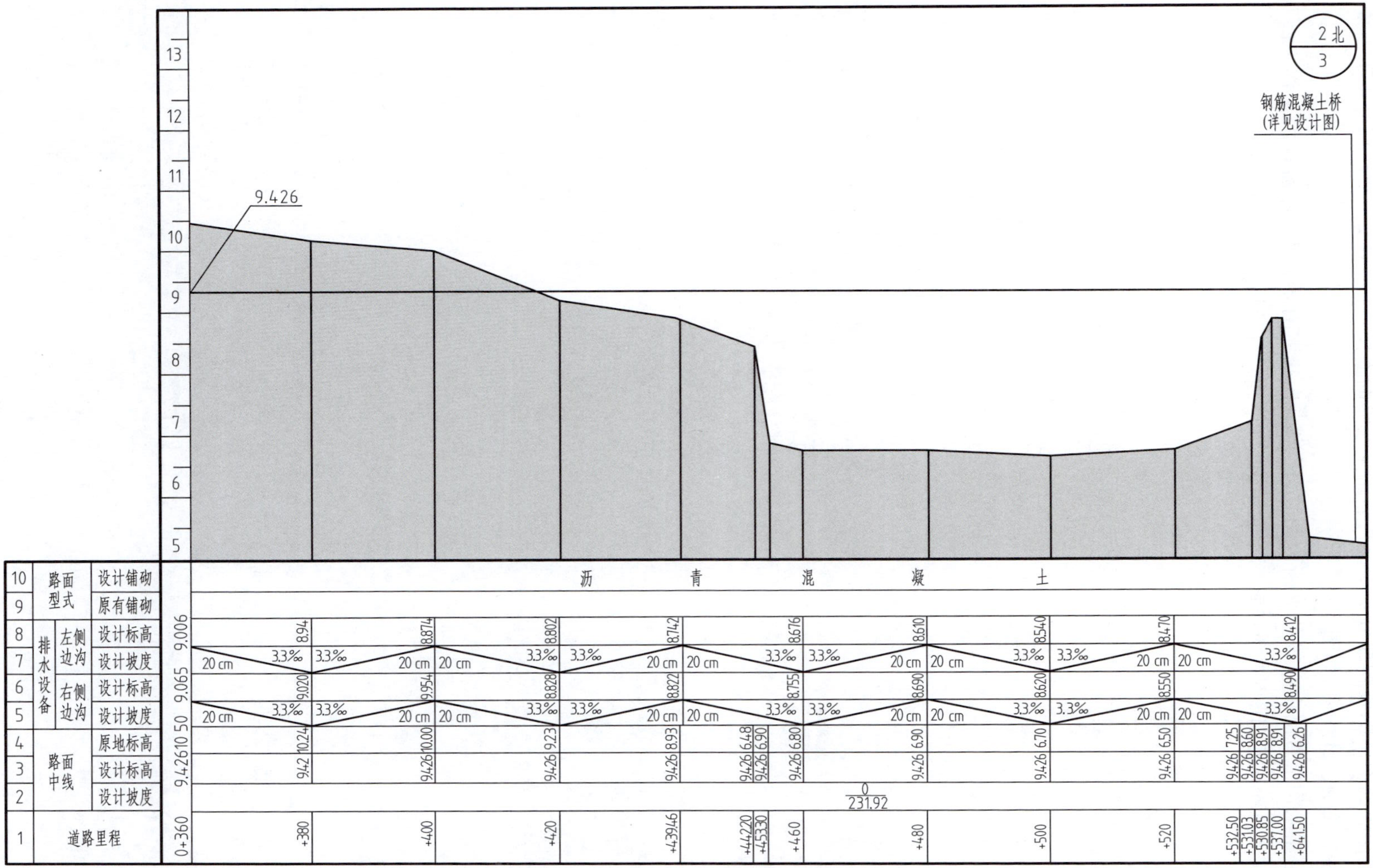

图 4-37　某城市道路路线纵断面图

城市道路纵断面图的资料部分基本上与公路路线纵断面图相同,不仅与图样部分上下对应,而且还标注有关的设计内容,如图 4-37 所示。

城市道路除作出道路中心线的纵断面图之外,当纵向排水有困难时,还需作出街沟纵断面图。对于排水系统的设计,可在纵断面图中表示,也可单独设计绘图。

工作任务五 路基、路面结构工程图识读

素养目标 （1）认知基础承载使命，理解“基础不牢，地动山摇”的质量哲学；
（2）培养默默无闻、任劳任怨甘作铺路石的钉子精神；
（3）培养生态红线守护意识。

知识目标 （1）认识路基横断面结构；
（2）描述路面结构的组成、作用及其图示特点；
（3）阐述道路排水系统及防护工程图的图示特点。

能力目标 （1）能识读路面结构工程图；
（2）能初步识读道路排水系统及防护工程图。

知识引入

道路在结构上的基本组成部分包括：路基、路面、桥梁、涵洞、隧道、防护工程（护坡、挡土墙、护脚等）、排水设备（边沟、截水沟、排水沟、盲沟、跌水、急流槽、过水路面、渗水路堤、倒虹吸等）和山区特殊构造物（半山桥、明洞）。此外，为保证汽车行驶的安全、畅通和舒适，尚要有各种工程，如交通标志、护栏、路用房屋、加油站、通信设施及绿化带等。

5.1 路基横断面图

路基是路面的基础，必须稳定坚实，路基横断面如图 5-1 所示。

路基的基本形式有填方路基（路堤）、挖方路基（路堑）和半填半挖路基，如图 5-2 所示。

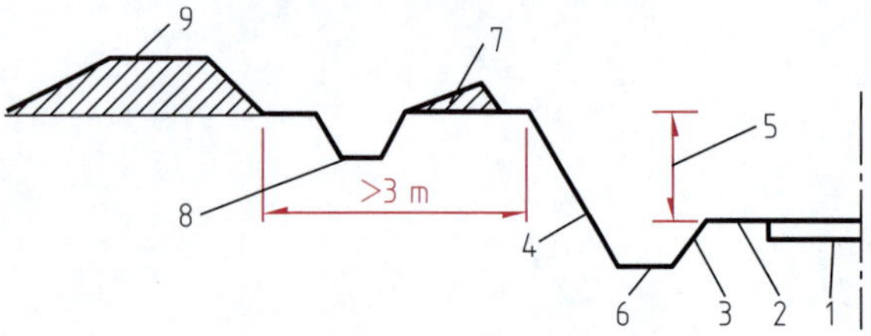

图 5-1 路基横断面示意图

1—路面;2—路肩;3—内侧边坡;4—外侧边坡;5—边坡高度;6—边沟;7—土埂;8—截水沟;9—弃土堆

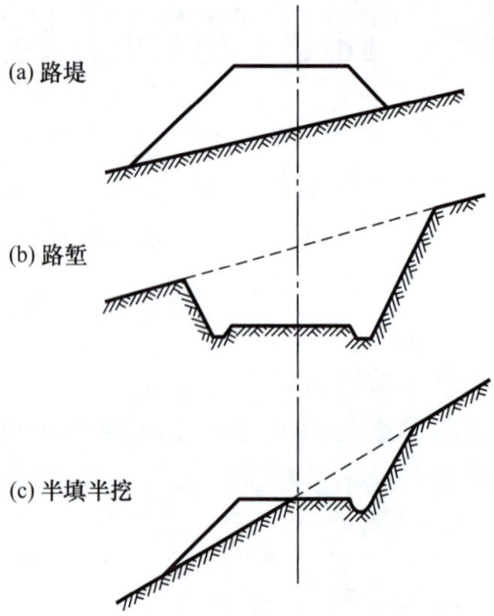

图 5-2 路基的形式

5.2 路面结构图

路面是直接承受汽车碾压的行车地带,它是用各种坚硬材料铺筑于路基顶面的层状结构。路面根据其使用材料和性能不同,可分为柔性路面和刚性路面两类。公路路面横向主要由中央分隔带、行车道、路肩、路拱等组成,如图 5-3 所示。

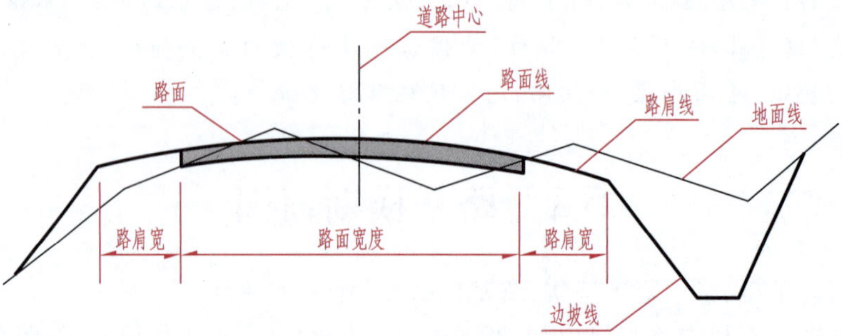

图 5-3 路面的横向组成

公路路面纵向结构层由面层、基层、垫层和联结层等组成,如图 5-4 所示。

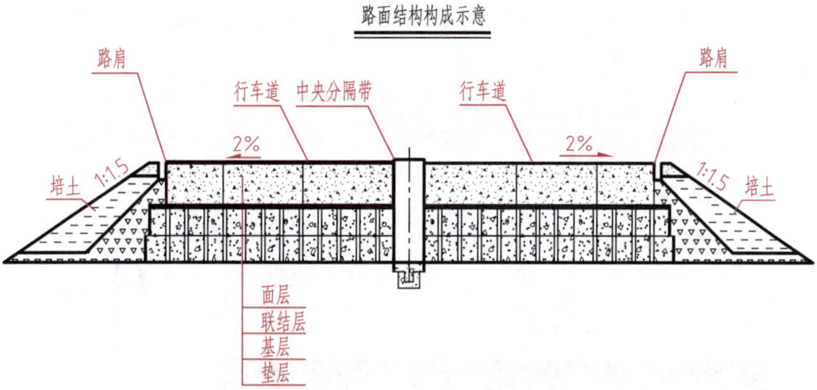

图 5-4 路面的纵向结构层组成

(1) 面层。在结构层最上面,直接承受车轮荷载反复作用和自然因素影响的结构层,可由一至三层组成。

(2) 基层。设置在面层之下,并与面层一起将车轮荷载的反复作用传递到底基层、垫层和土基中。

(3) 垫层。它是底基层和土基之间的层次,它的主要作用是加强土基,改善基层的工作条件。

(4) 联结层是在面层和基层之间设置的一个层次,它的主要作用是加强面层与基层之间的共同作用和减少基层的反射裂缝。

路面结构图的任务是表达各结构层的材料和设计厚度,当路面结构类型单一时,可在路面结构图上用竖直引出线标注,如图 5-5(b)所示。当路面结构类型较多时,可按各路段不同的结构分别绘制路面结构图,并标注材料符号(或名称)及厚度,如图 5-5(c)所示。

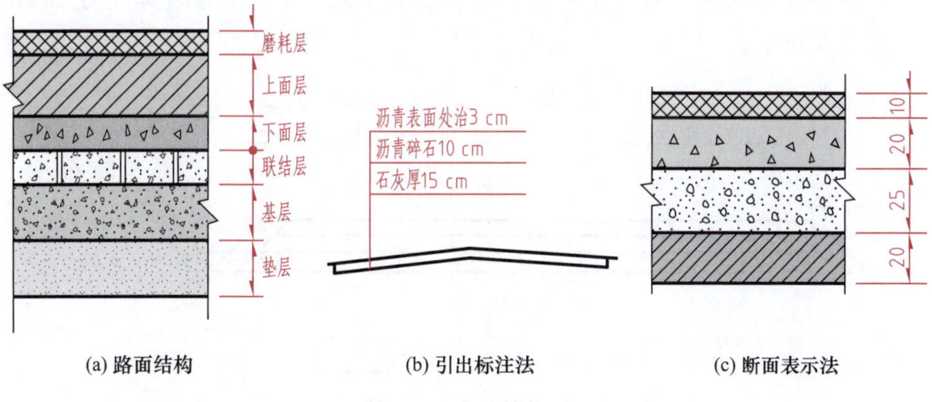

图 5-5 路面结构图

目前常见的路面有沥青混凝土路面和水泥混凝土路面两种。

工程案例1

在沥青混凝土路面结构图中,用示意图的方式画出表示路面中的各种材料,各层的厚度用尺寸来表示。如图 5-6 中天然砂砾下基层厚度为 30 cm,二灰砂砾上基层厚度为 25 cm。其中,路缘石采用 C30 混凝土预制块，长、宽、高分别为 70 cm、20 cm 和 50 cm。路平石采用 C30 混凝土预制块，长、宽、高分别为 50 cm、20 cm 和 15 cm。

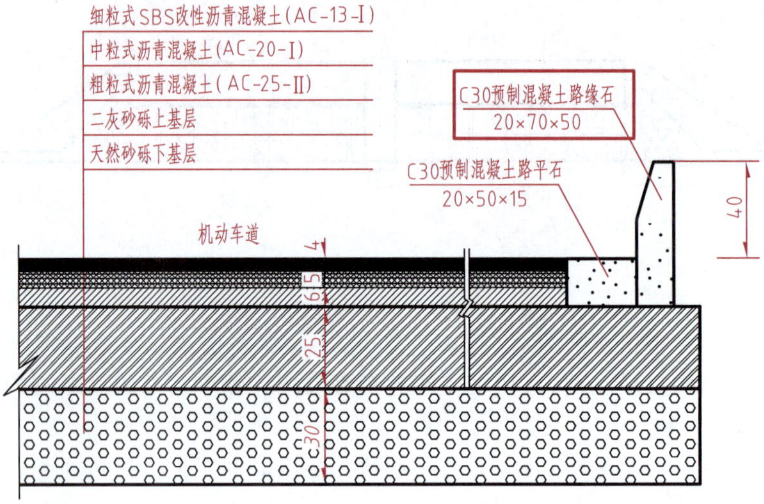

图 5-6　沥青混凝土路面结构图

工程案例2

在水泥混凝土路面结构图中，用示意图的方式画出表示路面中的各种材料，各层的厚度用尺寸来表示。如图 5-7 中级配碎石底基层厚度为 30 cm，水泥稳定碎石基层厚度为 25 cm，水泥混凝土面板厚度为 25 cm。

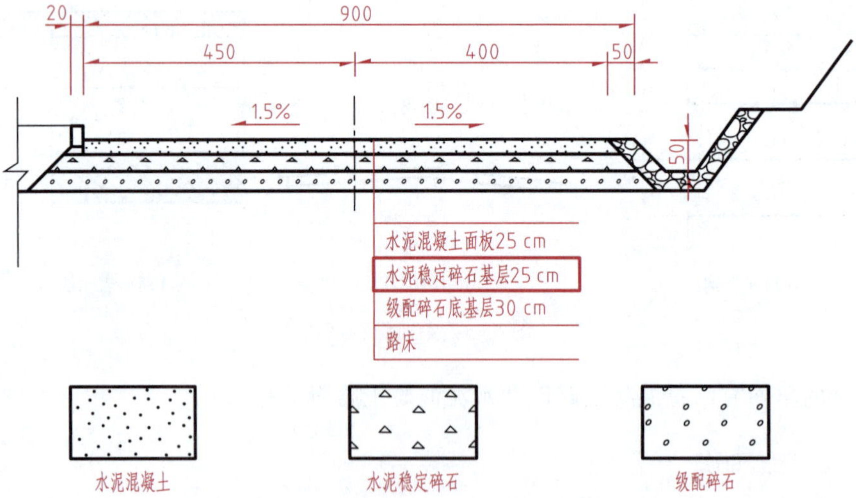

图 5-7　水泥混凝土路面结构图

5.3 排水系统工程图

道路排水系统相当复杂，且是保证道路发挥其功能的必要设施。道路排水系统包括地面排水系统和地下排水系统。前者由边沟、截水沟、排水沟、跌水、急流槽等组成；后者由暗沟、渗沟和渗井组成。对于一般道路，排水系统总体规划利用路线平面图和纵断面图表示。对于高等级公路，当处于不良地质、路基病害或排水特别复杂的路段时，则需要单独绘制精确的或较大范围的带有等高线的平面图，排水系统总体规划平面图如图 5-8 所示。而表达某排水设施的具体构造和技术要求时，则需通过路基排水防护设计图来实现，下面介绍几种常见的排水设施设计图。

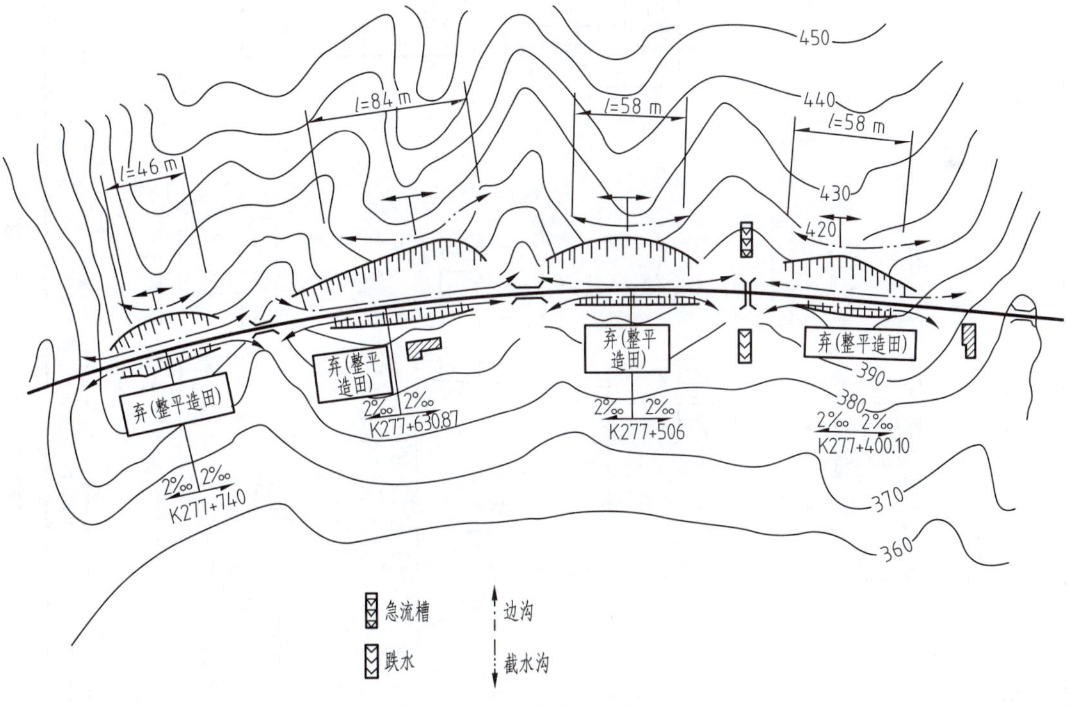

图 5-8 排水系统总体规划平面图

1. 边沟

边沟通常设置在挖方路基边缘，作用在于汇集和排除路基范围内和流向路基的小量地面水。图 5-9 是某道路排水边沟设计图。图中给出 A、B、C、D、E、F、G 七种形式排水沟的截面形式、尺寸和衬砌要求。边沟设计图一般只画横断面图，图中附有工程数量表。

2. 截水沟

截水沟通常设置在挖方坡顶以外，作用在于拦截山坡流向路基的水流。其形式多为梯形，如图 5-10、图 5-11 所示。

截水沟横断面图如图 5-12 所示。

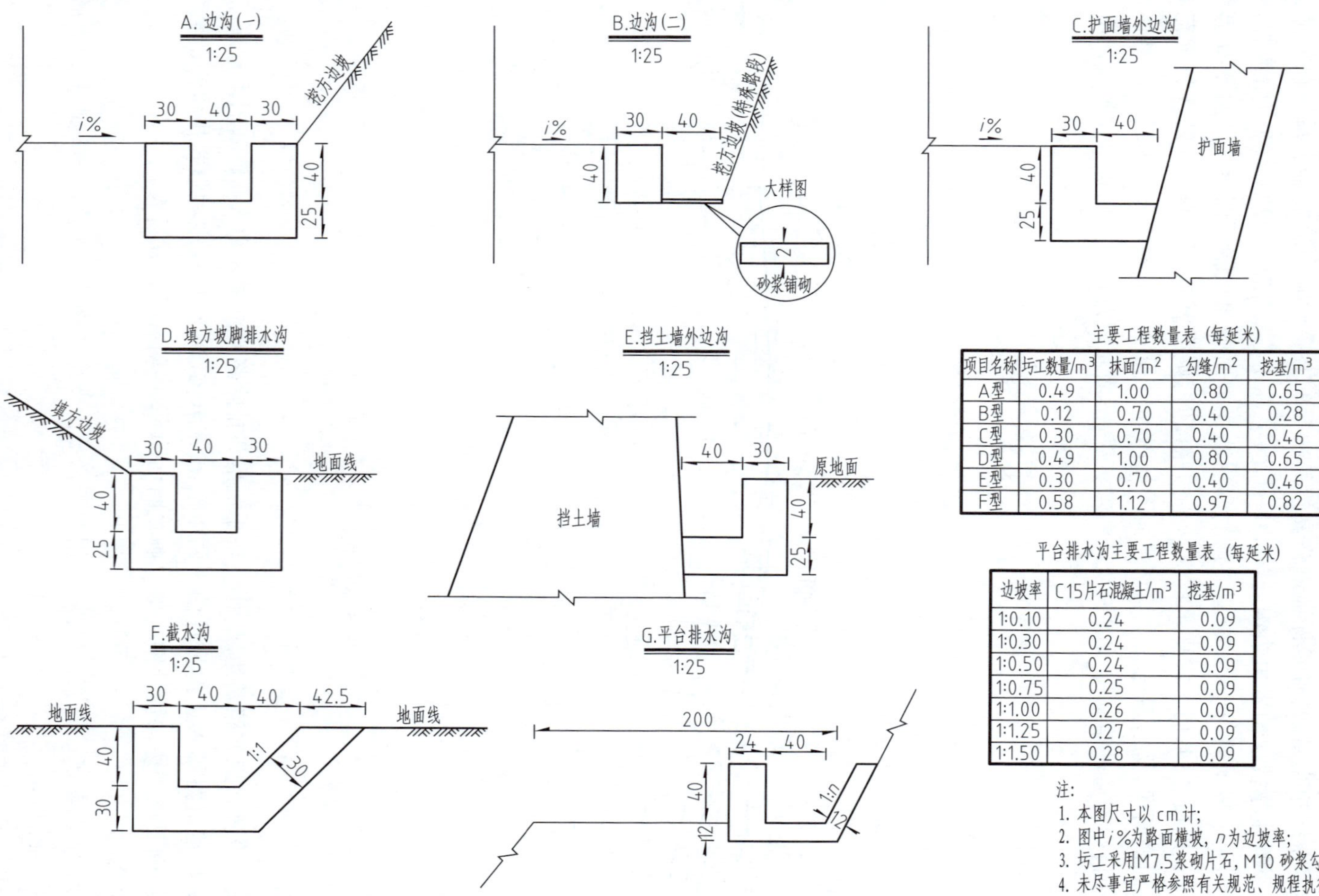

主要工程数量表（每延米）

项目名称	圬工数量/m³	抹面/m²	勾缝/m²	挖基/m³
A型	0.49	1.00	0.80	0.65
B型	0.12	0.70	0.40	0.28
C型	0.30	0.70	0.40	0.46
D型	0.49	1.00	0.80	0.65
E型	0.30	0.70	0.40	0.46
F型	0.58	1.12	0.97	0.82

平台排水沟主要工程数量表（每延米）

边坡率	C15片石混凝土/m³	挖基/m³
1:0.10	0.24	0.09
1:0.30	0.24	0.09
1:0.50	0.24	0.09
1:0.75	0.25	0.09
1:1.00	0.26	0.09
1:1.25	0.27	0.09
1:1.50	0.28	0.09

注：
1. 本图尺寸以 cm 计；
2. 图中 i%为路面横坡，n为边坡率；
3. 圬工采用M7.5浆砌片石，M10 砂浆勾缝、抹面；
4. 未尽事宜严格参照有关规范、规程执行。

XX学院	XX实训基地道路工程	路基、路面排水工程设计图	设计		复核		审核		图号		日期	2011.12

图 5-9 某道路排水边沟设计图

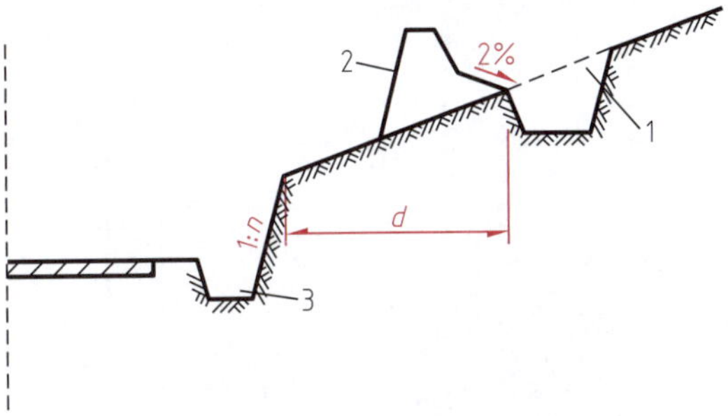

图 5-10 截水沟布置示意图

1—截水沟;2—土埂;3—边沟

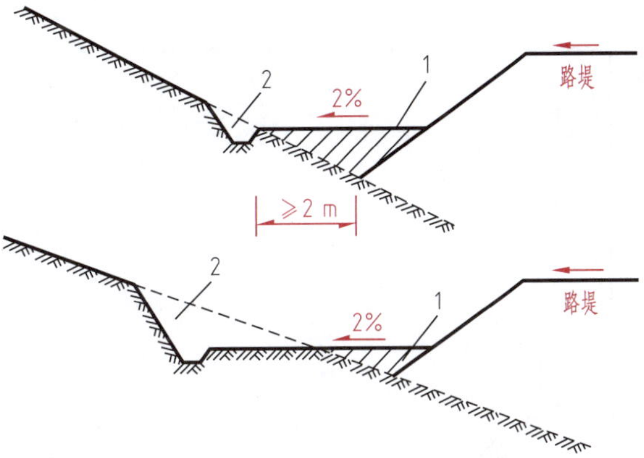

图 5-11 填方路段截水沟示意图

1—土台;2—截水沟

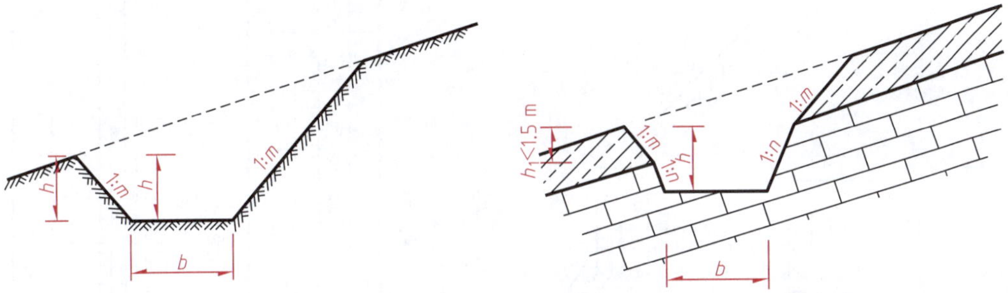

(a) 土沟 (b) 石沟

图 5-12 截水沟横断面图例

3. 急流槽

急流槽的结构由进水口、主槽(槽身)和出水口三部分组成。图 5-13 是某道路急流槽设计图。其图样部分由急流槽立面图、平面图、剖面图三个图样构成,表达了急流槽的结构、尺寸和各个组成部分所使用的材料。

4. 盲沟

盲沟是设置在路基边沟下面的暗沟,适用于地下水丰富及泥沼软弱路段,如图 5-14 所示,请读者自行阅读。

5. 渗沟

渗沟通常由排水层、反滤层和封闭层组成,渗沟在工程中常根据地下水分布情况,可设置在边沟、路肩或路基上侧山坡适当位置处。

图 5-15 所示的洞式渗沟断面图显示了渗沟断面结构、尺寸及各组成部分所使用的材料。洞式渗沟的底部孔洞用浆砌片石筑成,相当于顶部可以渗水的涵洞。洞宽 80 cm、高 120 cm,盖板用 C15 混凝土预制板制成,板厚 30 cm,盖板顶面铺以透水的干砌片石,以便渗入沟内的水汇集于洞内并排出。

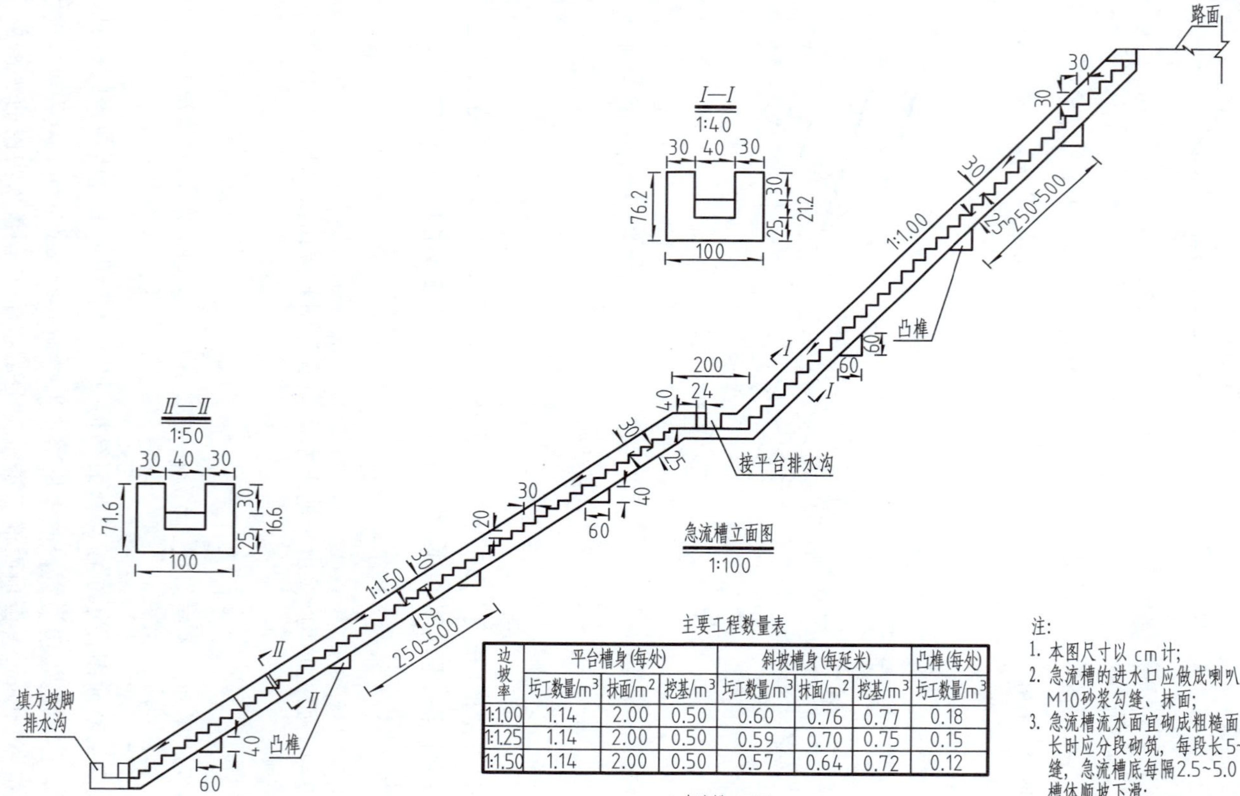

主要工程数量表

边坡率	平台槽身(每处)			斜坡槽身(每延米)			凸榫(每处)
	圬工数量/m³	抹面/m²	挖基/m³	圬工数量/m³	抹面/m²	挖基/m³	圬工数量/m³
1:1.00	1.14	2.00	0.50	0.60	0.76	0.77	0.18
1:1.25	1.14	2.00	0.50	0.59	0.70	0.75	0.15
1:1.50	1.14	2.00	0.50	0.57	0.64	0.72	0.12

注:
1. 本图尺寸以 cm 计;
2. 急流槽的进水口应做成喇叭口,圬工采用M7.5浆砌片石,M10砂浆勾缝、抹面;
3. 急流槽流水面宜砌成粗糙面以消能减小流速,急流槽很长时应分段砌筑,每段长5~10 m,接头处以防水材料填缝,急流槽底每隔2.5~5.0 m应设置一个凸榫,以避免槽体顺坡下滑;
4. 未尽事宜严格参照有关规范、规程执行。

急流槽平面图

1:100

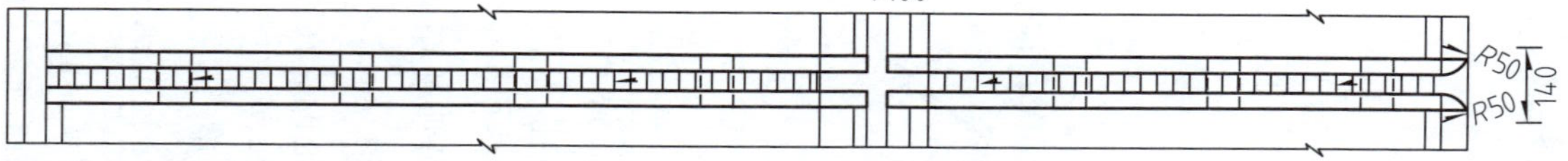

XX公路学院	XX实训基地道路工程	路基、路面排水工程设计图(填方急流槽)	设计		复核		审核		图号		日期	2011.12

图 5-13 某道路急流槽设计图

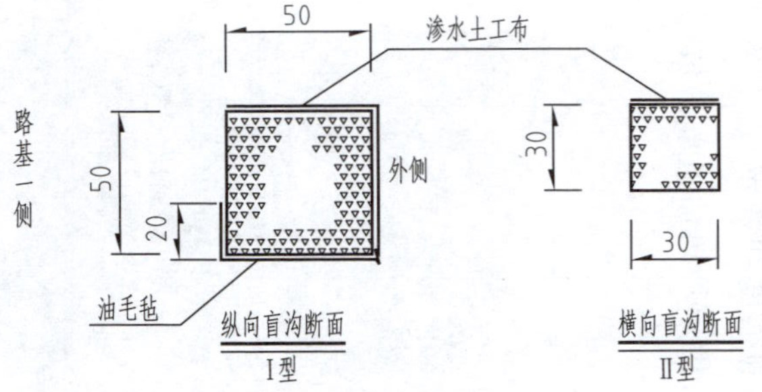

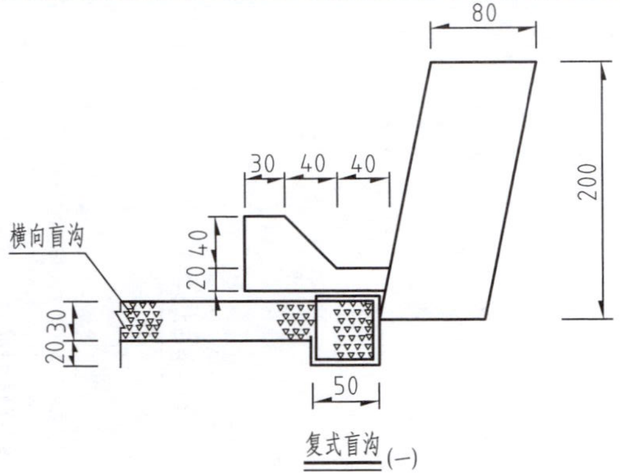

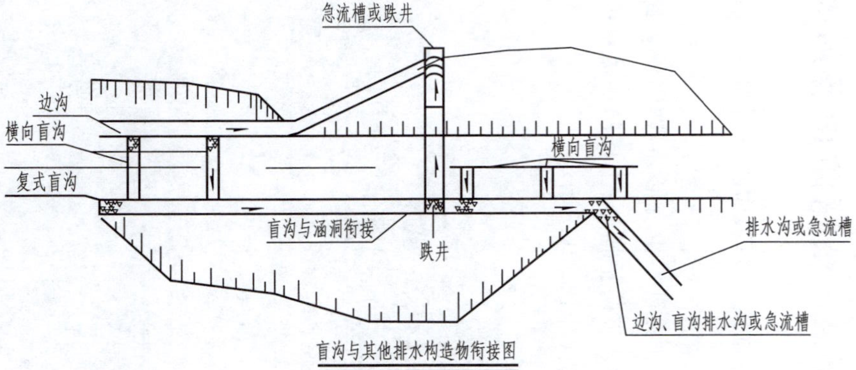

盲沟每延米工程数量表

工程名称		片石/m^3	碎石/m^3	渗水土工布/m^2	油毛毡/m^2	挖基/m^3
盲沟	I型	0.25		1	0.7	0.25
	II型		0.09	0.3		0.09

附注:

1. 盲沟设于路基通过水网比较发达的地段，疏干路基内地下水，并通过其他排水构造物排出路基范围外，每20 m设一道;
2. 盲沟在渗水面覆盖渗水土工布以防止水流携带的泥沙阻塞盲沟，以延长盲沟使用寿命，在其下铺垫油毛毡以减缓流水阻力，使水流顺畅排出路基;
3. 盲沟纵坡度不宜小于1%，在横向盲沟与纵向盲沟连接处油毛毡开口;
4. 碎石采用d=4~6 cm，压碎值同路面底基层所用碎石，含泥量不超过3%;
5. 若最不利时期计算得地下渗水大于盲沟的通过量时，可以加大盲沟尺寸，增加量由现场监理核实认可;
6. 本图尺寸均以cm为单位。

XX交通勘察设计研究院	XX至XX三级公路	路基路面排水工程设计图(四)	设计		复核		审核		图号	S4-24	日期	2005-03-30

图 5-14 某道路盲沟设计图

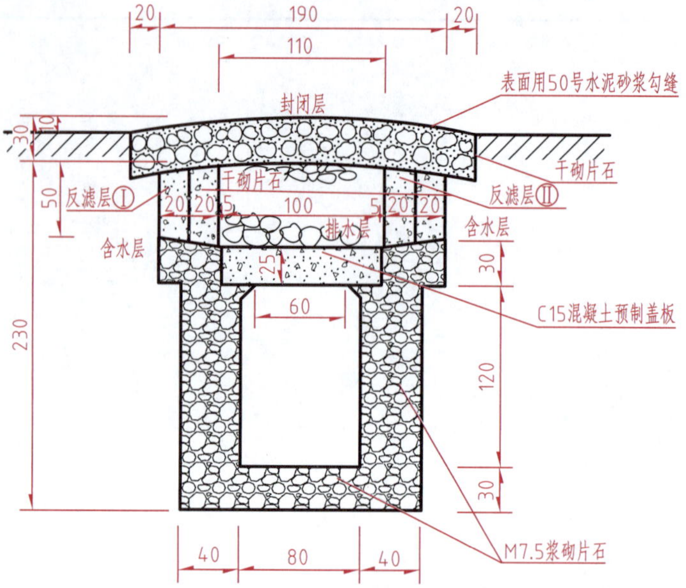

图 5-15 洞式渗沟断面图

5.4 公路防护及加固工程图

路基防护与加固工程图主要介绍坡面防护图和挡土墙工程图。

1. 坡面防护

在道路工程中，为了防止路基发生变形和破坏，保证路基的强度和稳定性，常对路基边坡进行防护，下面是几种常见的边坡防护措施：土工网加植草护坡、拱形骨架加植草护坡、浆砌片石人字形护坡、喷射混凝土护坡，如图 5-16 所示。

图 5-16 常见的边坡防护措施

工程案例1

边坡防护设计图一般包括图样、工程数量表和附注三部分内容。

图 5-17 所示为浆砌片石护坡和拱形骨架加植草护坡设计图，图样部分表达了浆砌片石护坡和衬砌护坡结构形式、尺寸和材料，工程数量表中数字表达了每延米护砌所用各种材料的数量。附注部分说明了图中尺寸标注的单位、适用范围和技术要求。

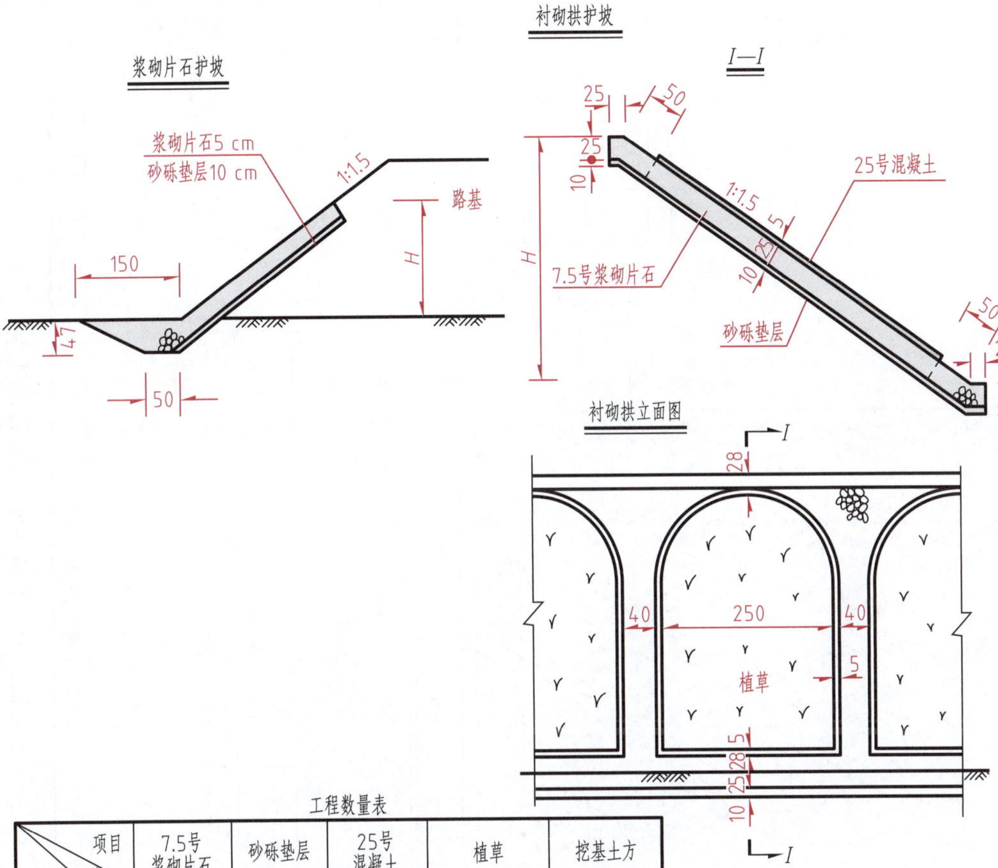

工程数量表

类别 \ 项目 / 单位	7.5号浆砌片石	砂砾垫层	25号混凝土	植草	挖基土方
	m³/m	m³/m	m³/m	m³/m	m³/m
浆砌片石护坡	0.47+0.45*H*	0.18*H*+0.04			0.51*H*+0.63
衬砌拱护坡	0.06*H*+0.41	0.024*H*+0.16	0.018*H*+0.01	1.5(*H*−2)+1.95	0.102*H*+0.584

注：
1. 本图尺寸以cm计。
2. 本图用于互通立交区的路基防护工程。
3. 当路基填土高度$H \geqslant 3$ m时采用衬砌拱护坡，当$H<3$ m时植草。

图 5-17 某道路边坡防护设计图一

图 5-18 所示为菱形网格植草护坡设计图，显示了菱形网格是由空心砖砌筑，空心砖形状、尺寸在空心砖断面图中显示。

图 5-19 所示为空心砖人字形护坡，图 5-20 所示为菱形格挂网喷锚护坡，请读者自行阅读。

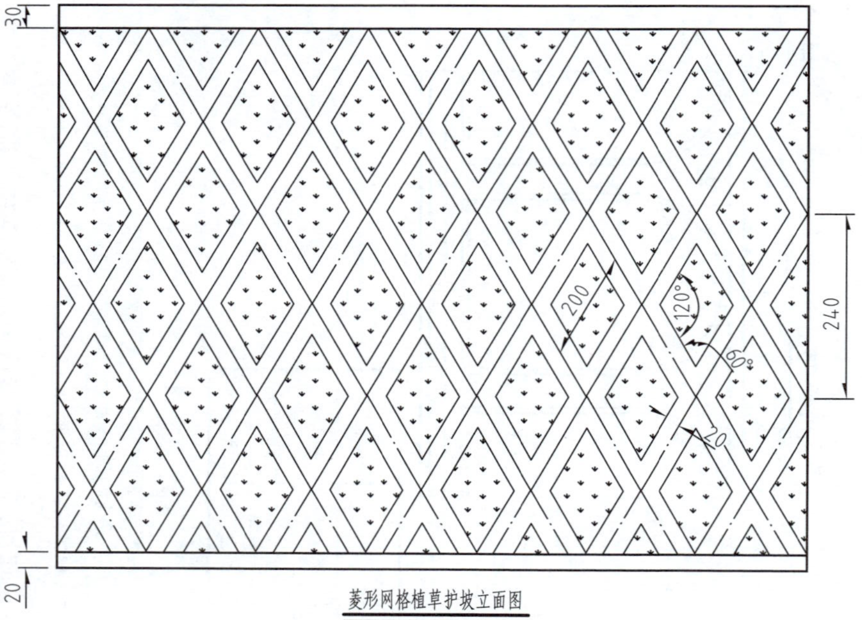

菱形网格植草护坡立面图
1:500

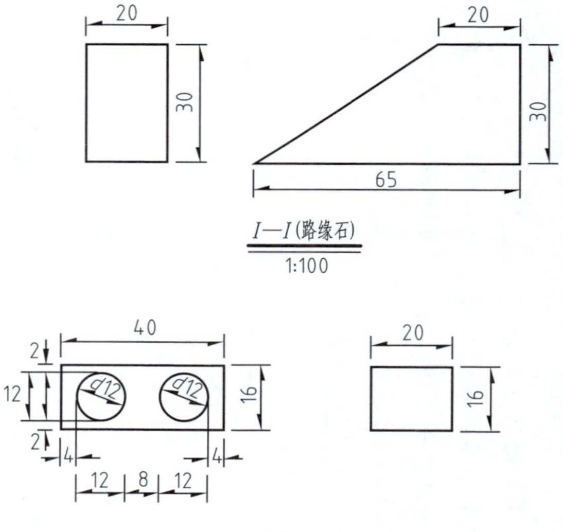

I—I(路缘石)
1:100

空心砖断面
1:100

菱形网格工程数量表

项目	面积/m^2	空心砖/个	每个空心砖 混凝土(15号)/m^3	路基每米长 空心砖基础/个
每个菱形网格	3.464	20	0.008 3	2.5

附注:
1. 图中尺寸单位均以cm计；尺寸比例如图所示；
2. 该图参照《路基设计手册》绘制；
3. 空心砖采用15号混凝土空心砖；
4. 本图适用于填方边坡小于6 m的路基边坡防护。

XX公路勘测设计所	大关县岔河至大关火车站四级公路	路堤边坡绿化设计图(一)	设计		复核		审核		图号		日期

图 5-18 某道路边坡防护设计图二

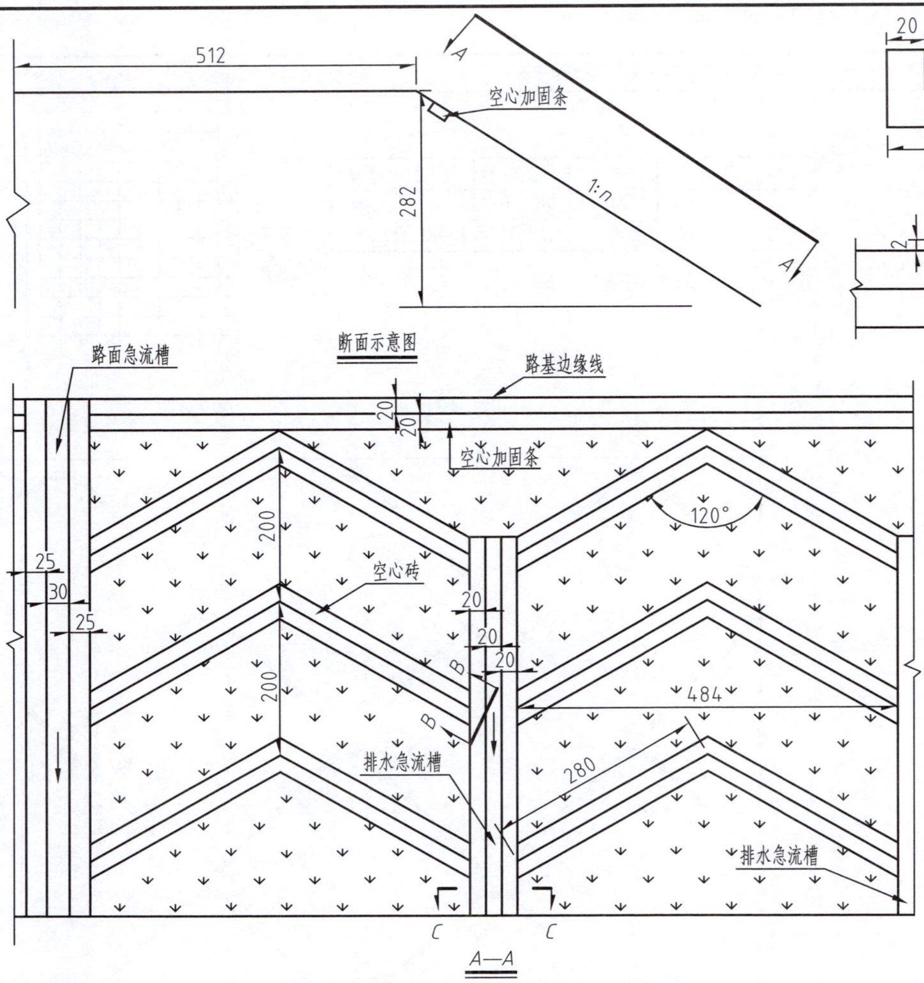

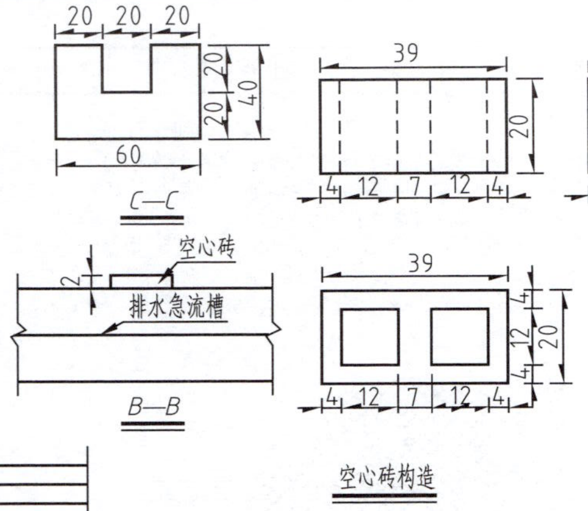

每格(长5.54 m)护坡工程数量表

边坡高H	排水急流槽	混凝土空心砖	植草	路面急流槽
m	m^3	m^3	m^2	m^3
2	0.36	0.27	15.5	1.12
3	0.72	0.41	24.2	1.68
4	1.08	0.55	33	2.24
5	1.44	0.69	41.7	2.79
6	1.8	0.82	50.4	3.35
7	2.16	0.96	59.1	3.91
8	2.52	1.1	67.9	4.47

附注：

1. 本图尺寸单位均以 cm 计；
2. 空心砖和急流槽均采用20号混凝土预制；
3. 路面急流槽设置间距为43.52 m，与路面拦水带的泄水口相接；
4. 排水急流槽设置间距为5.44 m，与空心砖相接，排除边坡水；
5. 路面急流槽数量计入排水工程数量表内。

XX公路勘测设计所	大关县岔河至大关火车站四级公路	路基边坡绿化设计图(二)	设计		复核		审核		图号		日期

图 5-19 某道路边坡防护设计图三

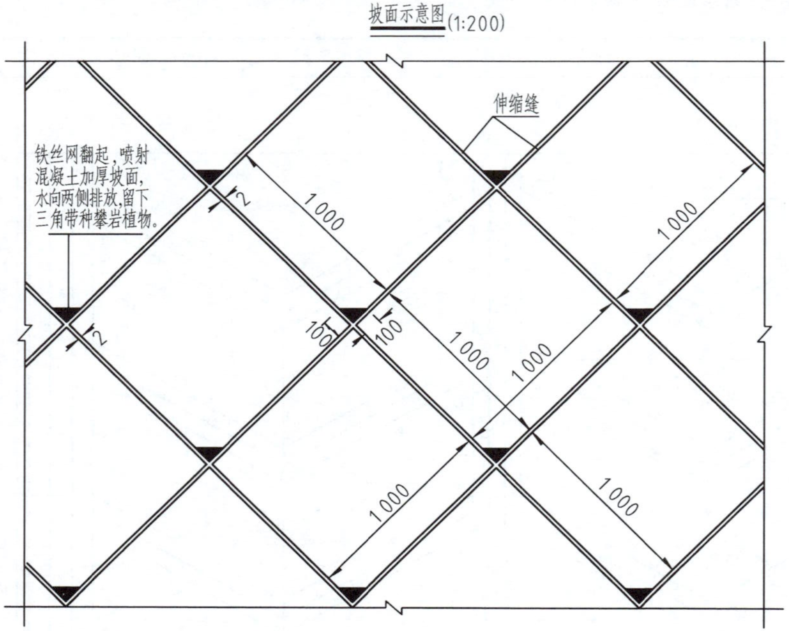

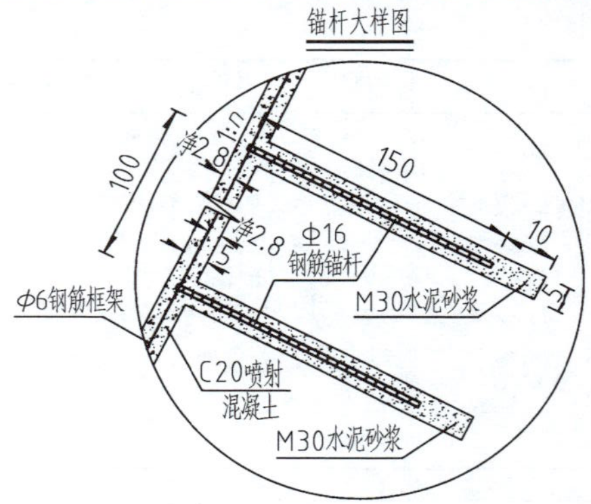

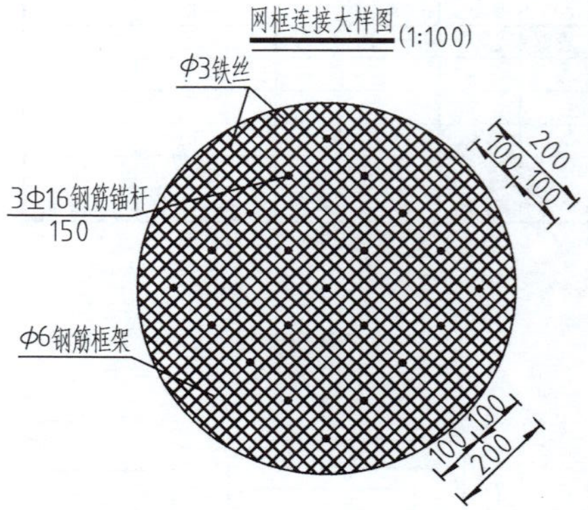

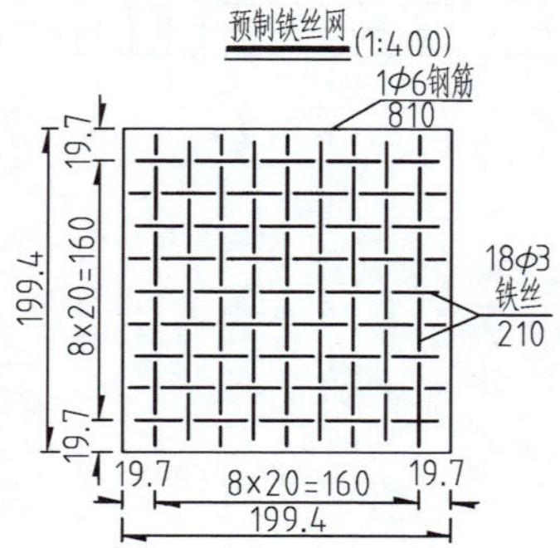

主要工程数量表(每平方米)

项目名称	Φ16钢筋锚杆	Φ6钢筋	Φ3铁丝	C20喷射混凝土	C20抹面混凝土	M30水泥砂浆
单位	kg	kg	kg	m^3	m^3	m^3
数量	2.272	0.450	0.525	0.08	0.03	0.003

注：
1. 图中尺寸除钢筋、铁丝直径以mm计外，余均以cm为单位；
2. 本图用于边坡易风化剥落的岩质挖方边坡地段；
3. 标准规格网为2.0 m×2.0 m，采用吊挂安装，网与网之间用铁丝绑扎连接，网框与锚杆采用焊接固定，坡面边缘铁丝网面积由具体情况确定，各部分尺寸由其所在位置和边缘形状而定，坡面伸缩缝间距一般为10 m；
4. 喷射C20混凝土，坡口线外1 m范围亦采用C20混凝土进行封面，厚度均为3 cm；
5. 未尽事宜严格按照有关规范、规程执行。

XX XX	XX 实训基地道路工程	路基支挡、防护工程设计图(菱形格挂网喷锚护坡)	设计		复核		审核		图号		日期	2011.12

图 5-20 某道路边坡防护设计图四

2. 挡土墙

挡土墙是一种能够抵抗侧向土压力，防止墙后土体坍塌的建筑物。公路上常用的挡土墙按其位置可分为路堑墙、路堤墙、路肩墙和山坡墙等类型，如图 5-21 所示。

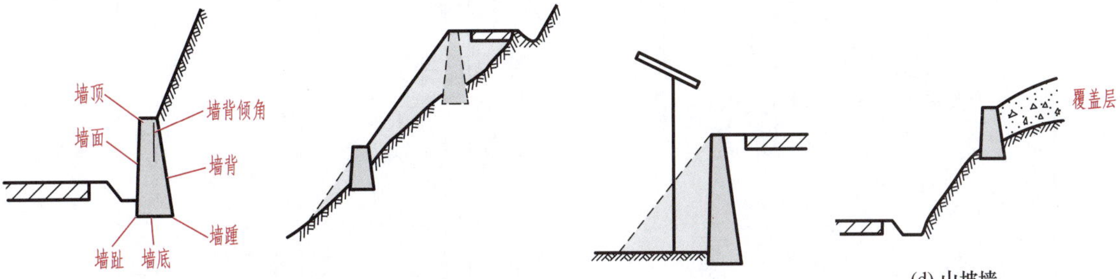

(a) 路堑墙　(b) 路堤墙(虚线为路肩墙)　(c) 路肩墙　(d) 山坡墙

图 5-21　按位置分类的挡土墙

挡土墙按其结构形式可分为重力式（图 5-21）、悬臂式、扶臂式、锚杆式、锚定板式挡土墙等类型，如图 5-22 所示。

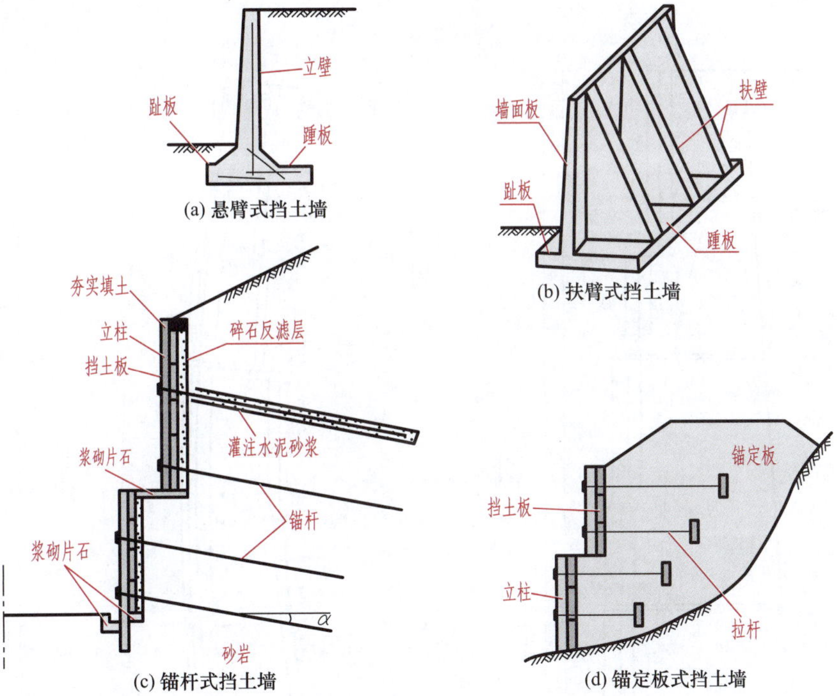

(a) 悬臂式挡土墙　(b) 扶臂式挡土墙　(c) 锚杆式挡土墙　(d) 锚定板式挡土墙

图 5-22　按结构形式分类的挡土墙

工程案例2

图 5-23 所示为一段重力式挡土墙设计图，重力式挡土墙圬工量较大，但其形式简单，施工方便，可就地取材，适用性较强，故被广泛采用。挡土墙设计图一般由平面图、立面图和剖（断）面图组成，图示时一般假想土体透明。

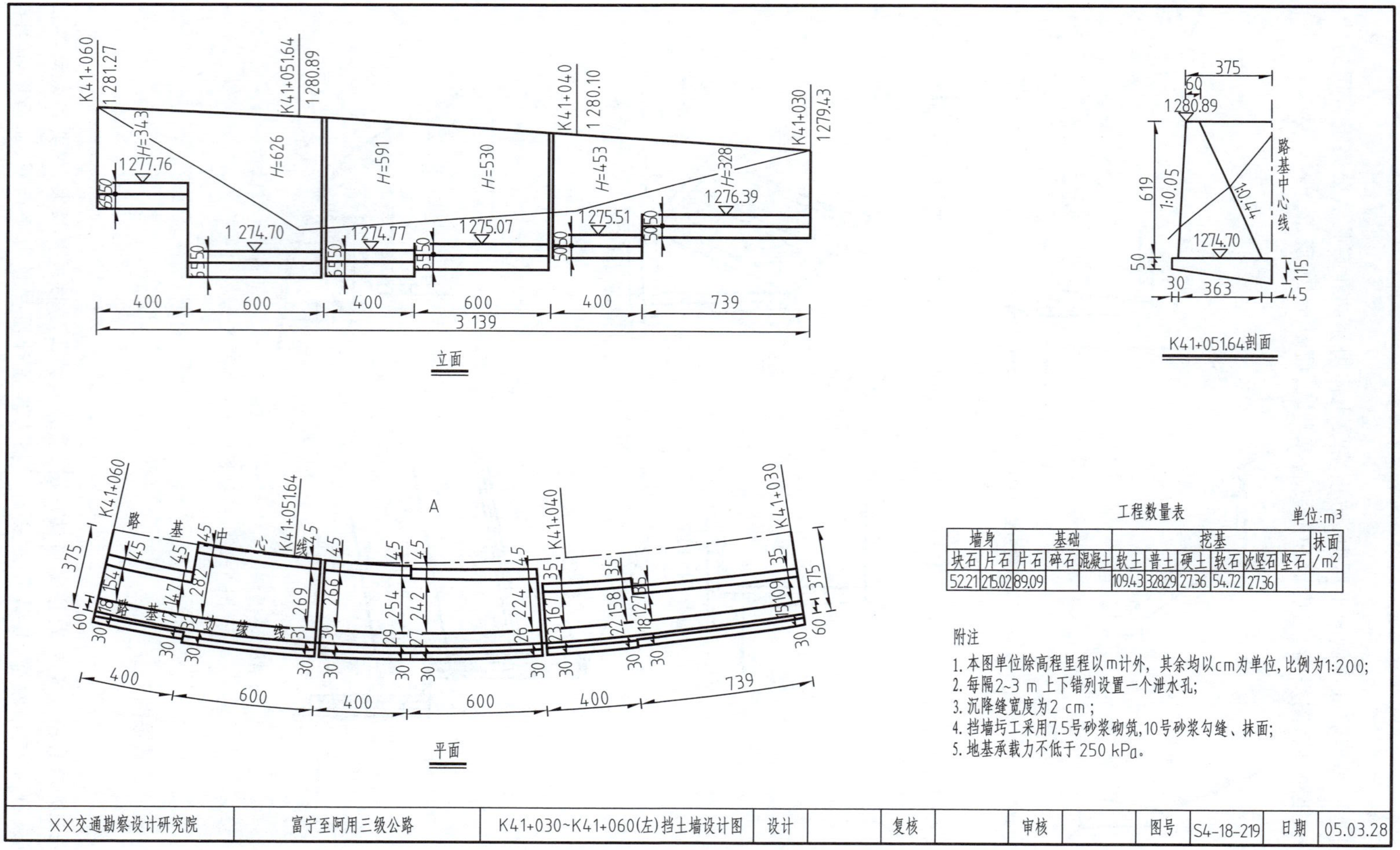

图 5-23 重力式挡土墙设计图

立面图：显示了挡土墙墙址处的纵向地面线，挡土墙的起点（K41+030）、止点（K41+060）、各特征点桩号和墙顶标高，基础顶面标高，基础高度，挡土墙分段长度以及伸缩缝的布置情况，还标出了每段挡土墙的平均墙高以便计算工程数量。

平面图：显示出挡土墙与路线的平面位置，公路中心线用细点画线表示，路基宽为 3.75 m。图中可看出本段挡土墙布置在弯道处，故立面图是采用展开剖面拉直投影而形成，两投影图没有长对正的关系。

剖（断面）图：显示出桩号 K41+051.64 处挡土墙的横断面形状，尺寸以及路基宽度，墙顶宽度、标高，基础顶面标高等。如有不同形状的断面应分别画出。

思考

能补画出桩号 K41+030 处的断面图吗？

工作任务六 桥涵与隧道施工图识读

素养目标 （1）塑造结构安全意识，敬畏规范，培养精益求精的工匠精神；

（2）"天堑变通途"激发对桥梁与隧道工程的兴趣和热情，树立家国情怀，增强道路自信。

知识目标 （1）认知钢筋混凝土结构图的图示特点及识读方法；

（2）说明涵洞结构图的图示特点及识读方法；

（3）认知桥梁施工图的组成及内容；

（4）说明典型桥梁结构图的图示特点及识读方法；

（5）认知隧道施工图的组成及内容。

能力目标 （1）参观桥梁工程实体，能指认桥梁结构组成部分的位置；

（2）能初步阅读、绘制简单的钢筋混凝土结构图；

（3）能初步阅读、绘制涵洞结构图；

（4）能初步阅读桥梁结构图；

（5）能初步阅读隧道施工图。

知识引入

当道路路线在跨越江河、山谷、低洼地带以及其他（公路和铁路）时，需要修筑桥梁以保证车辆的正常行驶和宣泄水流，保证船只的通航和桥下公路或铁路的运行。在山岭地区修筑道路时，为了减少土石方数量，保证行车速度和缩短里程要求，可以考虑修筑公路隧道。而宣泄路堤下的水流则需要修筑涵洞。

思考

这些工程构筑物广泛应用的建筑材料是什么？

6.1 钢筋混凝土结构图

微课：钢筋混凝土结构图的识读

知识引入

混凝土是将水泥、砂、石子和水按一定的比例拌和硬化而成的“人造石料”，其抗压强度较高，而抗拉强度较低，容易因受拉而断裂。为了提高混凝土构件的抗拉能力，常在混凝土构件的受拉区内加入一定数量的钢筋，使两种材料黏结成一个整体，共同承受外力，如图 6-1 所示，这种配有钢筋的混凝土称为钢筋混凝土。

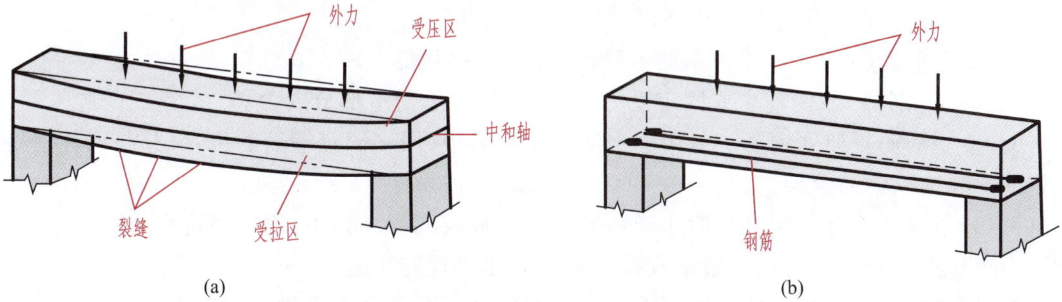

图 6-1　钢筋混凝土简支梁受力示意图

钢筋混凝土是常用的建筑材料，工程中的许多构件都是用它来制作的，如梁、板、柱、桩、拱圈、框架等，如图 6-2 所示。

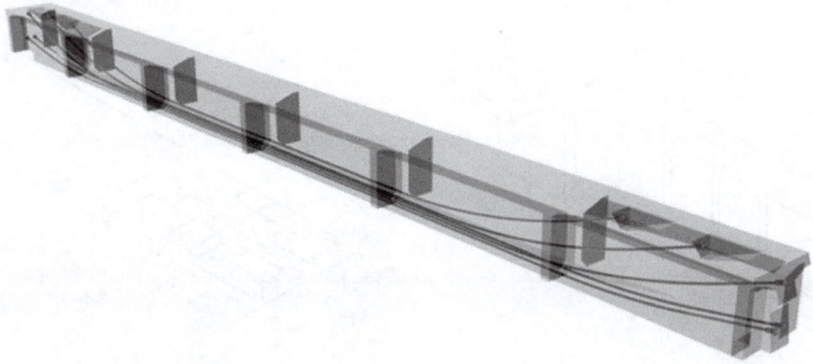
图 6-2　钢筋混凝土 T 形梁立体图

表达钢筋混凝土结构的图样称为钢筋混凝土结构图。钢筋混凝土结构图能详细表示构件中钢筋的布置情况，是钢筋断料、加工、绑扎、焊接和检验的重要依据，它包括钢筋布置图、钢筋编号、尺寸、规格、根数、钢筋成型图和钢筋数量表及技术说明。

6.1.1 钢筋的基本知识

1. 钢筋的种类与符号

按照强度不同可把钢筋分为五个种类，它的符号见表 6-1。

表 6-1 钢筋统一符号

钢筋种类	公称直径/mm	符号	抗拉强度标准值 f_{sk}/MPa	抗拉强度设计值 f_{sd}/MPa	抗压强度设计值 f'_{sd}/MPa
HPB300	6～22	Φ	300	250	250
HRB400 HRBF400 RRB400	6～50	Φ $Φ^F$ $Φ^R$	400	330	330
HRB500	6～50	Φ	500	415	400

注：H——热轧；R——带肋；P——光圆；B——钢筋；300～500——数字表达钢筋的牌号及强度等级；右上角 F——细晶粒热轧钢；右上角 R——余热处理钢筋（如：HRBF400 表示强度级别为 400 的细晶粒热轧带肋钢筋）。

根据钢筋在构件中所起的作用不同，可分为下列几种：

（1）受力钢筋（主筋）。受力钢筋承受内力的主要钢筋。

（2）箍筋（钢箍）。钢箍主要固定受力钢筋位置，并承受一部分内力。

（3）架立钢筋。架立钢筋一般用于钢筋混凝土梁中，用来固定箍筋的位置，并与梁内的受力筋、箍筋一起构成钢筋骨架。

（4）分布钢筋。分布钢筋一般用于钢筋混凝土板或高梁结构中，用以固定受力钢筋位置，使荷载分布给受力钢筋，并防止混凝土收缩和温度变化出现的裂缝。

（5）构造钢筋。因构件的构造要求和施工安装需要配置的钢筋称为构造钢筋，如腰筋、预埋锚固筋、吊环等。

图 6-3、图 6-4 分别为钢筋混凝土 T 形梁和钢筋混凝土板配筋示意图。

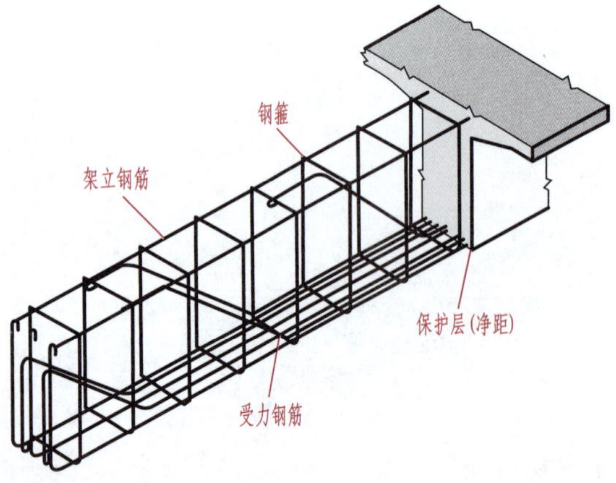

图 6-3 钢筋混凝土 T 形梁钢筋图

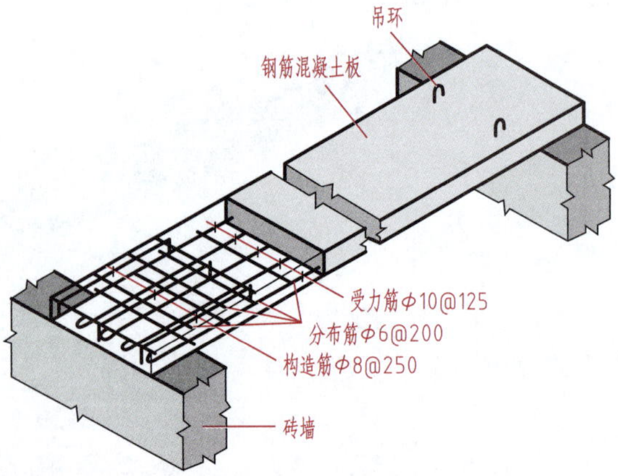

图 6-4 钢筋混凝土板配筋示意图

2. 钢筋的弯钩和弯起

对于受力钢筋，为了增加它与混凝土的黏结力，在钢筋的端部做成弯钩，弯钩的形状有半圆、直弯钩和斜弯钩三种，如图 6-5 所示。半圆弯钩主要用于 HPB300 钢筋；斜弯钩和直弯钩主要用于 HRB400、HRB500、HRBF480、RRB400 钢筋。根据需要，钢筋实际长度要比端点长，这时钢筋的长度要计算其弯钩的增长数值。

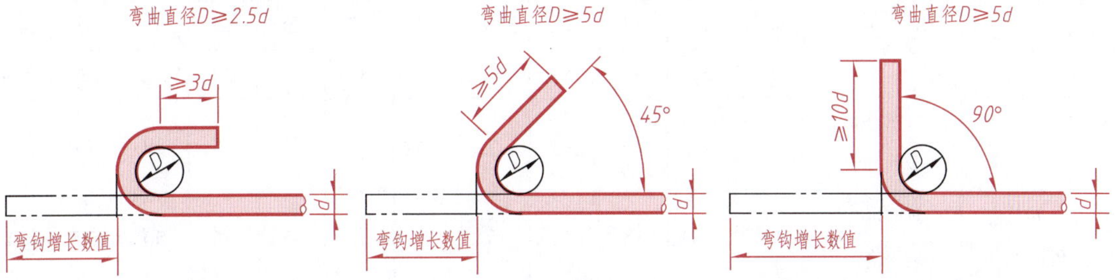

(a) 半圆弯钩　(b) 斜弯钩　(c) 直弯钩

图 6-5　受力钢筋的弯钩

图 6-6 所示受力钢筋中有一部分需要在梁内向上弯起，这时弧长比两切线之和短些，其计算长度应减去折减数值。

为了简化计算，钢筋弯钩的增长数值和弯起的折减数值均编有表格备查。表 6-2 为钢筋弯钩增长数值表，表 6-3 为钢筋弯起折减数值表。

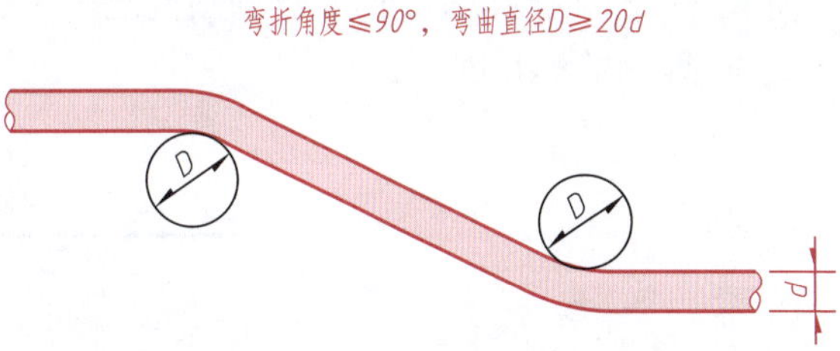

图 6-6　受力钢筋的弯折

表 6-2　钢筋弯钩增长数值表

类别			公称直径/mm										
			6	8	10	12	14	16	18	20	22	25	28
钢筋末端弯钩增长/mm	HPB300	180°	37	50	63	75	88	100	113	125	138	156	175
	HRB400 HRB500 HRBF400 RRB400	135°	51	69	86	103	120	137	154	171	189	214	240
	HRB400 HRB500 HRBF400 RRB400	90°	67	90	112	135	157	180	202	224	247	280	314

表 6-3 钢筋弯起折减数值表

类别			公称直径/mm										
			6	8	10	12	14	16	18	20	22	25	28
钢筋中间弯折长度折减/mm $D=20d$	各种钢筋	30°	2	3	4	5	6	6	7	8	9	10	11
钢筋中间弯折长度折减/mm $D=20d$	各种钢筋	45°	5	7	9	10	12	14	16	17	19	22	24
钢筋中间弯折长度折减/mm $D=20d$	各种钢筋	60°	10	14	17	20	24	27	31	34	38	43	48
钢筋中间弯折长度折减/mm $D=20d$	各种钢筋	90°	33	44	55	66	77	88	99	110	121	138	154
钢筋中间弯折长度折减/mm	HPB300 $D=2.5d$	90°	11	14	18	21	25	28	32	35	39	44	49
钢筋中间弯折长度折减/mm	HRB400 $D=5d$	90°	14	18	23	27	32	37	41	46	50	57	64
钢筋中间弯折长度折减/mm	HRB400 $D=6d$	90°	15	20	25	30	35	40	45	50	55	63	70

如图 6-7(a)所示，$\phi10$ 的 2 号钢筋两端半圆钩端点的长度为 126 cm，查表 6-2 得弯钩长度为 6.3 cm，即钢筋的长度为：

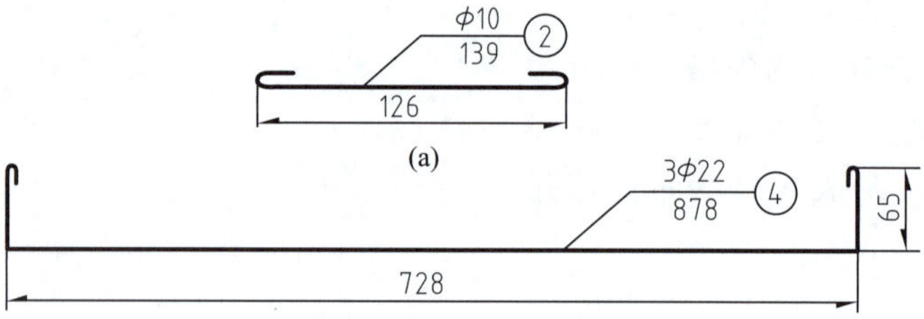

(b)

图 6-7 钢筋长度的计算

$$126\ \text{cm}+2\times6.3\ \text{cm}=(126+12.6)\ \text{cm}=138.6\ \text{cm}\approx139\ \text{cm}$$

如图 6-7(b)所示，$\phi22$ 的 4 号钢筋长度为 728 cm+65 cm×2＝858 cm，查表 6-2、表 6-3 得弯钩长度为 13.8 cm、90°弯转折减长度值为 3.9 cm，则其计算长度为：

$$858\ \text{cm}+2\times(13.8-3.9)\ \text{cm}=877.8\ \text{cm}\approx878\ \text{cm}$$

3. 混凝土保护层

为了防止钢筋裸露在大气中锈蚀，钢筋外表面到混凝土表面应保持一定的厚度，这一厚度混凝土就称为钢筋的保护层。保护层厚度视不同的构件而异，具体数值可查阅有关设计或施工规范。

4. 钢筋骨架

为制造钢筋混凝土构件，应将不同直径的钢筋按照需要的长度截断，根据设计要求进行弯曲，再将弯曲后的钢筋组装。钢筋组装成型一般有两种方式，一种是用铁丝绑扎骨架；另一种是焊接钢筋骨架，先将钢筋焊接成平面钢筋骨架，然后用箍筋联系（绑或焊）成立体骨架形式。对于焊接骨架，结点处固定主钢筋的焊缝在图中应予表达，如图 6-8 所示。

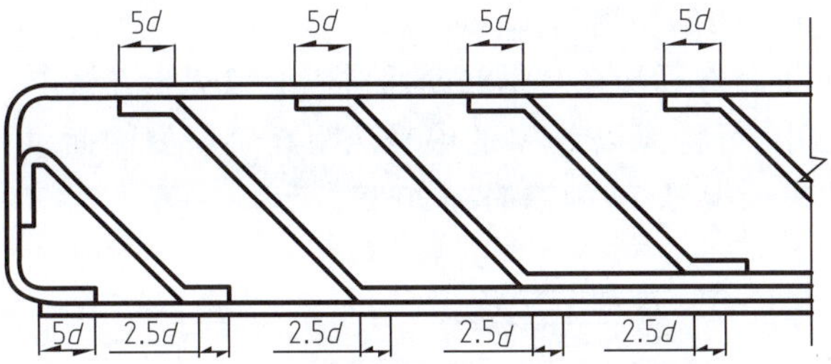

(a) 焊接钢筋骨架示意图

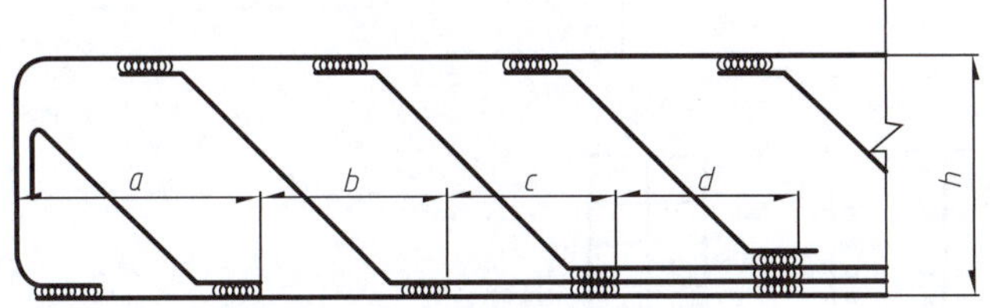

(b) 焊接钢筋骨架的标注

图 6-8　焊接钢筋骨架

6.1.2 钢筋混凝土结构图的内容

钢筋混凝土结构图包括两类图样，一类称为构件构造图（或模板图），即对于钢筋混凝土结构，只画出构件的形状和大小，不表示内部钢筋的布置情况；另一类称为钢筋结构图（或钢筋构造图或钢筋布置图），即主要表示构件内部钢筋的布置情况。

1. 钢筋结构图的图示特点

（1）为突出结构物中钢筋配置情况，把混凝土假设为透明体，结构外形轮廓画成细线。

（2）钢筋纵向画成粗实线（钢箍为中实线），钢筋断面用黑圆点表示。

（3）当钢筋密集，难以按比例画出时，钢筋间的间隙允许夸大绘制，当钢筋并在一起时，画图应留有空隙，以免线条重叠。

（4）在钢筋结构图中，对指向读图者的弯折的钢筋，采用黑圆点表示。

（5）在道路工程图中，钢筋直径的尺寸单位采用 mm，其余尺寸单位均采用 cm，图中无须注出单位。

2. 钢筋的编号及尺寸标注

在钢筋结构图中，各种钢筋应标注数量、直径、长度、间距、编号，编号应采用阿拉伯数字表示。宜先编主次部位的主筋，后编主次部位的构造筋。

钢筋编号的标注如下：

（1）编号标注在引出线右侧的细实线圆圈内，圆圈直径 4~8 mm，如图 6-9（a）所示，一般采用下列格式进行标注。如$\frac{n\phi d}{l@s}$ⓜ，其中：m 代表钢筋编号；ϕ 是钢筋直径符号，也表示钢筋的等级；n 代表钢筋根数；d 代表钢筋直径的数值（mm）；l 代表钢筋总长度的数值（cm）；@ 是钢筋中心间距符号；s 为钢筋中心间距（cm）。

如“$\frac{11\phi 6}{l=64@12}$②”表示编号为 2 号的钢筋，直径为 6 mm，钢筋为 Ⅰ 级钢筋，共 11 根，每根钢筋的断料长度为 64 cm，钢筋轴线之间的距离为 12 cm。

（2）在横断面图中，可将编号标注在与钢筋断面对应的细实线方格内，如图 6-9(b) 所示。

（3）在立面图、平面图中，可将冠以 N 字的编号注写在钢筋的侧面，根数标注在 N 字之前，如图 6-9(c) 中的“20N24”表示编号 24 的钢筋有 20 根。

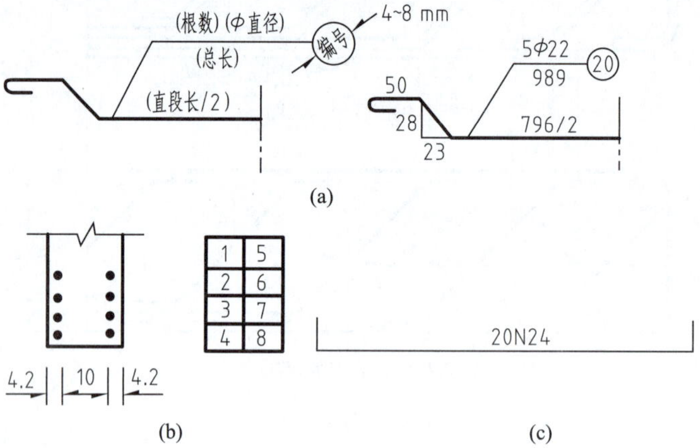

图 6-9 钢筋编号的标注

3. 钢筋结构图的图示内容

（1）配筋图。

配筋图主要表明各钢筋的配置，它是绑扎或焊接钢筋骨架的依据。为此，应根据结构图的特点选用基本投影。如对于梁、柱等长条结构，常选用一个立面图和几个断面图；对于钢筋混凝土板，则采用一个平面图或一个平面图和一个立面图，如图 6-10 所示。

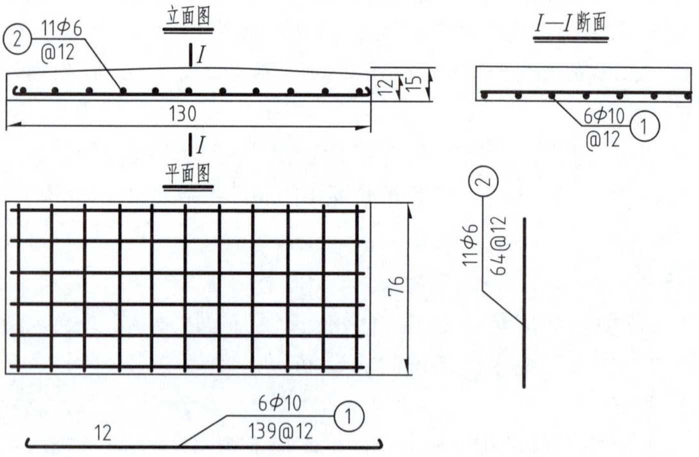

图 6-10 钢筋混凝土板的配筋图

（2）成型图。

钢筋成型图是表示每根钢筋形状和尺寸的图样，是钢筋成型加工的依据。在画钢筋成型图时，主要钢筋应尽可能与配筋图中同类型的钢筋保持对齐关系，如图 6-11 所示。

当钢筋加工形状简单时，也可将钢筋大样绘制在钢筋明细表内。

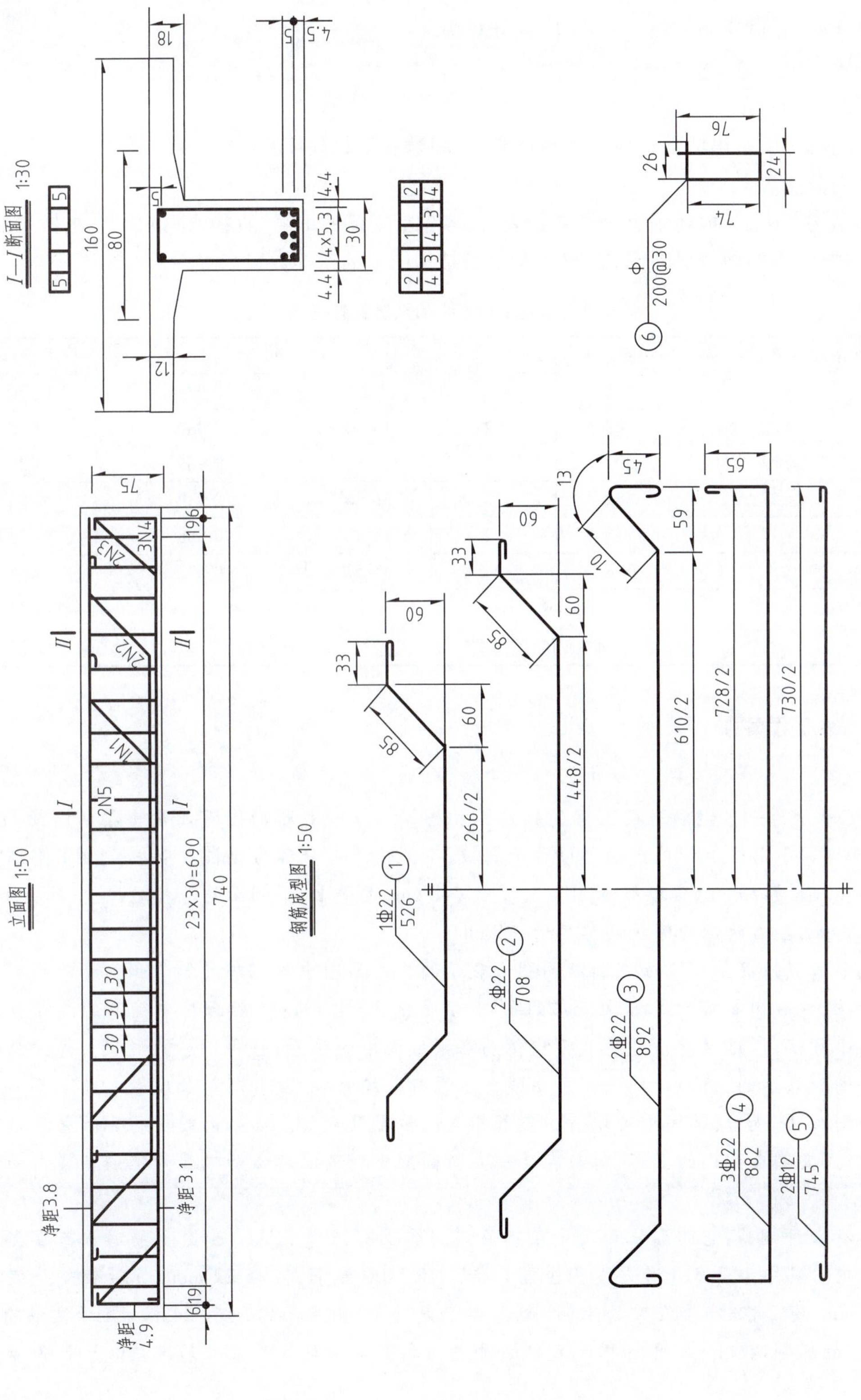

注:本图尺寸均以 cm 为单位

图 6-11 T 形梁钢筋成型图

(3) 钢筋结构图中的尺寸标注。

在配筋图中，一般标注构件的外形尺寸和定位尺寸及钢筋编号。在断面图中除标注构件的断面形状尺寸外，还应注明钢筋定位尺寸，尺寸界限通过钢筋断面中心。

在钢筋成型图上，应逐段标出长度，对于直线段，尺寸数字直接注写在各段钢筋的侧面。弯起钢筋的斜度利用直角三角形标出，也可按图 6-11 所示方法标注。

在成型图编号的引出线上还应标注钢筋直径、根数和下料长度。

(4) 钢筋数量表。

在钢筋结构图中，一般还附有钢筋数量表，内容包括钢筋的编号、直径、每根长度、根数、总长及质量等，必要时可加画钢筋略图，表 6-4 是钢筋结构图中的钢筋数量表。

表 6-4 钢筋结构图中的钢筋数量表

编号	钢筋和直径/mm	长度/cm	根数	总长/m	每米质量/(kg/m)	总质量/kg
1	Φ22	526	1	5.26	2.984	15.70
2	Φ22	708	2	14.16	2.984	42.25
3	Φ22	892	2	17.84	2.984	53.23
4	Φ22	882	3	26.46	2.984	78.96
5	φ12	745	2	14.90	0.888	13.23
6	φ6	198	24	47.52	0.222	10.55
总计						213.92
绑扎用铅丝 0.5%						1.07

工程案例

图 6-11 所示为一根钢筋混凝土梁的钢筋结构图。从 *I*—*I* 断面图可以看出梁的断面为 T 形，称为 T 形梁。T 形梁上侧伸出的部分称为翼板，下侧较薄部分称为腹板或肋板。该 T 形断面翼板宽 160 cm，高度 75 cm，腹板厚度 30 cm，梁长 740 cm，该梁上、下侧面的保护层厚度(净距)为 3.8 cm 和 3.1 cm，左右两侧的保护层厚度为 4.9 cm。

梁的钢筋布置情况是用立面图和断面图来表示的。立面图中各钢筋的编号和数量可用引出线的方式标注，也可用简略形式标注，如“1N3”表示 1 根 3 号钢筋；在断面图中钢筋的编号就标注在对应的小方格内，这样就清楚地表示出钢筋在梁截面中的位置；每种钢筋的形状与详细尺寸是用钢筋详图来表示的，钢筋详图上用引出线的方式标注编号、数量和断料长度等。

从立面图及 *I*—*I* 断面图中可以看出钢筋排列的位置及数量。如立面图中的 2N5 是表示有两根 5 号钢筋，安置在梁内的上部，对应在 *I*—*I* 断面图中则可以看出两根 5 号钢筋在梁内的上部对称排列。

梁内共有六种钢筋，它的形状和尺寸在钢筋成型图上有清楚表达。受力主筋通常布置在梁的下侧腹板内。其中 1、2、3、4 号是受力主筋，均为 HRB400 钢筋，直径 22 mm。5 号钢筋是架立筋，直径 12 mm，有 2 根，布置在梁的上侧。6 号钢筋是箍筋，直径 6 mm，有 24 根。4 号主筋有 3 根，布置在梁的底部两侧和中间，3 根都直接通过支座向上弯曲与 5 号架立筋连接。2 号、3 号主筋各有2根，在梁内不同位置弯起形成弯起钢筋，1号主筋只有1根，其弯起最晚，弯起离支座最远（即最靠近跨中），对于梁中心轴线对称。6号箍筋沿梁的长度每隔 30 cm 布置1根。有时，在立面图中箍筋可不全画出，只示意性画出四五根即可。

思考

看懂钢筋结构图，补画 Ⅱ—Ⅱ 断面图。

6.2 桥梁工程图

微课：桥梁演变史

6.2.1 桥梁概述

1. 桥梁的组成

桥梁主要是由上部结构（主梁或主拱圈和桥面系）、下部结构（和基础）及附属构造物（栏杆、灯柱及护岸、导流结构物）等组成，如图 6-12 所示。桥梁上部结构被习惯称为桥跨结构。

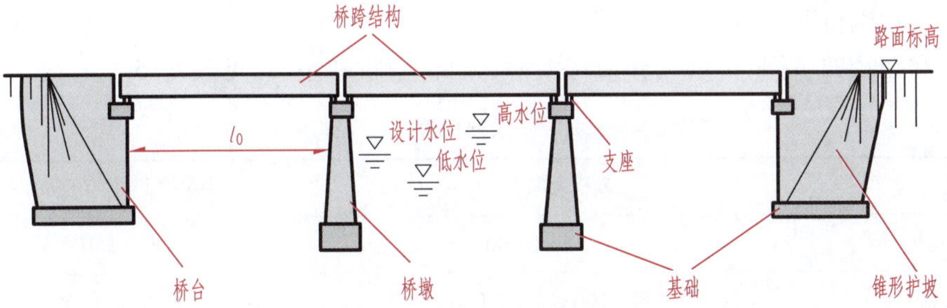

图 6-12 桥梁示意简图

微课：桥梁结构组成

桥墩和桥台是支撑桥跨结构并将恒载和车辆荷载等活载通过基础传至地基的建筑物，又称为下部结构。支座是上部结构与下部结构连接处所设置的传力装置。

在路堤与桥台衔接处，一般还在桥台两侧设置石砌的锥形护坡，以保证迎水部分路堤边坡的稳定。

河流中的水位是变动的，在枯水季节的最低水位称为低水位，洪峰季节河流中的最高水位称为高水位，桥梁设计中按规定的设计洪水频率计算所得的高水位称为设计洪水位。

净跨径 l_0 标注的是设计洪水位上相邻两个桥墩（台）之间的净距。

总跨径 l 标注的是多孔桥梁中各孔净跨径的总和，它反映了桥下宣泄洪水的能力。

桥梁全长 L 是桥梁两端两个桥台的侧墙或八字墙后端点之间的距离。对于无桥台的桥梁为桥面行车道的全长。

2. 桥梁的分类

按受力体系的不同，桥梁可分为梁式桥、拱式桥、刚架桥、悬索桥、斜拉桥等，如图 6-13 所示。

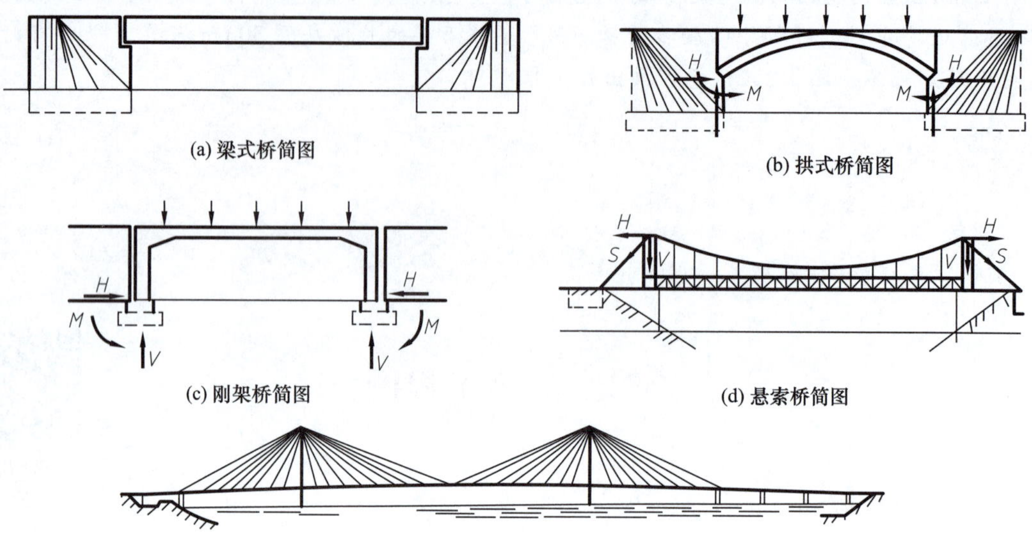

(a) 梁式桥简图

(b) 拱式桥简图

(c) 刚架桥简图

(d) 悬索桥简图

(e) 斜拉桥简图

图 6-13 桥梁分类简图

按主要承重结构所用的材料不同，桥梁可分为圬工桥（包括砖、石、混凝土桥）、钢筋混凝土桥、预应力混凝土桥、钢桥和木桥等。

按桥梁全长和跨径的不同，桥梁可分为特大桥、大桥、中桥和小桥，见表 6-5。

表 6-5 桥 梁 分 类

桥梁分类	多孔桥全长 L/m	单孔跨径 L_k/m
特大桥	$L>1\ 000$	$L_k>150$
大桥	$100\leqslant L\leqslant 1\ 000$	$40\leqslant L_k\leqslant 150$
中桥	$30<L<100$	$20\leqslant L_k<40$
小桥	$8\leqslant L\leqslant 30$	$5\leqslant L_k<20$

按跨越障碍的性质不同，可将桥梁分为：跨河桥、跨线桥（立体交叉）、高架桥和栈桥。按上部结构的行车位置不同，可将桥梁分为上承式桥、下承式桥和中承式桥。桥面布置在主要承重结构之上者称为上承式桥，布置在主要承重结构之下者称为下承式桥，布置在主要承重结构中间的称为中承式桥。

无论桥梁形式和建筑材料如何，但图示方法都是相同的。下面以钢筋混凝土梁桥为例结合桥梁专业图的图示特点来阅读桥梁工程图。

动画资源：T 形梁桥三维动画。

为了便于读图，有必要认识桥梁各主要构件，××桥梁构造立体示意图如图 6-14 所示。

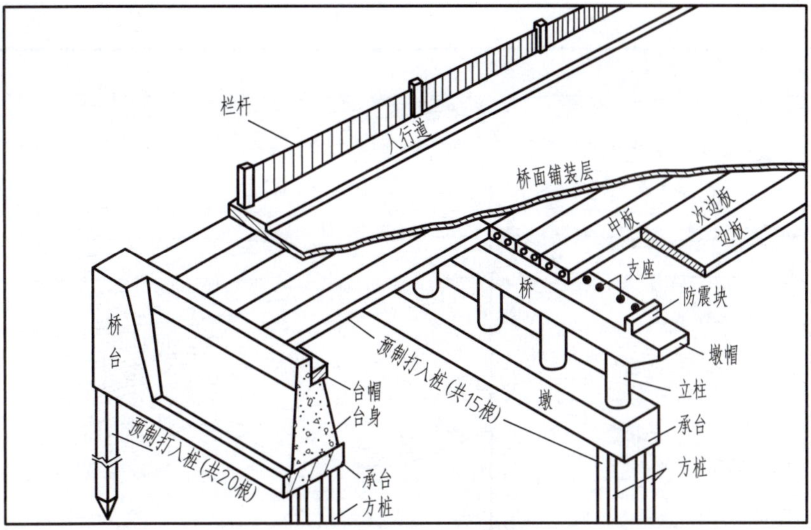

图 6-14 ××桥梁构造立体示意图

6.2.2 桥梁工程图组成

建造一座桥梁需用的图样很多，但一般可分为桥位平面图、桥位地质断面图、总体布置图、构件图和大样图等几种。

1. 桥位平面图

桥位平面图主要是表示桥梁与路线的连接情况，通过地形测量绘出桥位处的道路、河流、水准点、钻孔的位置和数据及附近的地形和地物（如房屋、原有桥梁等），以便作为设计桥梁、施工定位的根据，这种图一般采用较小的比例，如 1∶500，1∶1 000，1∶2 000 等。

图 6-15 所示为××大桥桥位平面图，除了表示路线平面形状、地形和地物外，还表明了桥梁的桥型、中心桩号、起止里程；墩台布置情况；测量控制点的位置（DD394～DD397）；同时还在附注中说明了图纸比例和尺寸单位。

桥位平面图中的植被、水准符号等均应以正北方向为准，而图中文字方向则可按路线要求及总图标方向来决定。

2. 桥位地质断面图

根据水文调查和地质钻探所得的资料绘制桥位所在河床位置的地质断面图，它是由地质概况资料表和图形两部分组成。表示桥梁所在位置的地质水文情况，作为桥梁设计的依据，小型桥梁可不绘制桥位地质断面图，但应写出地质情况说明。地质断面图为了显示地质和河床深度变化情况，特意把地形高度（标高）的比例较水平方向比例放大数倍画出。××大桥桥位地质断面图如图 6-16 所示，其地形高度的比例采用 1∶250，水平方向比例采用 1∶500，同时该图在高度方向绘制了标高标尺，水平方向则采用了里程桩号和相应的地面高程。从该图可以看出，三个钻孔的深度分别为 20 m、60 m、21 m，其孔口标高分别为 744.06 m、729.88 m、743.68 m，三个钻孔分别位于 K47+513、K47+533、K47+573 处。图中用断面和文字表明了各地层的分布情况和各地层的工程地质情况，同时还在图中表示了桥梁墩台的布置情况。

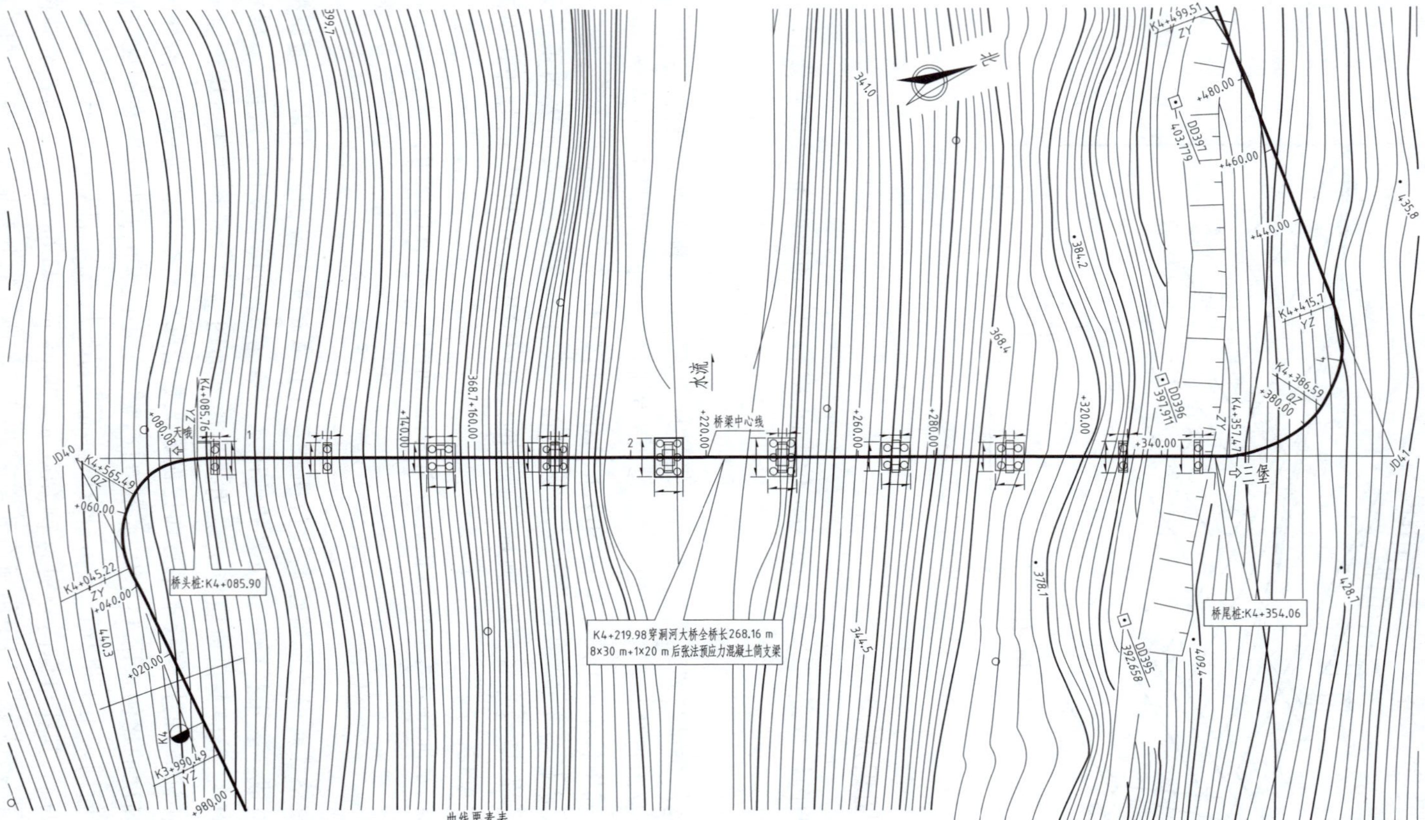

曲线要素表

交点号	交点桩号	坐标 N	坐标 E	转角/(° ′ ″) 左	转角/(° ′ ″) 右	曲线要素值/m 半径	缓和曲线长度	切线长度	曲线长度	外距	曲线位置(桩号) 第一缓和曲线起点	圆曲线起点	曲线中点	圆曲线终点	第二缓和曲线终点
JD39	K3+960.	782 009.892	406 652.969	23°38′03″		150		31.383	61.874	3.248		K3+928.62	K3+959.55	K3+990.49	
JD40	K4+077.32	781 996.211	406 535.556		116°08′58″	20		32.1	40.544	17.821		K4+045.22	K4+065.49	K4+085.76	
JD41	K4+401.32	782 323.912	406 651.623	111°13′23″		30		43.833	58.236	23.116		K4+357.47	K4+386.59	K4+415.71	
JD42	K4+520.13	782 319.463	406 503.436		23°18′11″	100		20.621	40.671	2.104		K4+499.51	K4+519.85	K4+540.18	

附注:

1. 本图尺寸比例:1:1 000;
2. 本图尺寸单位除标高、桩号以m计外,其余均以cm为单位。

XX设计院	XX库区公路复建工程(XX县境) 天峨至三堡公路穿洞河段穿洞河大桥设计	K4+219.98××大桥桥位平面图	设计		复核		审核		审定		图号	SV-3-1

图 6-15 ××大桥桥位平面图

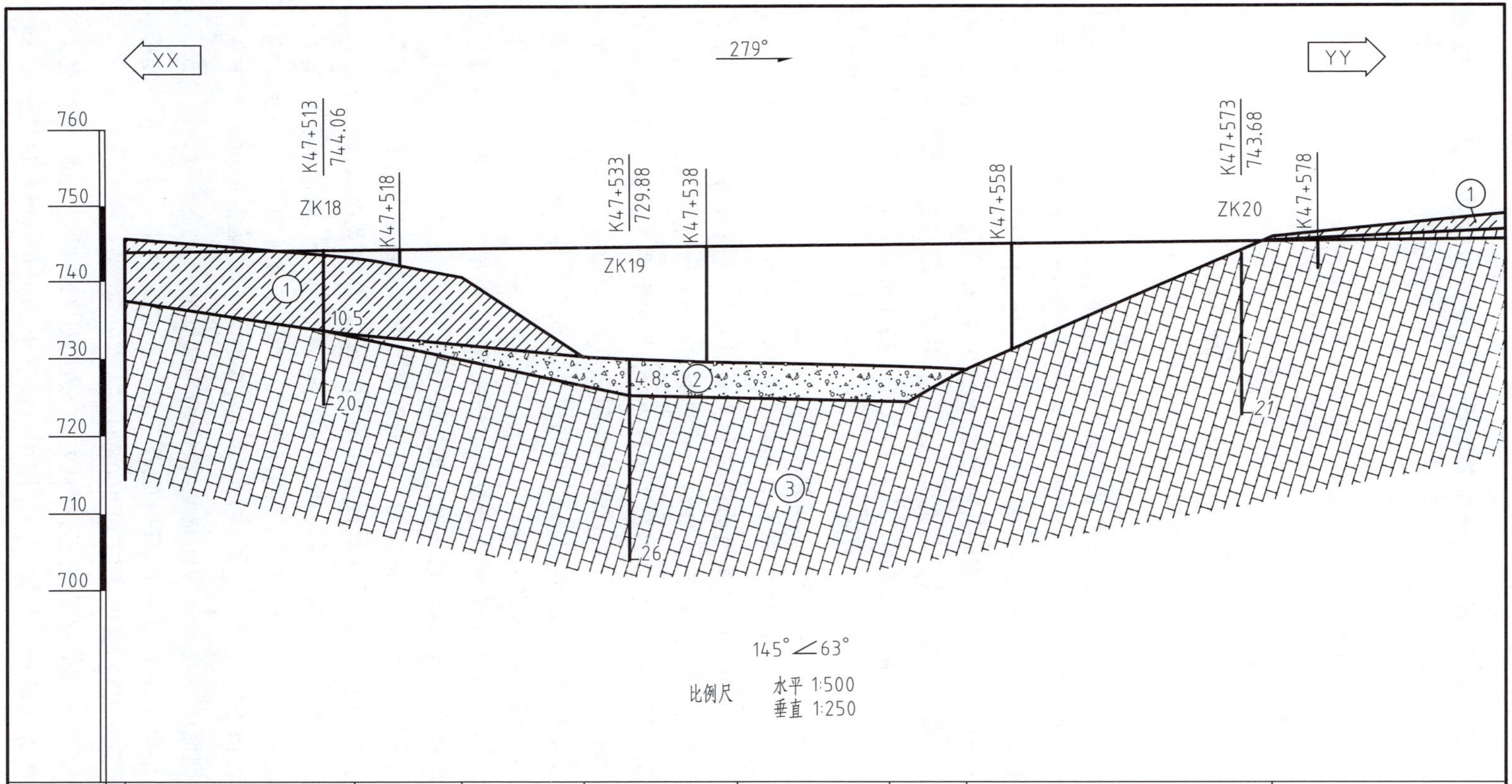

里程桩号	K47+500	515	522	530	540	550	555	575	590
地面高程	745.76	743.15	740.57	730.11	729.38	728.93	728.53	745.82	748.86

地质概况

(1) Q^{dl+el} 粉质黏土：褐红色、褐色，硬塑状态，稍湿，含约15%的风化角砾。稍有光泽，韧性中等，干强度中等，无摇振反应。承载力基本容许值220 kPa；极限摩阻力70 kPa。

(2) Q^{al+pl} 碎石土：褐灰色、灰色，主要成分为灰岩等，一般粒径3~10 cm，大者15 cm，充填黏性土约35%，稍密状态，湿。承载力基本容许值280 kPa；极限摩阻力100 kPa。

(3) C_{1P} 含燧石结核灰岩：灰色、灰白色，隐晶质结构，层状构造，钙质胶结，强风化，节理裂隙发育，岩芯呈碎石状及角砾状。岩溶现象不发育。承载力基本容许值700 kPa；极限摩摩阻力140 kPa。

XX规划设计研究院	XX—YY二级公路3合同段	$\frac{K47+548}{3-20\ m}$ 工程地质纵断面图	编制		复核		审核		图号	S4-3-5(4/32)	日期 2009.6

图 6-16 ××大桥桥位地质纵断面图

3. 总体布置图

(1) 总体布置图。

桥梁总体布置图和构件图是指导桥梁施工的最主要图样,它主要表明桥梁的形式、跨径、孔数、总体尺寸、桥面标高、桥面宽度及各主要构件的相互位置关系,桥梁各部分的标高、材料数量以及总的技术说明等,作为施工时确定墩台位置、安装构件和控制标高的依据。

图 6-17、图 6-18 所示为××大桥桥型布置图,该桥中心位于 K4+219.98 处,是 8×30 mT 形梁+20 m 箱形梁桥。

(2) 总体布置图的图示方法。

由于桥梁较长,而公路桥梁工程图一般采用 A3 图幅,所以本桥总体布置图为两页,立面图和平面图为一页(图 6-17),剖面图和附注为一页(图 6-18)。立面图和平面图的比例均采用 1∶800,而剖面图则采用 1∶200。

① 立面图。桥梁一般是左右对称的,一般以半纵剖面的形式表示,半立面图表达桥梁主要构件外部形状,半纵剖面图表达桥梁沿中心线剖开的剖面形状。当桥梁比较简单时,也可采用单纯的立面图来表示。该图以桥面中心线展开绘制,展开后的桥墩、桥台之间的间距即为跨径的长度。在立面图上主要表达桥梁的总长、各跨跨径、纵向坡度、施工放样和安装所必需的桥梁各部分的标高、河床的形状及水位高度。还应反映桥位起始点、终点、桥梁中心线的里程桩号及立面图方向桥梁各主要构件的相互位置关系。从立面图上可以反映出桥梁的大致特征和桥型。

如图 6-17 所示,从立面图上可以看出该桥为简支梁桥,起点桩号为 K4+085.90,终点桩号为 K4+354.06,桥跨中心的位置在 K4+219.98 桩号处。全桥共九跨,左边八孔跨径均为 30 m,右边一孔跨径为 20 m,全长为 268.16 m(从耳墙的后边缘算起),该桥设有 0.3%的纵坡。为了节省图幅,当桩埋置较深时,可采用折断画法。立面图中还反映出两边桥台为带耳墙的桩柱式桥台,即 0 号台和 9 号台。两边墩为柱式桥墩,桩基础,即 1 号墩和 8 号墩。河床中间有 6 个空心板墩,由承台、空心墩和桩基础共同组成。同时还标注了各桩的长度和桩底标高、承台顶标高、墩身高度及盖梁高度。

立面图的左侧设有标高标尺(以 m 为单位),以便于读图时进行参照,便于对照各部分标高尺寸来进行读图和校核。根据道路工程制图标准规定,可将土体看成透明体,所以埋入土中的承台、桩柱、桥台部分都认为是可见的,画成实线。

② 平面图。平面图常采用分层局部剖面图或分段揭层法来表示,桥梁不复杂时可只画平面图。主要表达桥梁在水平方向的形状及桥墩、桥台的布置情况。

如图 6-17 所示的平面图,采用了分段揭层的画法。右侧的投影图部分可以看出桥面净宽 7 m,总宽 8.06 m;左侧揭去桥梁上部结构以表达桥墩承台尺寸及基桩布置、桥台宽度及基桩布置。

③ 侧面图(横剖、断面图)。侧面图根据需要可画出一个或多个不同剖、断面图。如图纸空间受到限制,在工程图中侧面图常采用两个不同位置的断面图各画一半合并而成,根据表达需要对剖切平面后的可见部分加以取舍。为了表达清楚桥梁断面形状与尺寸,侧面图可以采用比平面图和立面图较大的比例。侧面图主要表达桥面宽度、桥跨结构横断面布置及横坡设置情况。

如图 6-18 所示,侧面图是由 *Ⅰ—Ⅰ*、*Ⅱ—Ⅱ*、*Ⅲ—Ⅲ*、*Ⅳ—Ⅳ* 四个剖面图来表示。由于该桥断面尺寸较小,为了清楚地表达断面形状,该图采用 1∶200 的比例。

Ⅰ—Ⅰ、*Ⅳ—Ⅳ* 剖面图为 0 号、9 号两桥台剖面,是从左、右边跨处剖开后得到的,主要表达该处桥梁的上部结构和桥台侧面方向的形状与尺寸。从图中可以看出,0 号桥台处桥梁的上部结构

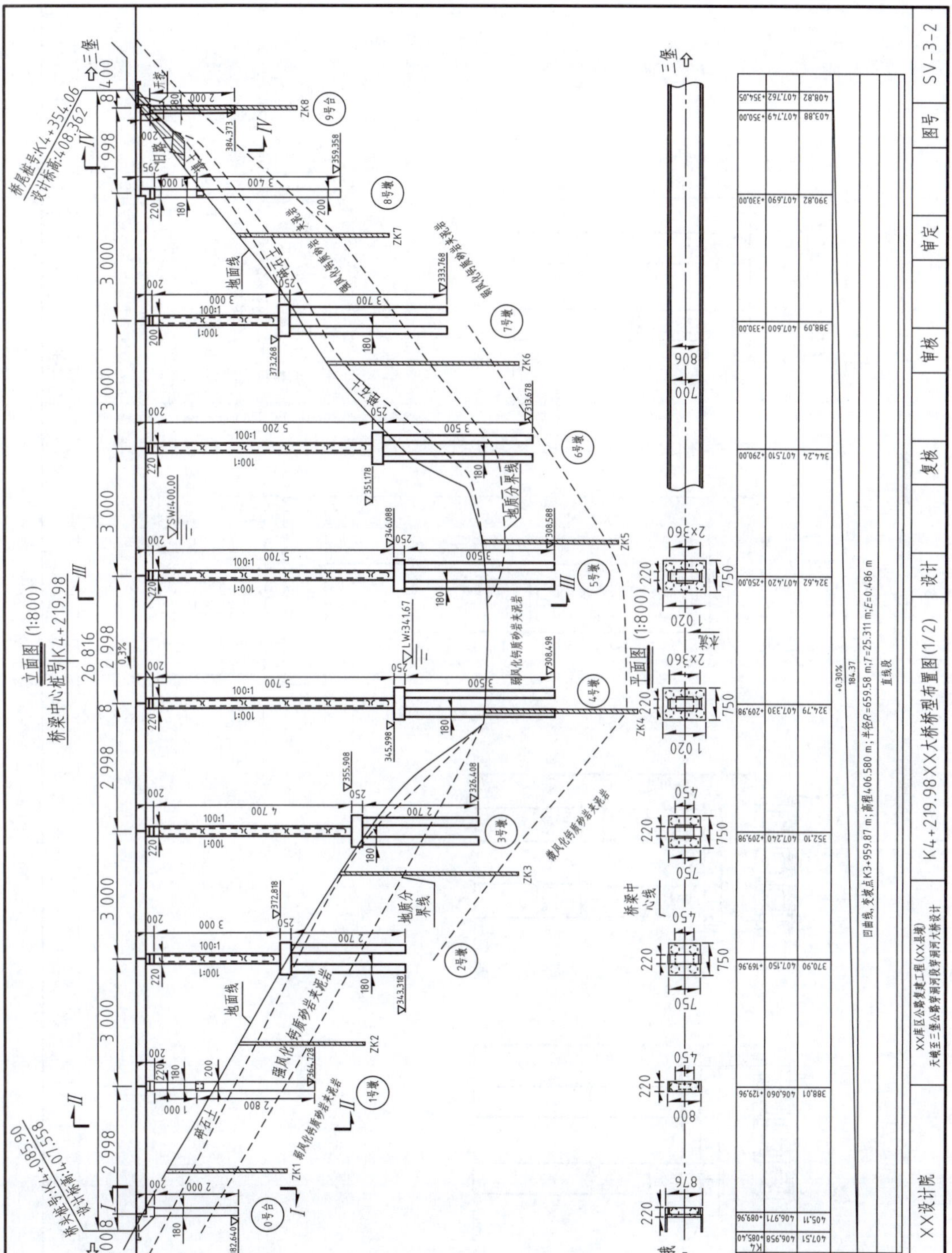

图 6-17 ××大桥桥型布置图(一)

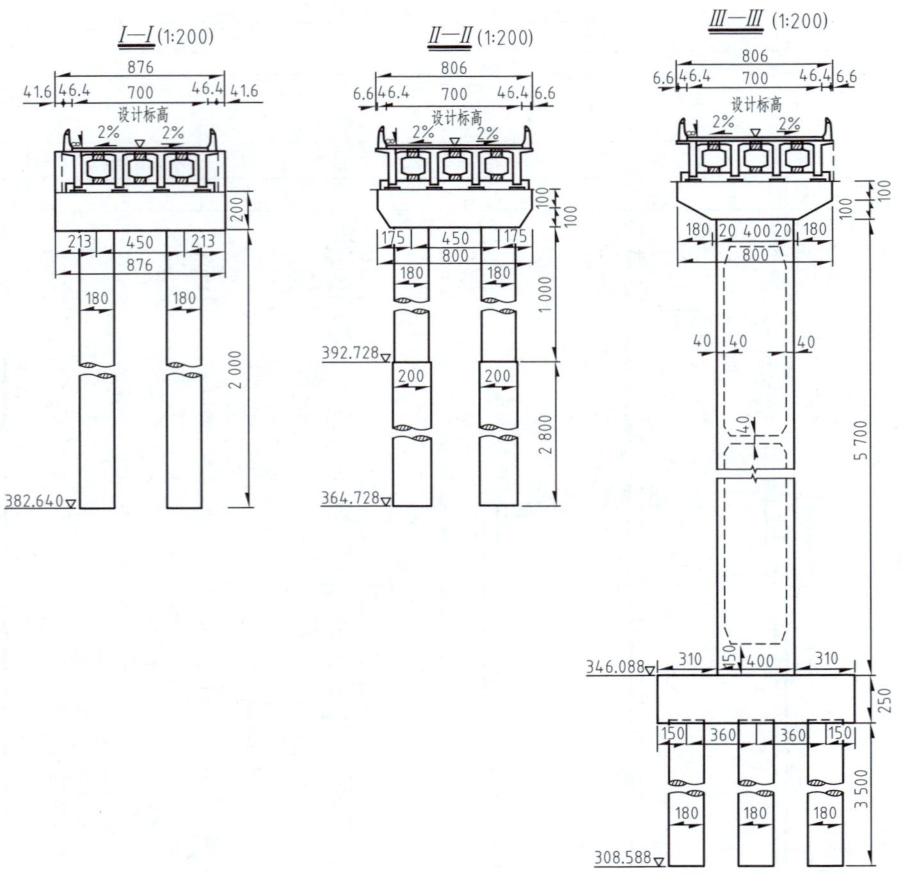

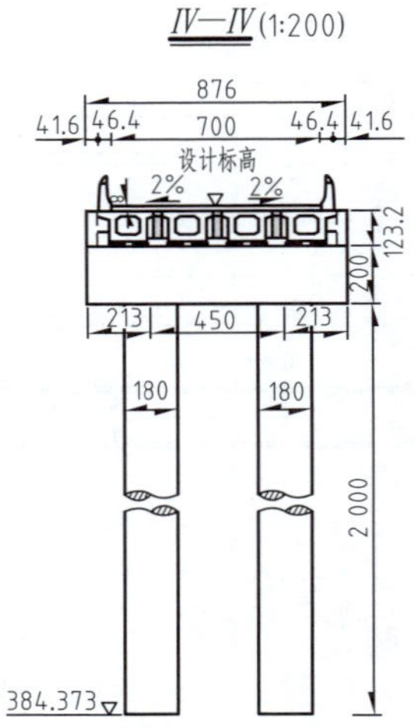

附注:

1. 图中尺寸除桩号及标高以m计外,其余均以cm为单位;
2. 设计荷载:公路-Ⅱ级,桥面净宽7 m;
3. 设计洪水频率:按龙滩水电站“400 m”方案回水位确定;
4. 航道等级:Ⅶ级,按货船单向通航设计,净宽20 m,上底宽15 m,侧高2.8 m;
5. 本桥上构采用:8×30 m后张法预应力混凝土简支T形梁+1×20 m后张法预应力混凝土简支箱梁。桥台均采用桩基埋置式桥台;1号墩、8号墩墩身采用圆形双柱式墩,2号~7号桥墩墩身采用空心薄壁墩,桩基、承台;桥台、桥墩基础均采用钻孔桩基础;
6. 本桥在0号台,4号墩,9号台处设置C-80伸缩缝,其余部分设桥面连续;
7. 支座为普通板式橡胶支座,30 mT形梁为GJZ 400 mm×500 mm×66 mm,全桥共16个;
8. 要求4~6号桥墩桩基础嵌入完整弱风化钙质砂岩夹泥岩不小于10 m,其余各墩台桩基础嵌入完整弱风化钙质砂岩夹泥岩不小于4 m。

XX设计院	XX库区公路复建工程(XX县境) 天峨至三堡公路穿洞河段穿洞河大桥设计	K4+219.98××大桥桥型布置图(2/2)	设计		复核		审核		审定	图号	SV-3-3

图 6-18 ××大桥桥型布置图(二)

是由 4 片 T 形梁组成，台帽盖梁宽度为 8.76 m，高度为 2.00 m。桩直径为 1.80 m，桩长 20 m。9 号桥台处桥梁的上部结构是由 4 片箱梁组成，台身尺寸与 0 号桥台相同。

Ⅱ—Ⅱ、*Ⅲ—Ⅲ* 剖面图为 1 号、5 号两桥墩剖，主要表达该处桥梁的上部结构和桥墩侧面方向的形状与尺寸。从图中可看出，1 号墩处桥梁的上部结构是由 4 片 T 形梁组成，桥墩盖梁宽度为 8.00 m，高度为 2.00 m。墩柱直径为 1.80 m，基桩直径为 2.00 m。5 号墩处桥梁的上部构造由 4 片 T 形梁组成，桥墩盖梁宽度为 8.00 m，高度为 2.00 m。墩身宽度为 4.00 m，高度为 57 m。承台宽度为 10.20 m，高度为 2.50 m，基桩直径为 1.80 m。其余桥墩的结构形状与这两个基本一致，只是各墩的具体尺寸不同，可在构件图中再详细表述，这里不需再用其他剖面图表达。

在道桥专业图中，画剖面图时，可根据需要取舍剖切平面以后可见部分，这里为图面清晰、突出重点，只画了剖切平面后离剖切平面较近的可见部分。

④ 路基设计表。在平面图下面与平面图对齐画出路基设计表，表中显示了桥梁起止点、墩台位置的里程桩号、设计标高、地面标高及路线平纵线形要素。

4. 构件图

在总体布置图中，由于比例较小，桥梁的构件都没有详细完整地表达出来。因此单凭总体布置图是不能进行施工的，还必须根据总体布置图采用较大的比例把构件的形状、大小完整地表达出来，才能作为施工的依据，这种图称为结构图，简称构件图，由于采用较大比例，故也称为详图，如主梁结构图、桥台图、桥墩图、桩基图和防撞护栏图等。构件图常用的比例为 1∶10~1∶50。某些局部可采用更大的比例(1∶3~1∶10)来画局部放大图。

构件图主要表明构件的外部形状及内部构造(如配筋情况等)，所以又包括一般构造图和结构图两种。构造图只画形状，不画内部钢筋，当构件外形简单时可省略构造图。结构图主要表示钢筋布置情况，通常又称为构件钢筋布置图。结构图一般包括钢筋布置情况、钢筋编号及尺寸、钢筋详图(即钢筋成型图)、钢筋数量表等内容。图中钢筋直径以 mm 为单位，其余均以 cm 为单位。图中受力钢筋用粗实线表示，线宽为 b，构造筋比受力筋要略细一些。构件的轮廓线用细实线表示，线宽为 $0.25b$，尺寸线等用细实线表示，线宽为 $0.25b$。

(1) 桥墩图。

桥墩是桥梁的下部结构，常用形式有重力式桥墩和桩柱式桥墩等。图 6-17、图 6-18 所示桥梁桥型总体布置图中的桥墩为双柱式桥墩和空心薄壁式桥墩。桥墩工程图由一般构造图和钢筋结构图两部分组成。

双柱式桥墩一般构造图：

图 6-19 所示为××大桥 1 号、8 号桥墩的一般构造图，主要表达 1 号墩和 8 号墩各部分的形状和尺寸。从图中可以看出桥墩由盖梁、墩柱、系梁、基桩等几部分组成，用立面图、平面图和侧面图表示。由于柱、桩较长，采用了折断画法。

立面图：显示了 1 号墩和 8 号墩立面尺寸，即盖梁的高宽、墩柱直径和长度、系梁的高宽、基桩直径和长度，抗震挡块的高厚，还显示了盖梁顶、桩底、桩顶和系梁顶的设计标高，以控制施工。

侧面图：显示 1 号墩和 8 号墩侧面尺寸，即盖梁的高厚、墩柱直径和长度、系梁的高度、厚度、基桩直径和长度，抗震挡块的高宽，还显示了盖梁顶、桩底、桩顶和系梁顶的设计标高，以控制施工。特别是 8 号墩，由于墩两侧的主梁高度不一致，故特别绘制了方向，防止施工错误。

平面图：显示了 1 号墩和 8 号墩平面尺寸，即盖梁的宽厚、墩柱直径、系梁的宽厚、基桩直径

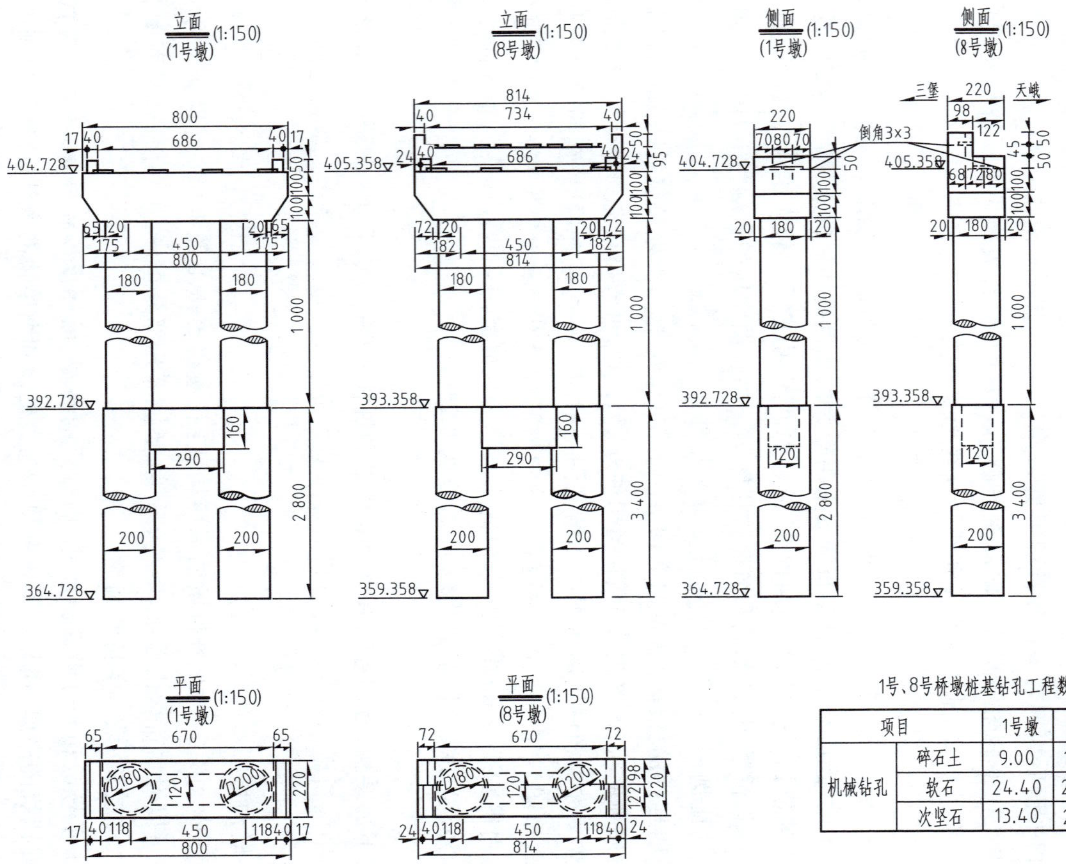

1号、8号桥墩桩基钻孔工程数量表　单位：m

项目		1号墩	8号墩	合计
机械钻孔	碎石土	9.00	16.40	25.40
	软石	24.40	24.40	48.80
	次坚石	13.40	22.20	35.60

附注：
1. 图中尺寸除标高以m计外，其余均以cm为单位；
2. 桩基开挖时，注意做好安全防备工作；
3. 桩底沉渣厚度不得大于5 cm。

XX设计院	XX库区公路复建工程(XX县境) 天峨至三堡公路穿洞河段穿洞河大桥设计	K4+219.98××大桥1号、8号桥墩一般构造图	设计		复核		审核		图号	SV-3-3

图 6-19　××大桥 1 号、8 号桥墩一般构造图

和抗震挡块的宽厚，还显示了基桩间距和抗震挡块平面位置。

空心薄壁式桥墩一般构造图：

图 6-20 所示为××大桥 2 号、3 号、6 号、7 号桥墩的一般构造图，主要表达 2 号、3 号、6 号、7 号墩各部分的形状和尺寸。从图中可以看出桥墩由盖梁、墩柱、承台、基桩等几部分组成，用立面图、平面图和侧面图表示，由于柱、桩较长，采用了折断画法。图中对不同位置桥墩的标高和尺寸列表给出。

立面图：显示了 2 号、3 号、6 号、7 号墩立面尺寸，即盖梁的高宽、墩身的高度和长度、墩身空心的分段和各段立面尺寸、承台的高长尺寸、基桩直径和长度，以及抗震挡板的高厚，还显示了盖梁顶、桩底、桩顶和承台顶的设计标高，以控制施工。

侧面图：显示了 2 号、3 号、6 号、7 号墩侧面尺寸，即盖梁的高厚、墩身的高度和宽度、墩身空心的分段和各段侧面尺寸、墩身侧面坡比、承台的高宽尺寸、基桩直径和长度，以及抗震挡板的高宽，还显示了盖梁顶底、承台顶的设计标高，以控制施工。

剖面图：*Ⅰ*—*Ⅰ* 剖面显示承台的平面尺寸和基桩平面布置；*Ⅱ*—*Ⅱ* 剖面显示墩身空心段的具体尺寸；*Ⅲ*—*Ⅲ* 剖面显示墩身实心段的具体尺寸及实心段泄水孔的尺寸。

（2）桥台图。

桥台属于桥梁的下部结构，主要是支承上部的板梁，并承受路堤填土的水平推力。我国公路桥梁桥台的形式主要有实体式桥台（又称重力式桥台）、埋置式桥台、轻型桥台、组合式桥台等。图 6-17、图 6-18 所示桥梁桥型总体布置图中的 0 号、9 号桥台为桩柱式桥台。

桩柱式桥台一般构造图：

图 6-21 所示是××大桥 0 号桥台的一般构造图。该桥台由带耳墙的盖梁和台身桩柱组成。用立面图、平面图和侧面图三个投影图表示。

立面图：显示了 0 号台立面尺寸，即盖梁的高度、台身桩柱的相对位置、台身桩柱的直径和长度、桥台背墙的宽度和高度、桥台耳墙的宽度、抗震挡块横桥向的位置和高厚尺寸，还显示了桥台盖梁顶顶底、桩底、背墙顶的设计标高，以控制施工。

侧面图：显示了 0 号台侧面尺寸，即桥台盖梁的高厚、台身桩柱的相对位置、台身桩柱的直径和长度、桥台耳墙的侧面尺寸、抗震挡块的长度和高度、支座中心线的位置及桥台桩中心线的里程桩号，还显示了桩底、桥台耳墙顶的设计标高，以控制施工。

平面图：显示了 0 号台平面尺寸，即桥台盖梁的宽厚、桥台基桩直径和间距、抗震挡块的高宽和平面位置。

（3）桩基钢筋构造图。

该桥梁的桥墩和桥台的基础均为钢筋混凝土桩，桩的布置形式及数量已在上述图样中表达清楚。图 6-22 所示为××大桥 0 号、9 号桥台桩基钢筋构造图，主要反映 0 号、9 号桥台桩基的具体钢筋布置和大样，用立面图和断面图以及钢筋详图来表达。

立面图：显示了桩身的立面尺寸和钢筋立面布置，即桩基长为 20 m，直径为 1.8 m，钢筋笼底距桩底 10 cm。① 号主筋圆周布置，② 号加强筋距帽梁底 40 cm 布置一道，向下每 200 cm 布置一道。③ 号螺旋箍筋沿桩长布置，为图示清楚，仅示出部分。④ 号喇叭口螺旋箍筋布置在桩身钢筋与帽梁相交的地方。⑤ 号定位钢筋布置在加强筋位置。为避免混淆，⑥ 号筋未在此图示出。

Ⅰ—*Ⅰ* 断面图：显示了桩身的断面尺寸和钢筋断面布置，即桩基断面直径为 1.8 m。① 号主钢筋圆周布置，② 号加强筋布置于主钢筋内侧。③ 号螺旋箍筋布置于主钢筋外侧。⑥ 号筋为

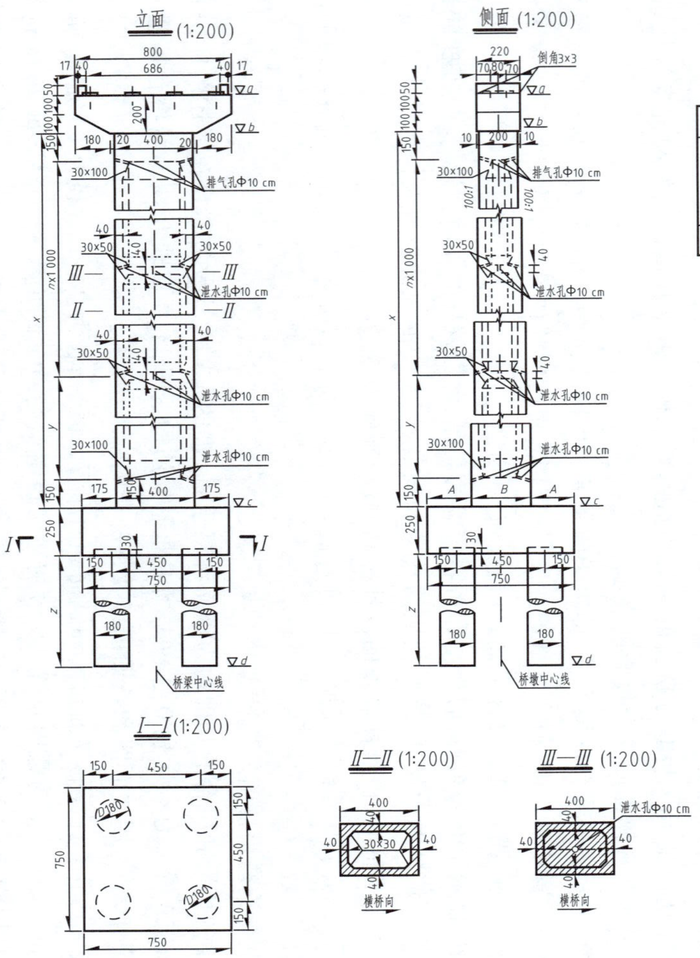

2号、3号、6号、7号桥墩桩基础钻孔工程数量表 单位：m

项目		2号墩	3号墩	6号墩	7号墩	合计
机械钻孔	碎石土	6.4	4.8	34.6	17.4	63.2
	软石	56.4	50.8	50.2	75.8	233.2
	次坚石	44.2	46.6	37.6	44.2	172.6
人工开挖	碎石土	133.0	18.6	0.0	0.0	151.0

标高参数表 单位：m

位置	2号墩	3号墩	6号墩	7号墩
a	404.818	404.908	405.178	405.268
b	402.818	402.908	403.178	403.268
c	372.818	355.908	351.178	373.268
d	343.818	326.408	313.678	333.768

尺寸参数表

位置	2号墩	3号墩	6号墩	7号墩
x	3 000	4 700	5 200	3 000
y	700	400	900	700
z	2 700	2 700	3 500	3 700
n	2	4	4	2
A	245	228	223	245
B	260	294	304	260

附注：
1. 图中尺寸除标高以m计外，其余均以cm为单位；
2. 通气孔、泄水孔沿墩壁四周布设，横隔板中央设一泄水孔，除图中所示的通气孔外，施工时应根据具体情况沿墩壁四周布设通气孔，竖向间距5 m左右；
3. 桩底沉渣厚度不得大于5 cm。

XX设计院	XX库区公路复建工程(XX县境) 天峨至三堡公路穿洞河段穿洞河大桥设计	K4+219.98××大桥2号、3号、6号、7号桥墩一般构造图	设计		复核		审核		图号	SV-3-21

图 6-20 ××大桥 2 号、3 号、6 号、7 号桥墩一般构造图

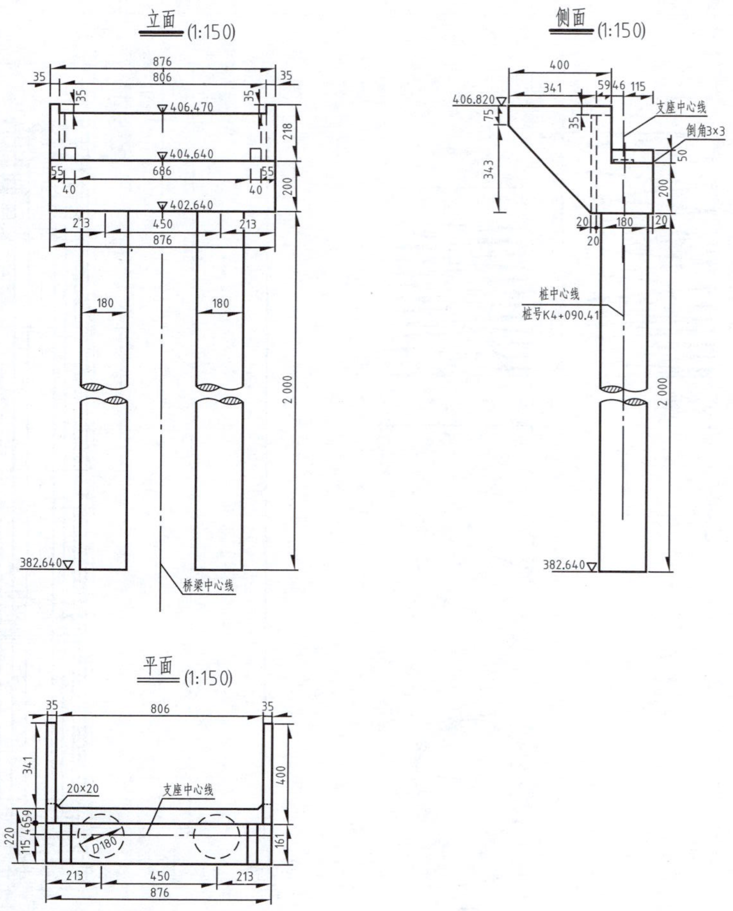

0号桥台桩基础钻孔工程数量表　单位: m

机械钻孔	碎石土	8.0
	软石	19.7
	次坚石	12.3
人工开挖	土方/m³	140.0

附注:

1. 图中尺寸除标高以m计外,其余均以cm为单位;
2. 桩基开挖时,注意做好安全防备工作;
3. 桩底沉渣厚度不大于5 cm。

XX设计院	XX库区公路复建工程(XX县境) 天峨至三堡公路穿洞河段穿洞河大桥设计	K4+219.98 XX大桥0号桥台一般构造图	设计		复核		审核		图号 SV-3-5

图 6-21　××大桥 0 号桥台一般构造图

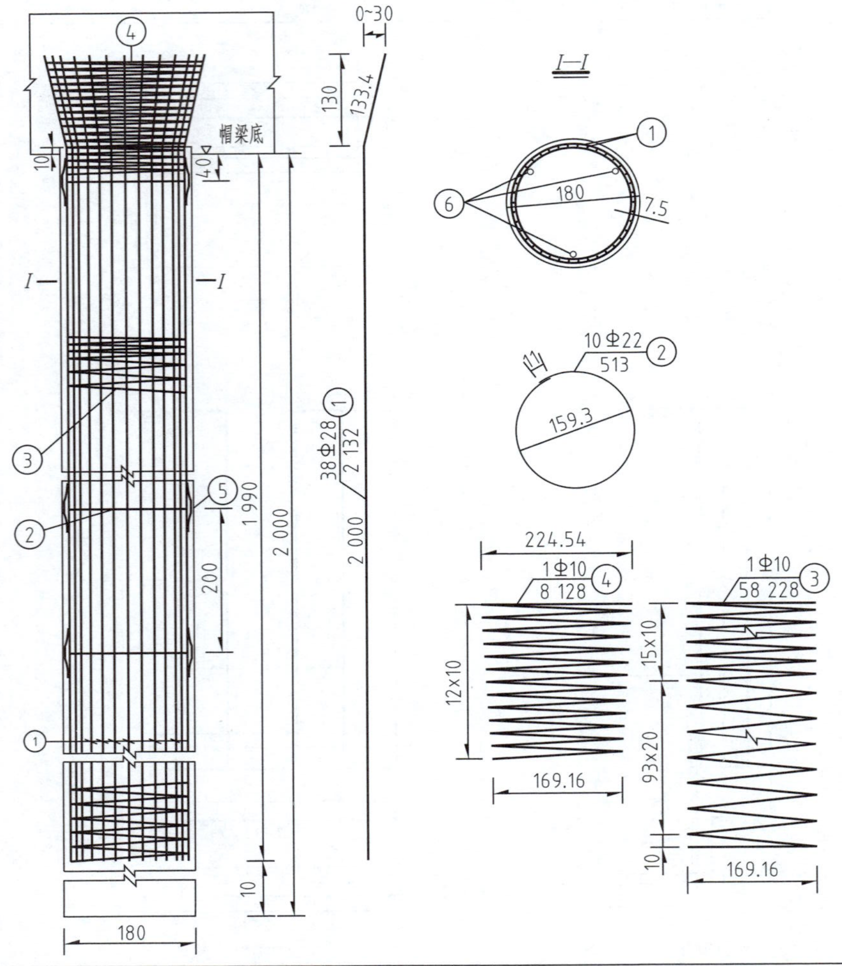

一个桥台桩基工程数量表

编号	直径	单根长度	根数	共长	共计质量	总计质量
	mm	cm	根	m	kg	kg
1	Φ28	2 132	76	1 620.32	7 826.15	7 826.2
2	Φ22	512	20	102.40	305.15	305.2
3	Φ10	58 228	2	1 164.56	718.53	818.8
4	Φ10	8 128	2	162.56	100.30	
5	Φ16	53	80	42.40	66.99	67.0
6	Φ50x2.5	2 050	6	123.00	360.39	360.4
C25混凝土					101.79 m^3	

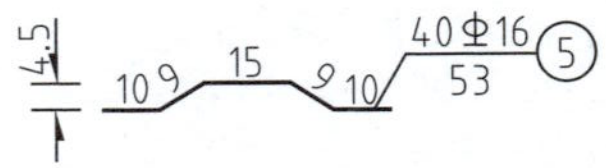

附注：

1. 图中尺寸除钢筋直径以mm计，余均以cm为单位；
2. 桩基加强筋N2设在主筋内侧，每2 m一道，自身搭接部分采用双面焊；
3. 桩基钢筋笼分段插入桩孔中，各段主筋须采用焊接，钢筋接头应按规范要求错开布置；
4. 定位钢筋N5每隔2 m设一组，每组4根均匀设于桩基加强筋N2四周；
5. 施工时，若实际地质情况与本设计采用的资料不符，应变更基桩设计；
6. N6为超声波检测管，外径D=50 mm，壁厚无缝t=2.5 mm，每米重2.93 kg，检测管底面与N1筋平齐，顶面为超出桩顶约50 cm，采用热轧无缝钢管，均匀布置于N2筋内侧并与N2筋绑扎，检测完毕后管内满灌C30水泥浆。

XX设计院	XX库区公路复建工程(XX县境) 天峨至三堡公路穿洞河段穿洞河大桥设计	K4+219.98××大桥0号、9号桥台桩基钢筋构造图	设计		复核		审核	图号	SV-3-7

图 6-22 ××大桥 0 号、9 号桥台桩基钢筋构造图

超声波检测预埋管，布置于②号加强箍筋内侧。

钢筋大样图：

①号主筋采用直径 28 mm 的 HRB335 钢筋，每根桩采用 38 根钢筋，每根钢筋长 2 132 cm。钢筋弯折为两段，第一段为桩身部分，长度为 2 000 cm。第二段为喇叭口部分，长度为 133.4 cm，喇叭口顶端开口距底部 30 cm。

②加强筋采用直径 22 mm 的 HRB335 钢筋，每根桩采用 10 根钢筋，每根钢筋长 512 cm。钢筋呈圆形，中心直径 159.3 cm，钢筋搭接长度 11 cm。

③号螺旋箍筋采用直径 10 mm 的 R235 钢筋，每根桩采用 1 根钢筋，每根钢筋长 58 228 cm。钢筋呈螺旋状，中心直径为 169.16 cm。其中上面 16 箍及最下 2 箍的间距为 10 cm，其余间距为 20 cm。

④号喇叭口螺旋箍筋采用直径 10 mm 的 R235 钢筋，每根桩采用 1 根钢筋，每根钢筋长 8 128 cm。钢筋呈螺旋状，中心直径为 169.16～224.54 cm，间距为 10 cm。

⑤号定位钢筋采用直径 16 mm 的 HRB335 钢筋，每根桩采用 40 根钢筋，每根钢筋长 53 cm。钢筋弯折为 5 段，长度依次为 10 cm、9 cm、15 cm、9 cm、10 cm。

⑥号钢筋因为采用通长直钢管，此图未示出大样图。

（4）承台钢筋构造图。

图 6-23 所示是××大桥 2 号、3 号、6 号、7 号桥墩承台钢筋构造图。它主要反映 2 号、3 号、6 号、7 号桥墩承台的钢筋布置大样。

平面图：显示了承台的平面尺寸和钢筋平面布置，即承台长、宽均为 750 cm。由于承台上下层钢筋布置不一样，所以采用 1/2 半平面来分别表示上下层钢筋布置。

上层钢筋①号主钢筋垂直交叉布置，一般间距为 20 cm，共 35 个间距，最外边间距为 18 cm，最外边钢筋中心距承台边缘 7 cm。

下层钢筋②号主钢筋垂直交叉布置，一般间距为 20 cm，共 35 个间距，最外边间距为 18 cm，最外边钢筋中心距承台边缘 7 cm。

I—*I* 断面图：显示了承台顺桥向的断面尺寸和钢筋断面布置，即承台顺桥向断面长度为 750 cm，高度为 250 cm。

①号主钢筋布置于承台上缘，②号主钢筋布置于承台下缘，顺桥向一般间距为 20 cm，共 35 个间距，最外边间距为 18 cm，最外边钢筋中心距承台外边缘 7 cm。

③号抗裂钢筋布置于承台四周主钢筋内侧，上下两道间距为 14 cm，其余中间部分均为 16 cm。

④号架立钢筋布置于上下层钢筋网间，顺桥向承台中心 5 道主筋设置 1 道，其余 4 道主筋设置 1 道。

⑤号桩顶应力分散钢筋布置于基桩顶上部分，共两层，第一层距桩顶 40 cm，第二层距第一层 40 cm，顺桥向间距 20 cm。

II—*II* 断面图：显示了承台横桥向的断面尺寸和钢筋断面布置，即承台横桥向断面长度为 750 cm，高度为 250 cm。

钢筋布置同 *I*—*I* 断面图，这里不再叙述。

III—*III* 断面图：显示了承台桩顶应力分散钢筋平面布置。

⑤号桩顶应力分散钢筋布置于基桩顶上部分，每根桩基布置 1 张钢筋网，每张钢筋网垂直交叉布置，间距 20 cm，共 13 个间距。

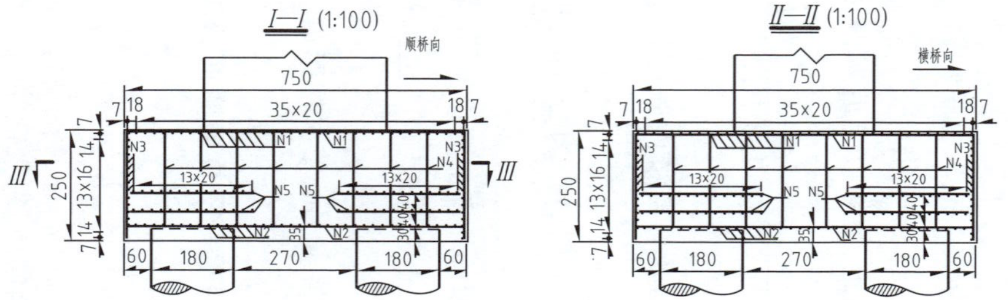

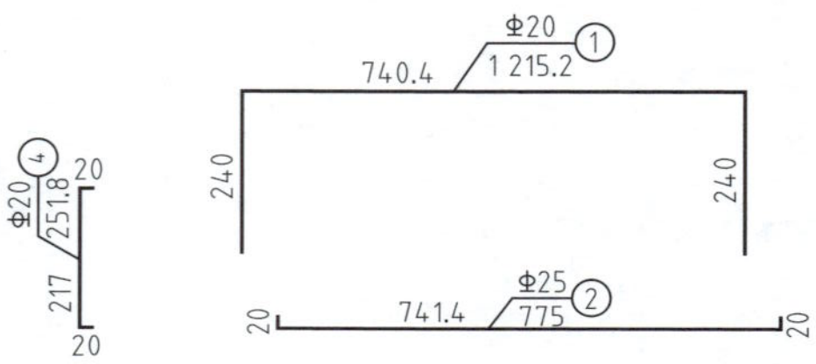

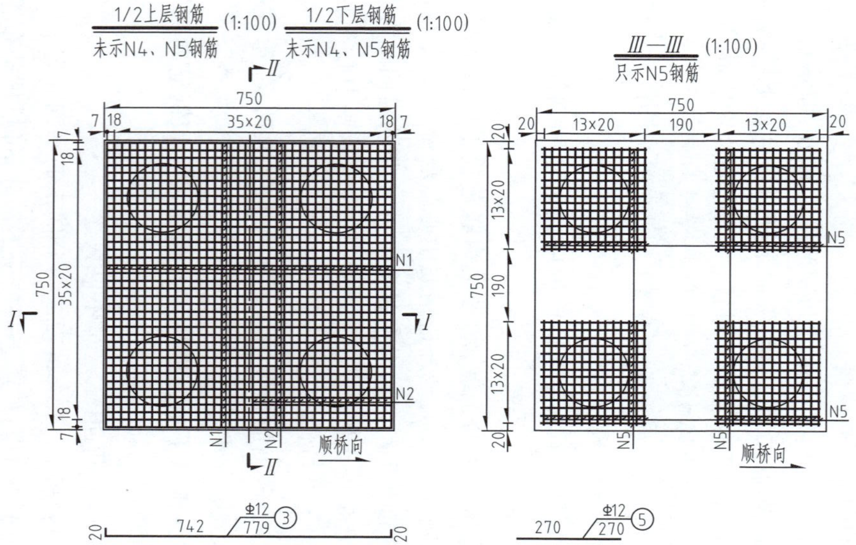

一个桥墩承台工程数量表

钢筋编号	钢筋直径	每根长	根数	总长	单位重	共重	合计
	mm	cm	根	m	kg/m	kg	kg
1	20	1 215.2	76	923.55	2.470	2 281.47	25: 2 267.65
2	25	775	76	589.00	3.850	2 267.65	
3	12	779	56	436.24	0.888	387.38	20: 2 679.22
4	20	251.8	64	161.15	2.470	398.05	
5	12	270	224	604.80	0.888	537.06	12: 924.44
C25混凝土					140.63 m³		

附注：
1. 图中尺寸除钢筋直径以mm计外，其余均以cm为单位；
2. 浇筑承台时注意预埋墩身钢筋；
3. 不能折断桩基伸入承台的钢筋，桩基顶端嵌入承台30 cm；
4. 承台四周和上下两面的周围主筋必须焊接，双面焊缝的长度不少于5*d*，中间架立钢筋N4采用点焊。

XX设计院	XX库区公路复建工程(XX县境) 天峨至三堡公路穿洞河段穿洞河大桥设计	K4+219.98××大桥2号、3号、6号、7号墩承台钢筋构造图	设计		复核		审核		图号	SV-3-26

图 6-23 ××大桥 2 号、3 号、6 号、7 号桥墩承台钢筋构造图

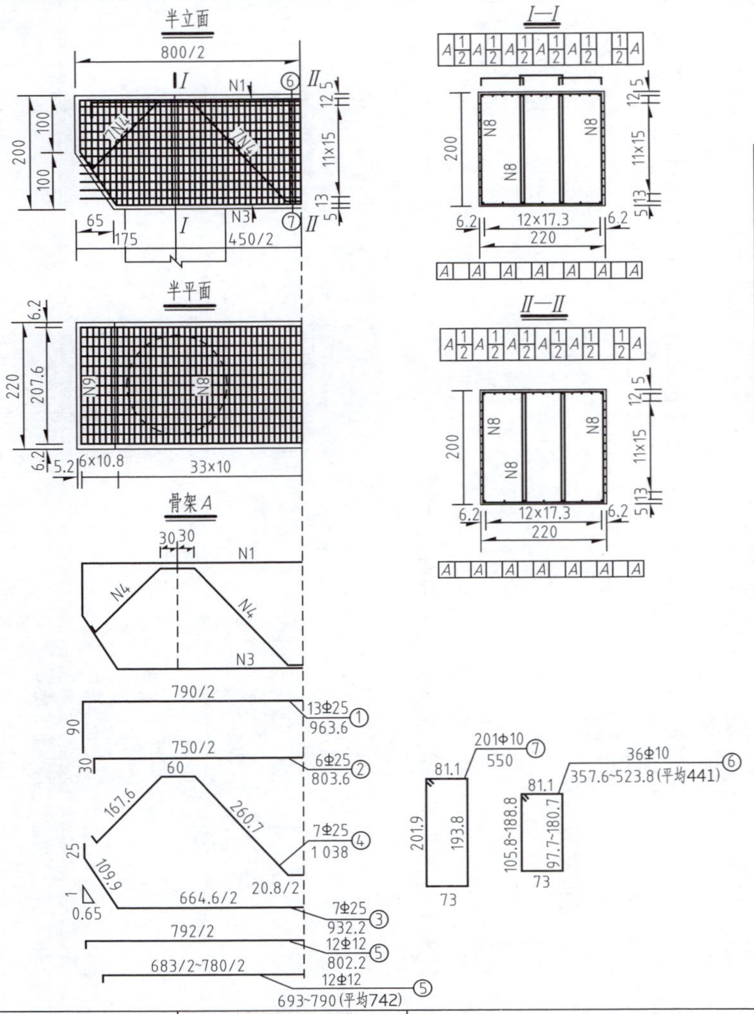

1号桥墩盖梁工程数量表

编号	直径 mm	单位重 kg/m	单根长度 cm	根数 根	共长 m	共重 kg	合计 kg
1	25	3.850	963.6	13	125.27	482.28	25:
2	25	3.850	803.6	12	96.43	371.26	1 384.5
3	25	3.850	932.2	7	65.25	251.23	12:
4	25	3.850	1 038	7	72.66	279.74	164.5
5	12	0.888	802.2	12	96.26	85.48	10:
6	12	0.888	742	12	89.04	79.07	780.0
7	10	0.617	550	201	1 105.50	682.09	C30混凝土:
8	10	0.617	441	36	158.76	97.95	33.77

附注：

1. 图中尺寸除钢筋直径以mm计，余均以cm为单位；
2. 防震挡块钢筋未示，详见桥墩防震挡块钢筋构造；
3. 盖梁钢筋与墩柱、防震挡块钢筋发生干扰时，可适当挪动其中一种；
4. 骨架钢筋A采用双面焊，焊缝长度不小于5d（d为钢筋直径）；
5. 箍筋末端做成135°弯钩，紧邻末端尺寸已计入弯钩长；
6. 现浇盖梁混凝土前应注意预埋挡块及垫石钢筋，挡块混凝土应在T形梁安装就位以后再浇筑。

XX设计院	XX库区公路复建工程(XX县境) 天峨至三堡公路穿洞河段穿洞河大桥设计	K4+219.98××大桥1号桥墩盖梁钢筋构造图	设计		复核		审核	图号	SV-3-17

图 6-24 ××大桥 1 号桥墩盖梁钢筋构造图

钢筋大样图:这5种钢筋形状简单,这里不再叙述,请读者自己分析。

(5) 盖梁钢筋构造图。

图6-24所示是××大桥1号桥墩盖梁钢筋构造图。主要反映1号桥墩盖梁的具体钢筋布置和钢筋大样。

立面图:由于盖梁左右对称,所以采用半立面来表示。它显示了盖梁的立面尺寸和钢筋立面布置,即盖梁长度为800 cm,高为200 cm,左右空缺的三角,高宽分别为100 cm,65 cm。主钢筋由①、③、④号钢筋等组成。⑥抗裂钢筋上面一道间距为12 cm,下面一道间距为13 cm,其余中间部分分11道,间距均为15 cm。

平面图:由于盖梁左右对称,所以采用半平面来表示。显示了盖梁的平面尺寸和钢筋平面布置,即盖梁长度为800 cm,宽为220 cm,箍筋有⑦号、⑧号钢筋,左右各6道间距为10.8 cm,中间部分2×33道,间距为10 cm。

骨架A:表示骨架A由①、③、④号钢筋焊接而成。

Ⅰ—*Ⅰ* 断面图:显示了盖梁在柱顶部分的断面尺寸和钢筋断面布置,即盖梁断面尺寸为220 cm×200 cm。图形上部为盖梁上部主钢筋排列表,依次为骨架A—①号筋和②号筋(①号筋在上,②号筋在下)—骨架A—……。图形下部为盖梁下部主钢筋排列表,依次为骨架A—空—骨架A—……,其中空的位置对应上部叠筋位置。

Ⅱ—*Ⅱ* 断面图:钢筋布置同 *Ⅰ*—*Ⅰ* 断面图,这里不再叙述。

钢筋大样图:详细情况请读者自己分析。

构件图还有很多,如主梁构造图、支座布置图、人行道及桥面铺装构造图、栏杆构造图等,由于篇幅有限,这里就不一一介绍。

工程案例

石拱桥工程图

图6-25所示为单孔实腹式石拱桥主要构件示意图。

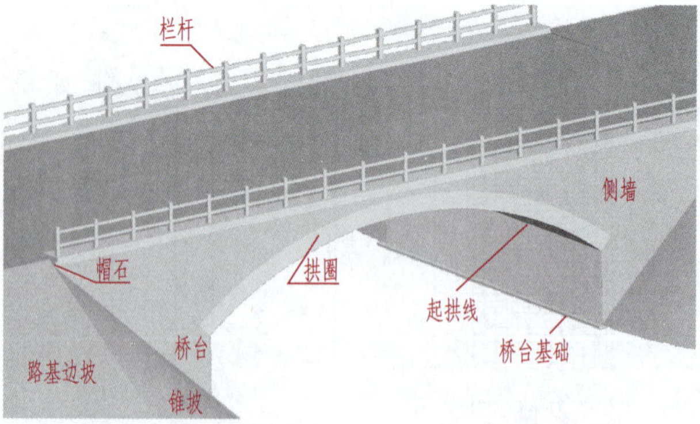

图6-25 单孔实腹式石拱桥主要构件示意图

1. 石拱桥总体布置图

图6-26所示为单孔实腹式石拱桥总体布置图。立面图采用了半剖面图。平面图以桥跨中

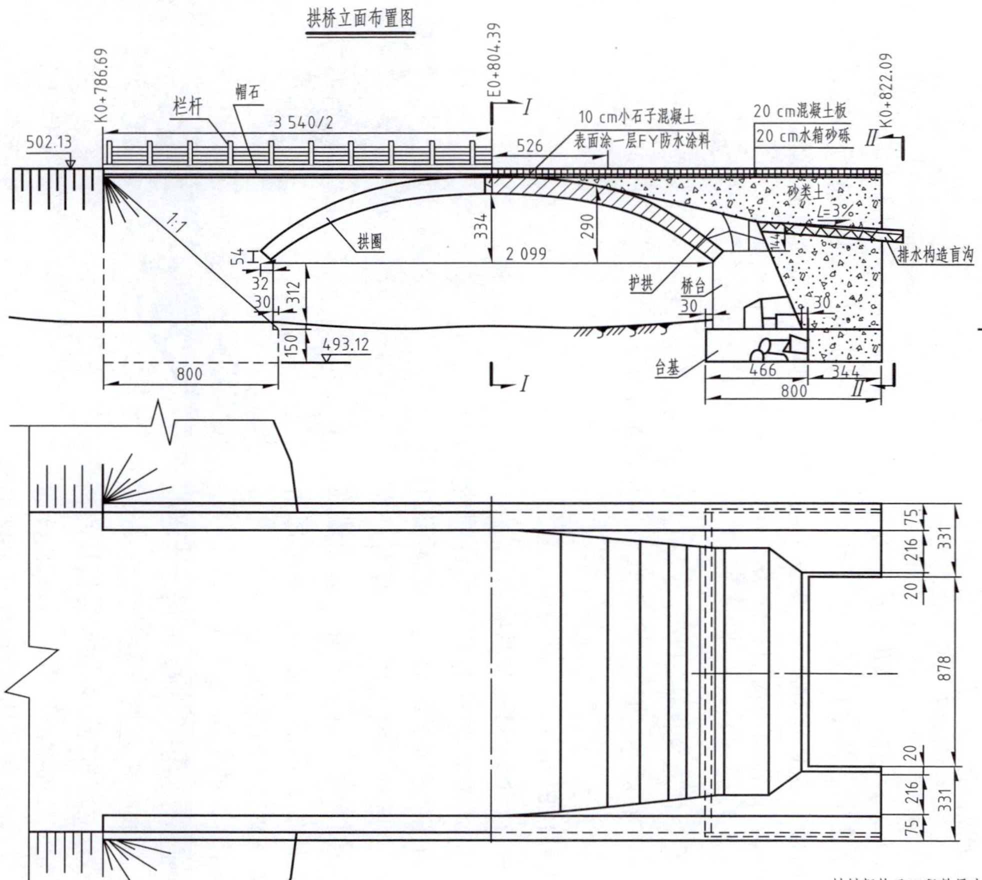

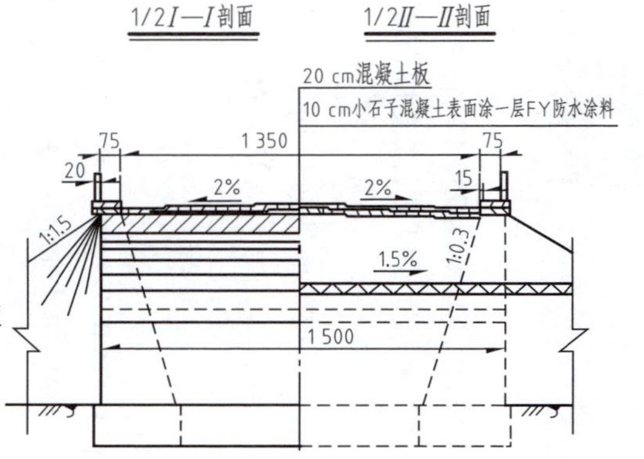

附注:
1. 本图比例为1:20,尺寸以cm计;
2. 本桥的设计荷载为:汽车-20级;挂-100;
3. 桥面宽度为13.5 m+2×0.75 m;
4. 主拱圈采用等截面悬链线,其矢跨比为1/6,拱轴系数为5.321;
5. 拱顶的跨拱横坡度由小石子混凝土形成;
6. 地基的基本承载力为350 kPa。

材料规格及工程数量表

单位: m^3

工程项目	主拱圈	侧墙	帽石	护拱	防水层	水泥混凝土楼面	水稳砂砾
材料规格	5号砂浆砌200号预制块	7.5号砂浆砌片石	10号砂浆砌粗料石	5号砂浆砌块石	10号小石子混凝土		
工程数量	248.29	182	27.5	139.94	33.42	127.06	127.06

图 6-26 单孔实腹式石拱桥总体布置图

心线为界，左侧为外形轮廓，右侧为揭去桥面铺装、填料及护拱以后的投影图。侧面图是由 1/2 *I*—*I* 剖面、1/2 *II*—*II* 剖面图组成的合成图。

（1）立面图。

立面图主要表示石拱桥的结构形式及主要尺寸。从图上可以看出该桥起始桩号为 K0+786.69，桥跨中心的位置在 K0+804.39 桩号处，终点桩号为 K0+822.09，拱桥全长为 3 540 cm。拱桥的净跨径为 2 000 cm，矢高为 334 cm，拱圈厚度为 75 cm。桥面不设纵坡，桥面标高为502.13 m，桥台基底标高为 493.12 m。立面图上标出了起拱线的高度尺寸、护拱的形状与位置尺寸，以及桥台高度方向与长度方向的主要尺寸。

立面图左侧的外形图主要表达拱圈、栏杆、锥形护坡等，右侧为剖切平面通过桥面中心线的半纵剖面图，表达了拱桥的内部构造与材料，如基础、台身、护拱、路面、盲沟及台身填土的断面形状及材料图例。

（2）平面图。

平面图以桥跨中心线为界，左侧为投影图，主要表达桥面、栏杆、路堤及锥坡的布置情况。右侧为揭去桥面铺装、填料及护拱以后的投影图，表达了拱圈、桥台、侧墙平面形状与尺寸。侧墙内侧是斜面，与拱圈相交成曲线。

（3）侧面图。

侧面图是由 1/2 *I*—*I* 剖面、1/2 *II*—*II* 剖面组成的合成图。*I*—*I* 断面为跨中断面，主要表达拱圈、路面、人行道、栏杆等的断面形状与尺寸。如桥面净宽为 1 350 cm，人行道宽为 75 cm。同时还表达了锥坡的横向坡度为 1∶1.5。*II*—*II* 剖面表达了侧墙、基础的断面形状、盲沟横向构造及路堤的情况，可以看出盲沟的横向坡度为 1.5%，路堤的坡度为 1∶1.5。

2. 构件图

为使图面清晰，在总体布置图中只标注了一些主要尺寸，各组成构件的详细形状与尺寸要通过构件结构图和大样图来表达。下面选几个构件图作简单介绍。

（1）桥台图。

图 6-27 所示为拱桥的重力式 U 形桥台示意图。重力式 U 形桥台由台身、台帽、基础及侧墙组成。

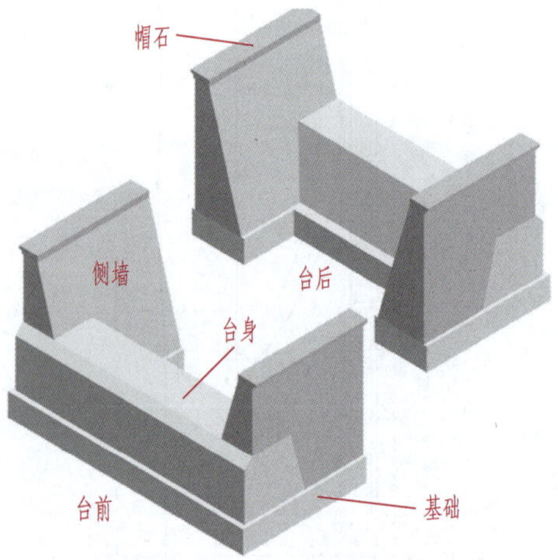

图 6-27 重力式 U 形桥台示意图

图 6-28 所示为拱式桥的重力式 U 形桥台的构造图，由立面图、平面图、侧面图来表达。立面图有 1/2 台前投影和 1/2 台后投影图组成。侧面图是通过桥面中心线的纵向剖面图。由于两桥台的侧墙在拱圈上方是相连的，所以平面图与侧面图中采用折断的画法，只画出桥台范围内的部分。

（2）栏杆构造图。

图 6-29 所示为栏杆示意图。图 6-30 所示为栏杆构造图，它由栏杆立面布置图、栏杆立柱结构图、栏杆扶手结构图组成。栏杆立面布置图主要表达栏杆的整体布置情况，可以看出立柱的中心距为 196 cm，栏杆的埋置深度为 18 cm。栏杆立柱结构图、栏杆扶手结构

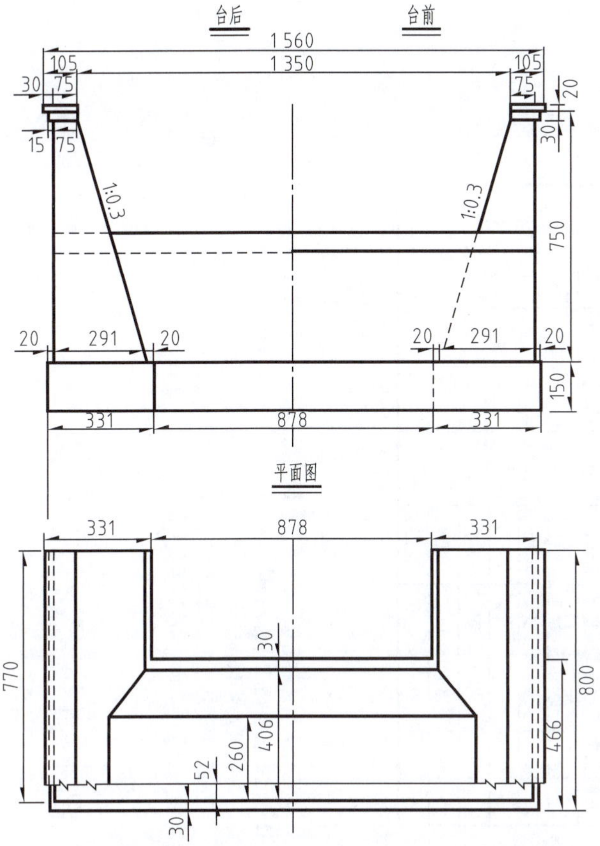

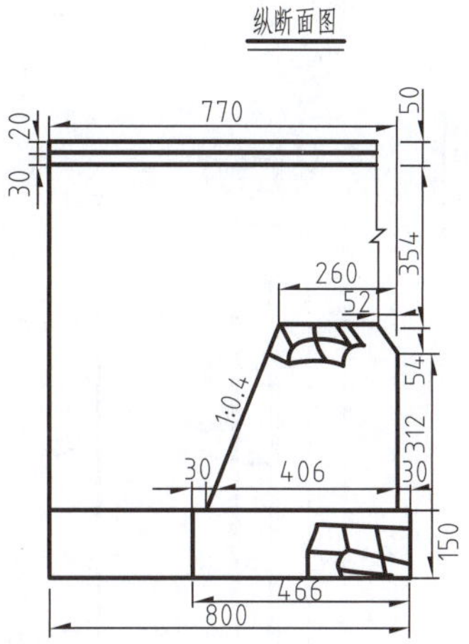

材料规格及数量表

单位：m^3

工程项目	基础	台身	台身填土	勾缝
材料规格	5号砂浆砌片石	5号砂浆砌片石	砂类土	10号砂浆
工程数量	93.4	102.9	277	108.9

附注：
1. 本图比例为1:100，尺寸以cm计；
2. 桥台采用5号砂浆砌500号片石。

图 6-28　重力式 U 形桥台构造图

图都是由立面图、断面图及钢筋详图组成。由立面图、断面图可以看出，构件的外部形状及构件的各部分的详细尺寸。

拱式桥的其他构件图在此不再叙述。

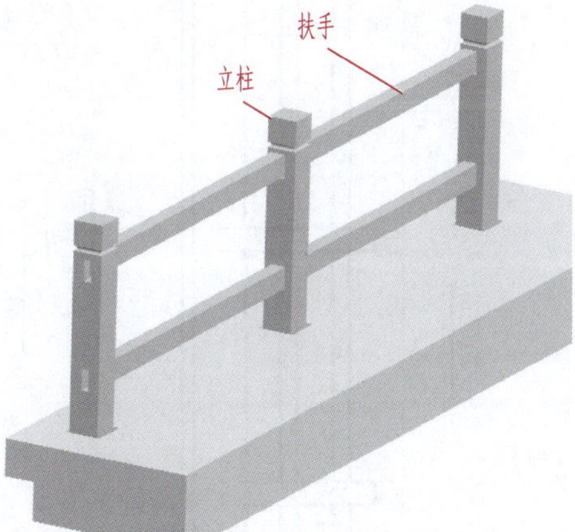

图 6-29　栏杆示意图

6.2.3　桥梁工程图读图和画图步骤

1. 读图

(1) 读图的方法。

读桥梁工程图的基本方法是形体分析方法，桥梁虽然是庞大而又复杂的建筑物，但它是由许多构件组成的，只要了解了每一个构件的形状和大小，再通过总体布置图把它们联系起来，弄清彼此之间的关系，就不难了解整个桥梁的形状和大小。因此必须把整个桥梁图由大化小、由繁化简，各个击破、解决整体，即要经过由整体到局部，再由局部到整体的反复读图过程。

运用投影规律，互相对照，弄清整体。看图的时候，决不能单看一个投影图，而是要同其他投影

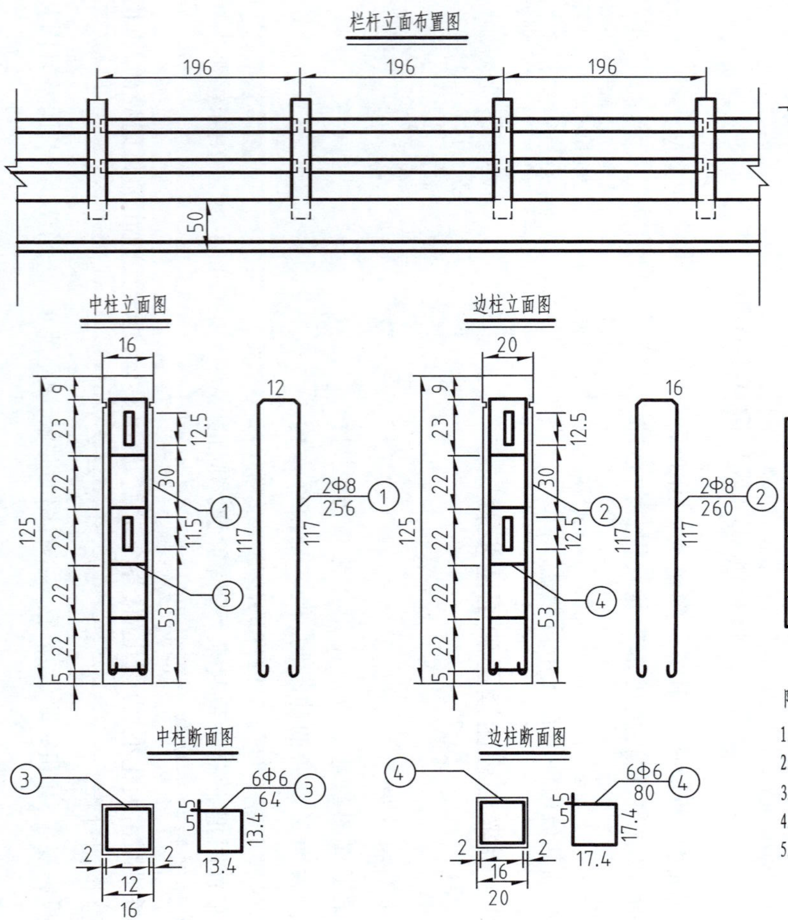

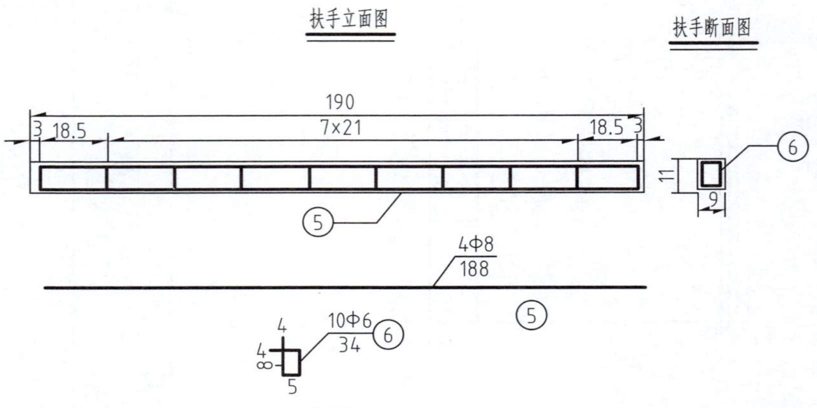

工程数量表

编号	规格	长度/cm	根数/根	总长/cm	总重/kg	25号混凝土/m³	20号混凝土/m³
1	Φ8	256	48	12 288	257.78	1.71	44.1
2	Φ8	260	3	2 080			
3	Φ6	64	144	9 472			
4	Φ6	80	24	1 920			
5	Φ8	188	192	36 096			
6	Φ6	34	480	16 320			

附注:

1. 本图无比例，除钢筋直径以mm计以外，其余尺寸均以cm计;
2. 立柱、扶手均采用25号混凝土预制;
3. 护轮带采用20号混凝土;
4. 立杆埋入护轮带后应用12.5号砂浆固定;
5. 扶手插入立柱4 cm，中间用沥青麻絮填塞。

图 6-30 栏杆构造图

图包括总体图或详图、钢筋明细表、说明等联系起来。

(2) 读图步骤。

读图步骤可按以下顺序进行：

① 先看图纸标题栏和附注，了解桥梁名称、种类、主要技术指标、施工措施、比例、尺寸单位等。读桥位平面图、桥位地质断面图，了解桥的位置、水文、地质状况。

② 看总体图，掌握桥型、孔数、跨径大小、墩台数目、总长、总高，了解河床断面及地质情况，应先看立面图(包括纵剖面图)，对照看平面图和侧面图、横剖面图等，了解桥的宽度、人行道的尺寸和主梁的断面形式等。如有剖、断面，则要找出剖切线位置和观察方向，以便对桥梁的全貌有一个初步的了解。

③ 分别阅读构件图和大样图，搞清构件的详细构造。各构件图读懂之后，再重来阅读总体图，了解各构件的相互配置及尺寸，直到全部看懂为止。

④ 看懂桥梁图后，了解桥梁所使用的建筑材料，并阅读工程数量表、钢筋明细表及说明等。再对尺寸进行校核，检查有无错误或遗漏。

2. 画图

绘制桥梁工程图基本上和绘制工程图一样，有着共同的规律。首先是确定投影图数目(包括剖面、断面)、比例和图纸尺寸。

画图的步骤：

(1) 布置和画出各投影图的基线。根据所选定的比例及各投影图的相对位置把它们匀称地分布在图框内，布置时要注意空出图标、说明、投影图名称和标注尺寸的地方。当投影图位置确定之后便可以画出各投影图的基线，一般选取各投影图的中心线为基线。

(2) 画出构件的主要轮廓线。以基线作为量度的起点，根据标高及各构件的尺寸画构件的主要轮廓线。

(3) 画各构件的细部。根据主要轮廓从大到小画全各构件的投影，注意各投影图的对应线条要对齐，把剖面栏杆、坡度符号线的位置、标高符号及尺寸线等画出来。

(4) 检查无误，最后标注尺寸注解等。

6.3 涵洞工程图

知识引入

涵洞是宣泄路堤下水流的工程构筑物，它与桥梁的主要区别在于跨径的大小和填土的高度。工程技术标准中规定，凡是单孔跨径小于5 m，或不论其管径或跨径大小、孔数多少的管涵及箱涵均称为涵洞。涵洞顶上一般都有较厚的填土(洞顶填土大于50 cm)，填土不仅可以保持路面的连续性，而且分散了汽车荷载的集中压力，并减少它对涵洞的冲击力。

6.3.1 涵洞分类

(1) 按构造形式分类:涵洞按构造形式分有圆管涵、拱涵、箱涵、盖板涵等,工程上多用此类分法。

(2) 按建筑材制分类:涵洞按建筑材料分有钢筋混凝土涵、混凝土涵、砖涵、石涵、木涵、金属涵等。

(3) 按洞身断面形状分类:涵洞按洞身断面形状分有圆形、卵形、拱形、梯形、矩形等。

(4) 按孔数分类:涵洞按孔数分有单孔、双孔、多孔等。

(5) 按洞口形式分类:涵洞按洞口形式分有一字式(端墙式)、八字式(翼墙式)、领圈式、走廊式等。

(6) 按洞顶有无覆盖土分类:涵洞可分为明涵和暗涵(洞顶填土大于 50 cm)等。

6.3.2 涵洞组成

涵洞是由洞口、洞身和基础三部分组成的排水构筑物。图 6-31 所示为圆管涵的立体分解图,从中可以了解涵洞各部分的名称、位置和构造。

洞身是涵洞的主要部分,它的主要作用是承受活载压力和土压力等并将其传递给地基,并保证设计流量通过的必要孔径。常见的洞身形式有圆管涵、拱涵、箱涵、盖板涵。

洞口由端墙、翼墙或护坡、截水墙和缘石等部分组成,它是保证涵洞基础和两侧路基免受冲刷,使水流顺畅的构造,一般进出水口均采用同一形式。

常用的洞口形式有端墙式、翼墙式(又称八字墙式)、锥形护坡式(采用 1/4 正椭圆锥)、平头式、走廊式、一字墙护坡式、上游急流槽(或跌水井)下游急流坡式、倒虹吸式、阶梯式洞口及斜交洞口等结构形式,如图 6-32 所示。设计时根据实地情况选择上下游洞口的形式与洞身组合使用。

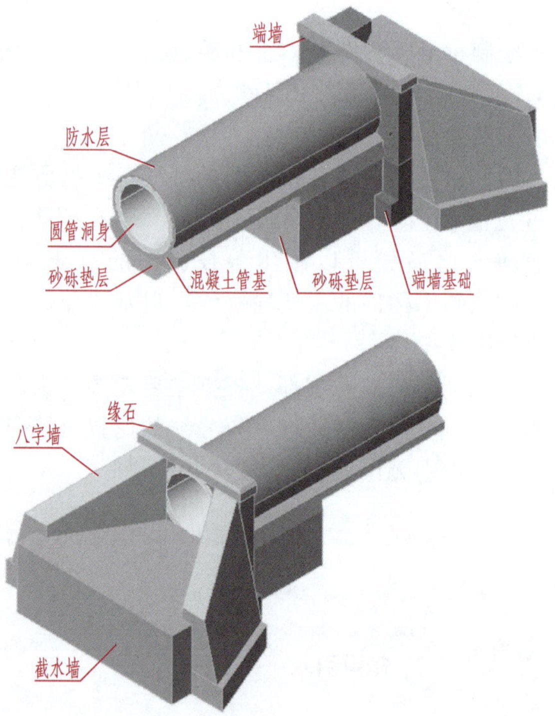

图 6-31 钢筋混凝土圆管涵立体图

6.3.3 涵洞的图示方法

涵洞是窄而长的构筑物,它从路面下方横穿过道路,埋置于路基土层中。尽管涵洞的种类很多,但图示方法和表达内容基本相同。涵洞工程图主要由纵剖面图、平面图、侧面图和必要的构造详图,如钢筋布置图、翼墙断面图等组成。

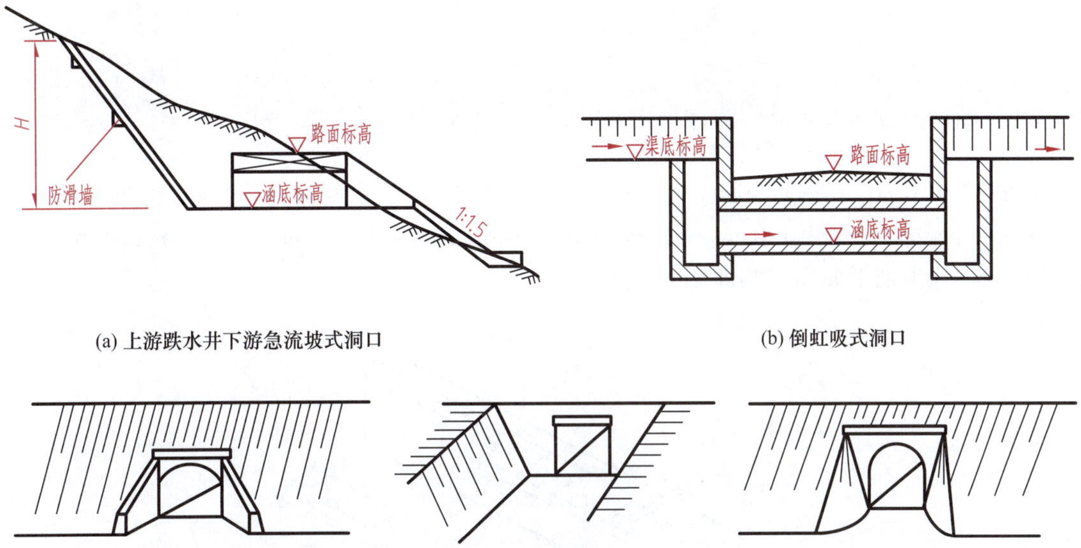

(a) 上游跌水井下游急流坡式洞口

(b) 倒虹吸式洞口

(c) 八字墙式洞口

(d) 端墙式洞口

(e) 锥形坡式洞口

图 6-32　洞口形式

（1）在图示表达时，涵洞工程图以水流方向为纵向（即与路线前进方向垂直布置）并以纵剖面图代替立面图。

（2）平面图一般不考虑涵洞上方的覆土，或假想土层是透明的。有时平面图与侧面图以半剖形式表达，水平剖面图一般沿基础顶面剖切，横剖面图则垂直于纵向剖切。

（3）洞口正面布置在侧视图位置作为侧面视图，当进出水洞口形状不一样时，则需分别画出其进出水洞口布置图。

（4）涵洞有钢筋混凝土构件时，还应画出钢筋结构图。

涵洞体积较桥梁小，故画图所选用的比例较桥梁图稍大。现以常用的盖板涵、圆管涵和拱涵三种涵洞为例介绍涵洞的一般构造图，说明涵洞工程图的表示方法。

工程案例1

钢筋混凝土盖板涵工程图识读

思考

读懂钢筋混凝土盖板涵工程图，补画Ⅳ—Ⅳ断面图。

图 6-33 所示为单孔钢筋混凝土盖板涵立体图。图 6-34 所示则为其构造图，比例为 1∶50，洞口两侧为八字墙，洞高度为 120 cm，净跨度为 100 cm，总长度为 1 482 cm。由于其构造对称故仍采用半纵剖面图、半剖平面图和侧面图等来表示。

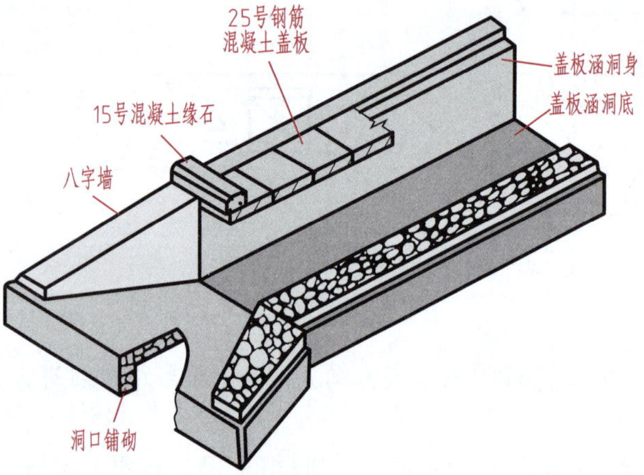

图 6-33 钢筋混凝土盖板涵立体图

1. 半纵剖面图

本图把带有 1∶1.5 坡度的八字墙和洞身的连接关系以及洞高 120 cm、洞底铺砌 20 cm、基础纵断面形状、设计流水坡度 1% 等表示出来。盖板及基础所用材料亦可由图中看出，但未画出沉降缝位置。

2. 半平面图及半剖面图

用半平面图和半剖面图能把涵洞的墙身宽度、八字墙的位置表示得更加清楚，涵身长度、洞口的平面形状和尺寸以及墙身和翼墙的材料均在图上可以看出。为了便于施工，在八字墙的Ⅰ—Ⅰ和Ⅱ—Ⅱ位置进行剖切，并另作Ⅰ—Ⅰ和Ⅱ—Ⅱ断面图来表示该位置翼墙墙身和基础的详细尺寸、墙背坡度以及材料情况。Ⅳ—Ⅳ断面图和Ⅱ—Ⅱ断面图类似，但有些尺寸要变动，请读者自行思考。

3. 侧面图

本图反映出洞高度为 120 cm 和净跨度为 100 cm，同时反映出缘石、盖板、八字墙、基础等的相对位置和它们的侧面形状，在图 6-34 中按习惯称洞口立面图。

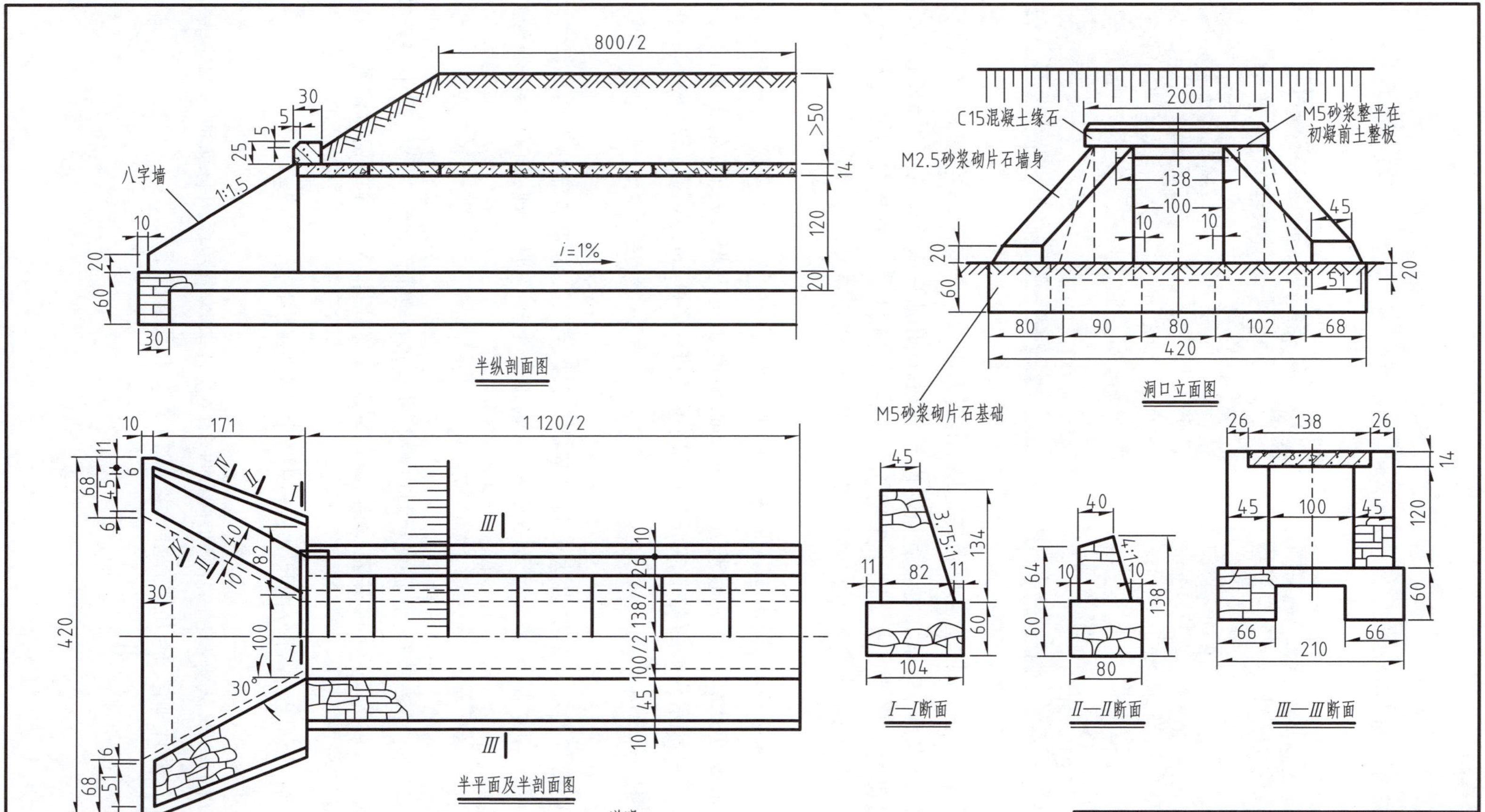

说明:
1. 本图尺寸均以cm计;
2. 洞底铺砌用M5砂浆砌筑,盖板用C20钢筋混凝土;
3. 基础深度应视实际情况确定,但最小不得小于60 cm;
4. 本工程施工时,必须安装好上部构造后才能填土。

钢筋混凝土盖板涵 (净跨×合高=100×120)	汽车-15级
	比例1:50
单孔构造图	图号:

图 6-34 钢筋混凝土盖板涵构造图

工程案例2

钢筋混凝土圆管涵工程图识读

图 6-35 所示为钢筋混凝土圆管涵单孔构造图，比例为 1∶50，洞口为八字墙式，涵管内径为 100 cm，涵管长度为 1 400 cm，再加上两边洞口铺砌长度得出涵洞的总长度为 1 716 cm。由于其构造对称，所以在投影图中只画一半。图中采用立面图、平面图、洞口立面图及翼墙大样图、涵身断面大样图来表示。

1. 立面图

立面图采用半纵剖面图形式，图中表示出涵洞各部分的相对位置和构造形状，由图可知：管壁厚 10 cm，设计流水坡度 0.5%，洞底砂垫层厚 30 cm，混凝土管基厚 20 cm，截水墙的高度为 120 cm，宽度为 40 cm，并表示出缘石的形状、尺寸。路基宽度 1 200 cm，路基边坡为 1∶1.75。各部分所用材料均于图中表达出来。

2. 平面图

平面图用半投影图来表示。图中表达了洞口基础、端墙、缘石、端墙基础的平面形状。并表示出涵洞总长度为 1 716 cm，截水墙长度为 322 cm。涵顶覆土作透明处理，但路基边缘线应画出，并以示坡线表示路基边坡。

3. 侧面图

侧面图采用洞口正面图来表示，主要表示洞口缘石和翼墙的侧面形状及尺寸，图中表示出涵洞高度为 110 cm，缘石长度为 202 cm，并表示出缘石、翼墙以及管身、基础等的相对位置。

4. 八字墙大样图

主要表明八字墙的形状及各部分的尺寸，详细尺寸见翼墙尺寸表。

5. 涵身断面大样图

该图采用 1∶40 的比例，从涵身的端部和中部两个位置各取半个断面组合而成。图中表示出了涵身基础、砂砾垫层的详细尺寸，并把各部分的材料于图中表示出来。

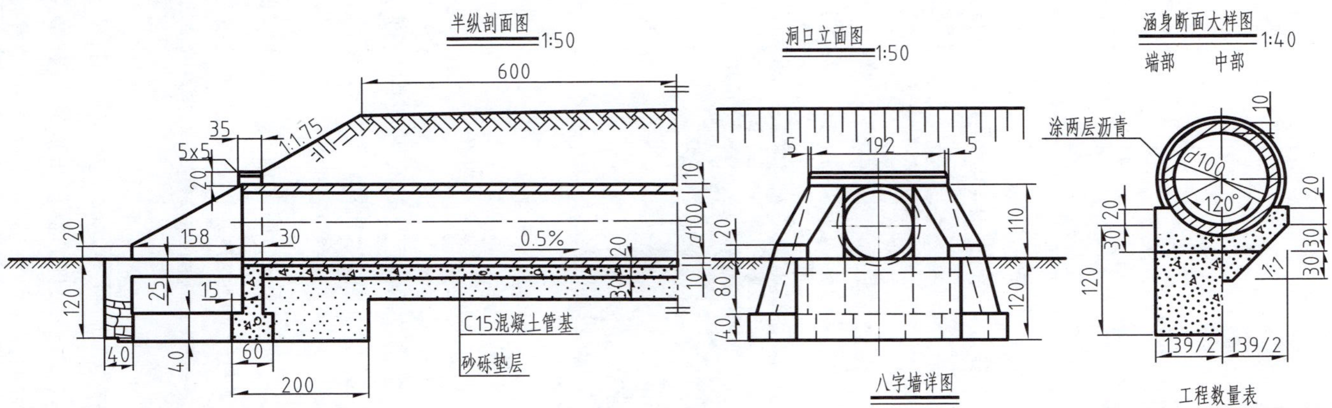

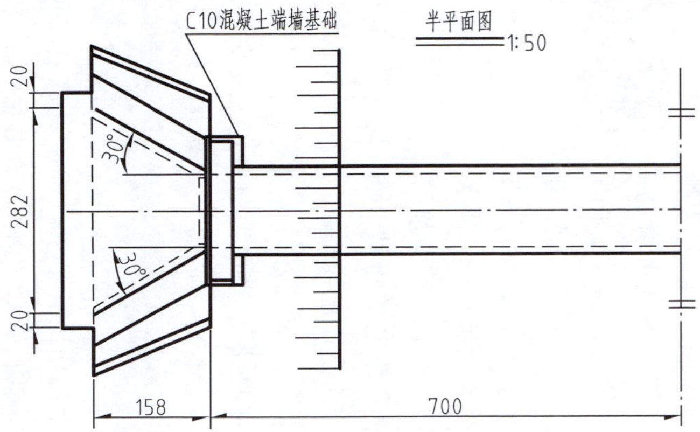

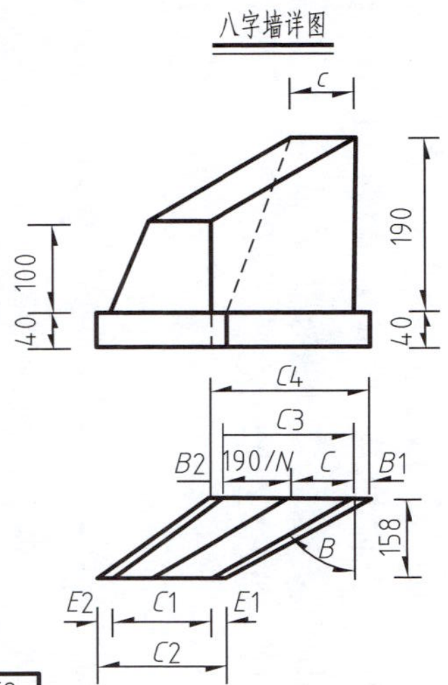

工程数量表

工程项目名称	单位	数量
C15混凝土端墙墙身	m^3	1.51
C10混凝土端墙基础	m^3	1.02
C15混凝土管基	m^3	19.39
C15混凝土墙框	m^3	0.28
砂砾垫层	m^3	7.00
7.5号浆砌片石洞口铺砌	m^3	1.50
7.5号浆砌片石隔水墙	m^3	3.09
C15混凝土八字墙墙身	m^3	6.18
C10混凝土翼墙基础	m^3	2.73
2 m管节个数	个	7
0.5 m管节个数	个	0

翼墙尺寸表

墙别 \ 代号	B1	B2	N	C	C1	C2	C3	C4	E1	E2
	(°)	(°)		cm	cm	cm	cm	cm	cm	cm
大翼墙	30		3.71	46.2	73.1	96.1	97.4	120.4	12	11
小翼墙		30	3.71	46.2	73.1	96.1	97.4	120.4	12	11

注:

1. 本图尺寸除标高以m计外,余均以cm计;
2. 涵洞全长范围内设沉降缝3~4道,其位置以设在路基中部和行车道外侧为宜;
3. 管基混凝土可分两次浇筑,先浇筑底下部分,注意预留管基厚度及安放管节座浆混凝土2~3 cm,待安放管节后再浇筑管底以上部分;
4. 翼墙垂直断面的背坡为4:1,宽度40 cm。

图 6-35 圆管涵单孔构造图

工程案例3

石拱涵工程图识读

图 6-36 所示为石拱涵立体图，从图中可以了解到石拱涵各部分的名称。图 6-37 所示为石拱涵的构造图，按照涵洞的图示方法，该图也采用半纵剖面图、半剖平面图、侧面图来共同表达。

1. 半纵剖面图

由于主要表达涵洞的内部构造，而进水洞口和出水洞口的构造和形式相同，整个涵洞是左右对称的，所以用半纵剖面图来代替立面图。半纵剖面图是沿涵洞的中心线位置纵向剖切的，凡是剖到的各部分如截水墙、涵底、拱顶、缘石、路基等都应按剖开绘制，并画出相应的材料图例，另外能看到的各部分如锥形护坡、端墙、涵台、基础等也应画出它们的位置。图中表示出路基宽度为 650 cm，截水墙高度为 120 cm，涵底铺砌为 30 cm，沙砾垫层为 10 cm。锥坡的坡度一般和路基的边坡相同，均为 1∶1.5，拱顶的坡度为 2%，涵底的坡度为 1%。端墙的断面为梯形，背面是用虚线画出的，坡度为 3∶1。端墙上面有端墙帽，又称缘石。

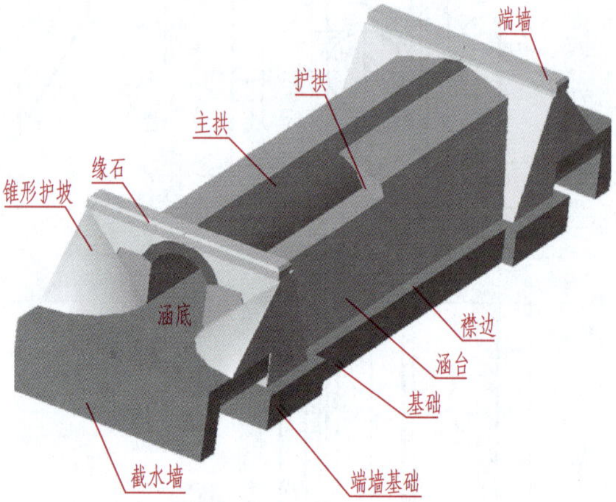

图 6-36 石拱涵立体图

2. 半平面图

由于该涵洞是左右对称的，所以平面图只画出左边的一半。拱顶与端墙背面交线为椭圆曲线。图中表示出了锥形护坡、洞口铺砌、截水墙、端墙、缘石、洞身等的相对位置，并表示出洞身的总长度为 846 cm。

3. 侧面图

涵洞的侧面图是由半个剖面图和半个投影图合成。左半部为洞口部分的外形投影，主要反映洞口的正面形状和锥坡、端墙、缘石、基础等的相对位置，所以习惯上称为洞口正面图。右半部为洞身横断面图，主要表达洞身的断面形状，主拱、护拱和涵台的连接关系，以及防水层的设置情

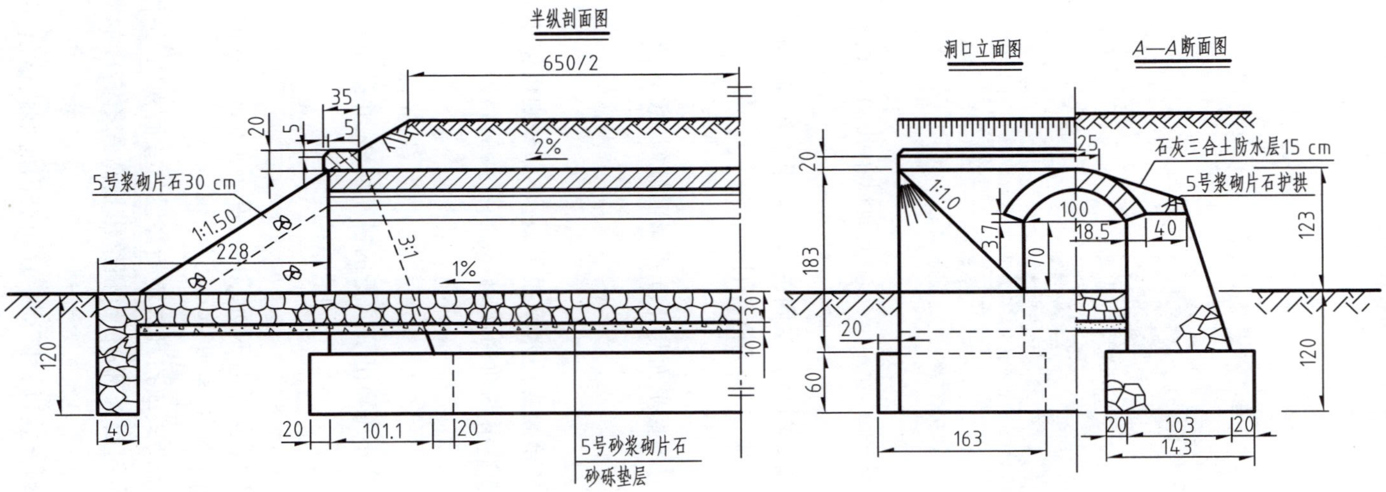

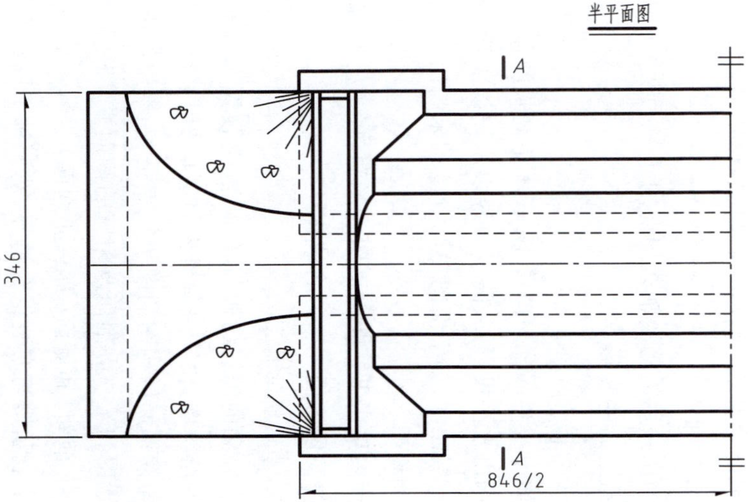

1. 本图尺寸均以cm为单位;
2. 本图采用1:50的比例;
3. 本涵地基承载能力为200 kPa。载荷等级:公路Ⅱ级;
4. 沉降缝设在路基中部,贯穿整个断面,缝宽1~2 cm,缝内填塞黏土胶泥,外用砂浆抹平;
5. 材料:除拱圈用30号块石、7.5号砂浆砌筑外,涵台外露部分块石镶面,厚度为5 cm,其余用25号大片石、5号砂浆砌筑。

图 6-37 石拱涵构造图

况等。图中表示出锥形护坡沿横向的坡度为 1∶10,涵洞的总高为 263 cm,并详细表示出主拱、护拱的尺寸及材料,主拱、护拱为浆砌片石,防水层为厚度 15 cm 的石灰三合土。

工程案例4

钢筋混凝土箱涵工程图识读

涵洞与路线有正交与斜交两种相交方式,以上所举例子均为正交。下面以单孔斜交钢筋混凝土箱涵为例说明斜交工程图的图示特点。

如图 6-38 所示涵洞为抬高式箱涵,翼墙式洞口,箱式洞身。左侧进水口采用了抬高式洞门,右侧出水口采用了不抬高式洞门,洞口均采用斜八字式墙,以提高通用性。

1. 立面图

立面图采用沿箱涵轴线剖切的 *I—I* 纵剖面图,但剖切平面与正立投影面倾斜,故立面图上不反映截断面的实形。

2. 平面图

平面图左半部分揭掉覆土,表示抬高式洞口部分与箱涵身的水平投影,右半部分则以路中心线为界画出水平投影图,路基边缘以示坡线表示,同时采用截断面法,截去涵身两侧路段。图中采用了省略画法,如平面图中洞身基础未画出。

3. 侧面图

侧面图采用 *II—II* 剖面图表示洞口的立面投影,另外还画出了洞身的横断面图,并采用抬高段与不抬高段各画一半的合成图。

4. 涵身钢筋结构图

由于箱涵的配筋结构与盖板涵或预制板不同,图样表达也不同,图 6-39 为 1.5 m×1.5 m 的涵身钢筋结构图,由于是标准图,同样采用了尺寸表的形式供选用。

该箱涵钢筋结构图的图示特点是:左半幅给出不抬高式或抬高式不抬高段的三面视图,平面钢筋布置图和 *I—I* 剖面及相应的侧面投影图 *II—II* 剖面局部;右半幅给出抬高式抬高段的立面(*I—I* 剖面)和侧面(*III—III* 剖面)。

为了表示钢筋安装组合情况,对两种不同组合排列方式以横断面钢筋组合图的形式给出,并结合平面图中的代号作了表达。

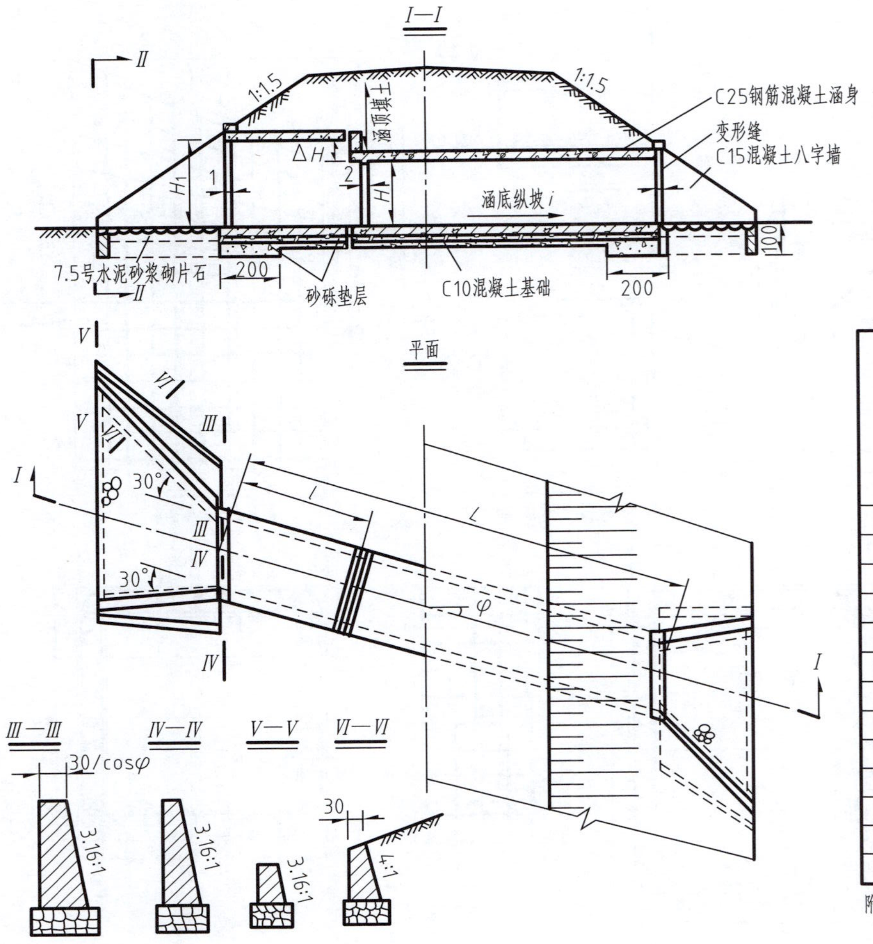

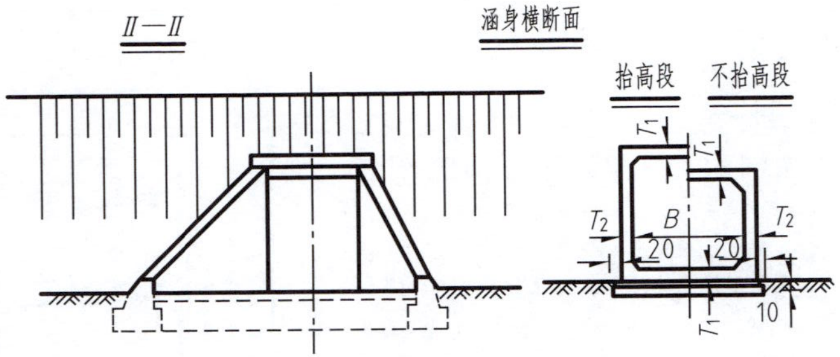

主要指标表

净空 B×H /m	箱壁厚度/m						进水口抬高式抬高段		涵洞斜度 φ
	涵顶填土 0.5~4.0 m		涵顶填土 6.1~8.0 m		涵顶填土 6.1~8.0 m		抬高高度 ΔH /m	抬高段长度 /m	
	T_1	T_2	T_1	T_2	T_1	T_2			
1.5×1.5	0.20	0.20					0.50	4.00	
1.5×2.0	0.20	0.20					0.55	4.00	
2.0×2.0	0.22	0.22					0.55	4.00	
2.0×2.5	0.22	0.22					0.65	4.00	
2.5×2.5	0.25	0.22	0.30	0.26			0.65	5.30	
2.5×3.0	0.25	0.22	0.30	0.26			0.70	5.30	0°,15°
3.0×2.5	0.28	0.25	0.32	0.28			0.65	5.30	30°,45°
3.0×3.0	0.28	0.25	0.32	0.28			0.70	5.30	
3.5×3.0	0.32	0.28	0.38	0.34	0.46	0.42	0.70	6.00	
3.5×3.5	0.32	0.28	0.38	0.36	0.46	0.42	0.90	6.00	
4.0×3.5	0.36	0.32	0.47	0.42	0.60	0.54	0.90	6.00	
4.0×4.0	0.36	0.32	0.47	0.42	0.60	0.54	1.00	6.00	
*进水口为抬高式涵顶填土的下限为0.5+ΔH									

附注：1. 图中尺寸均以cm为单位；

2. 本图仅绘出抬高式箱涵(平面左半部未示路基填土)。不抬高式箱涵进水口构造与出水口基本相同。

图 6-38　钢筋混凝土箱涵构造图

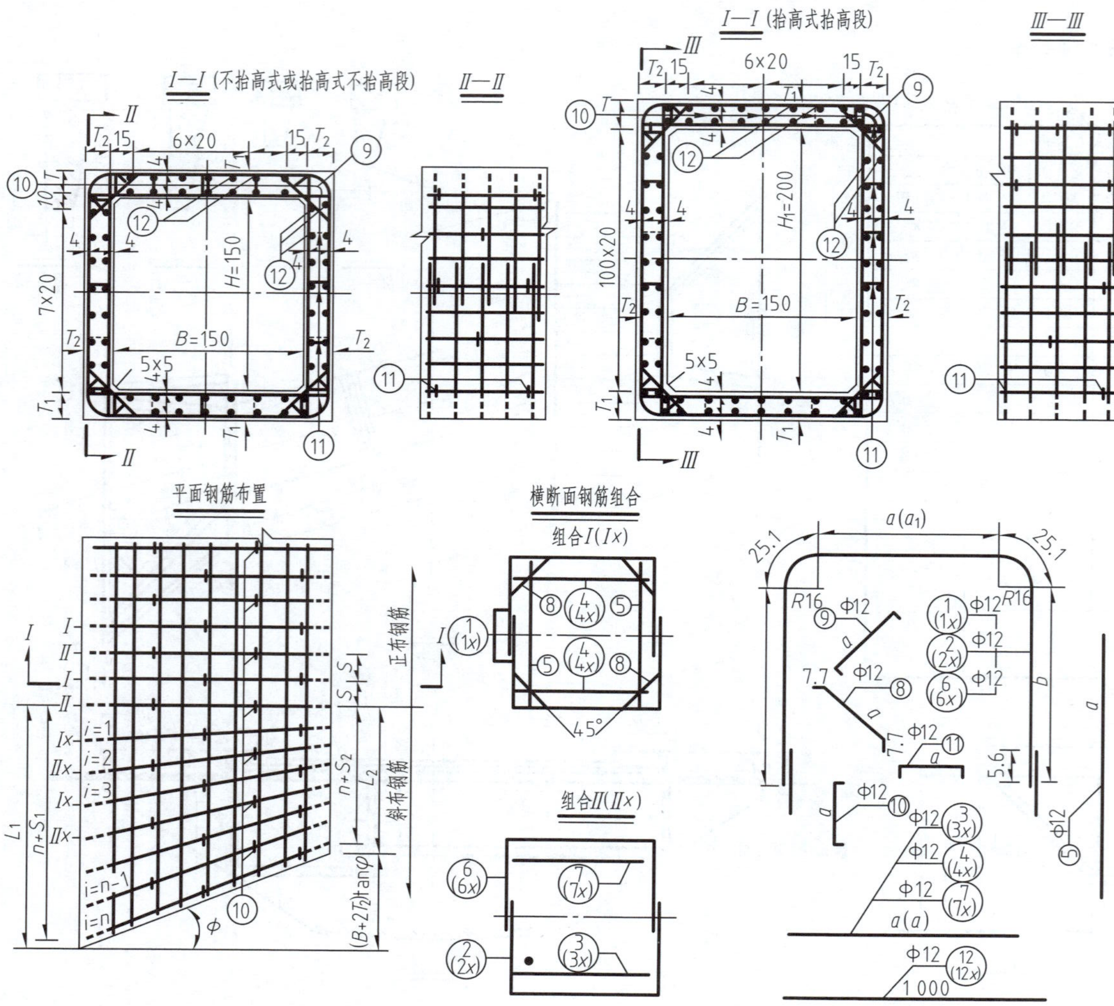

正布钢筋尺寸表

型式部位	钢筋编号	钢筋尺寸/cm	漏顶填土/m 0.5~4.0；壁厚/cm T_1=20 T_2=20
不高抬式高不式抬或高抬段	1,2,6	a	150
		b	103
	3,4,7	a	186
	5	a	186
	8	a	44.2
	9	a	15.9
	10	a	15.9
	11	a	13.3
抬抬高高式段	1,2,6	a	150
		b	128
	5	a	236
	3,4,7,8,9,10,11号钢筋网不抬高段		

附注：

1. 图中尺寸除钢筋直径以mm计外，其余均以cm为单位；
2. 本图表示同一净空箱涵的进水口为抬高式和不抬高式的正涵和斜涵的涵身构造。钢筋组合代号I、II表示正布钢筋，Ix、IIx表示斜布钢筋。只标一个不带脚码编号的钢筋，表示斜布钢筋与正布钢筋尺寸相同；标有不带脚码和带有脚码两个编号的钢筋表示斜布钢筋与正布钢筋尺寸有区别（图中斜布钢筋的编号和尺寸分别带有脚码x和i，并均加有括号）。除钢筋大样中已标的尺寸外，正布钢筋尺寸见本图“正布钢筋尺寸表”；
3. 角隅处的9号钢筋仅在组合I或Ix布设；
4. 两种钢筋组合按图示次序排列：在洞口和变形缝附近应适当调整数排钢筋的间距并将边排换成组合I或Ix。

图 6-39　单孔钢筋混凝土箱涵涵身钢筋图

5. 标准图的套用

为了使标准图一图多用，增加灵活性和通用性，在标准图中均以字母代替尺寸数字，具体数值以主要指标表的形式给出，以便设计和施工时直接套用。图 6-38 中表列尺寸是以正涵身长 10 m 计算的，具体套用时应以实际涵长来验算。

6.4 隧道工程图

隧道是道路穿越山岭或水底的工程建筑物，它虽然形体很长，但中间断面形状很少变化，因此它所需的结构图比起桥梁工程图要少一些。一般来说，隧道工程图包括四大部分，即地质图、线形设计图、隧道工程结构图及有关附属工程图。

案例引入：高黎贡山独龙江公路隧道简介

隧道工程地质图的形成与图示方法，前面已讲述，此不赘述。

隧道的线形设计图包括平面图，纵断面图及引线设计图，它是隧道总体布置的设计图样。

隧道工程结构构造图包括隧道洞门图、横断面图（表示洞身形状和衬砌及路面的构造）和行人或行车横洞等。

隧道附属工程图包括通风、照明与供电设施和通信、信号及消防救援设施工程图样等。

6.4.1 隧道平面图

图 6-40 所示为某隧道平面图，它包含隧道轴线、洞口及各组成部分的平面位置、隧道位置的地形、地物状况及地质状况。从图中可看出，地形平面图以等高线给出，结合图例，可知隧道地区工程地质平面分布情况及地质年代和节理产状。隧道平面在山体里面，故投影为不可见，画虚线。隧道进口里程桩号 K20+935，出口桩号 K21+062，全长 127 m。该隧道位于直线段，其导线点坐标见坐标表。高程控制点 BM 位于隧道出口原小路附近。从地形图可见隧道出口山体地形略高于进口端，故在进口端其洞门平面处表达了排水沟道布置。

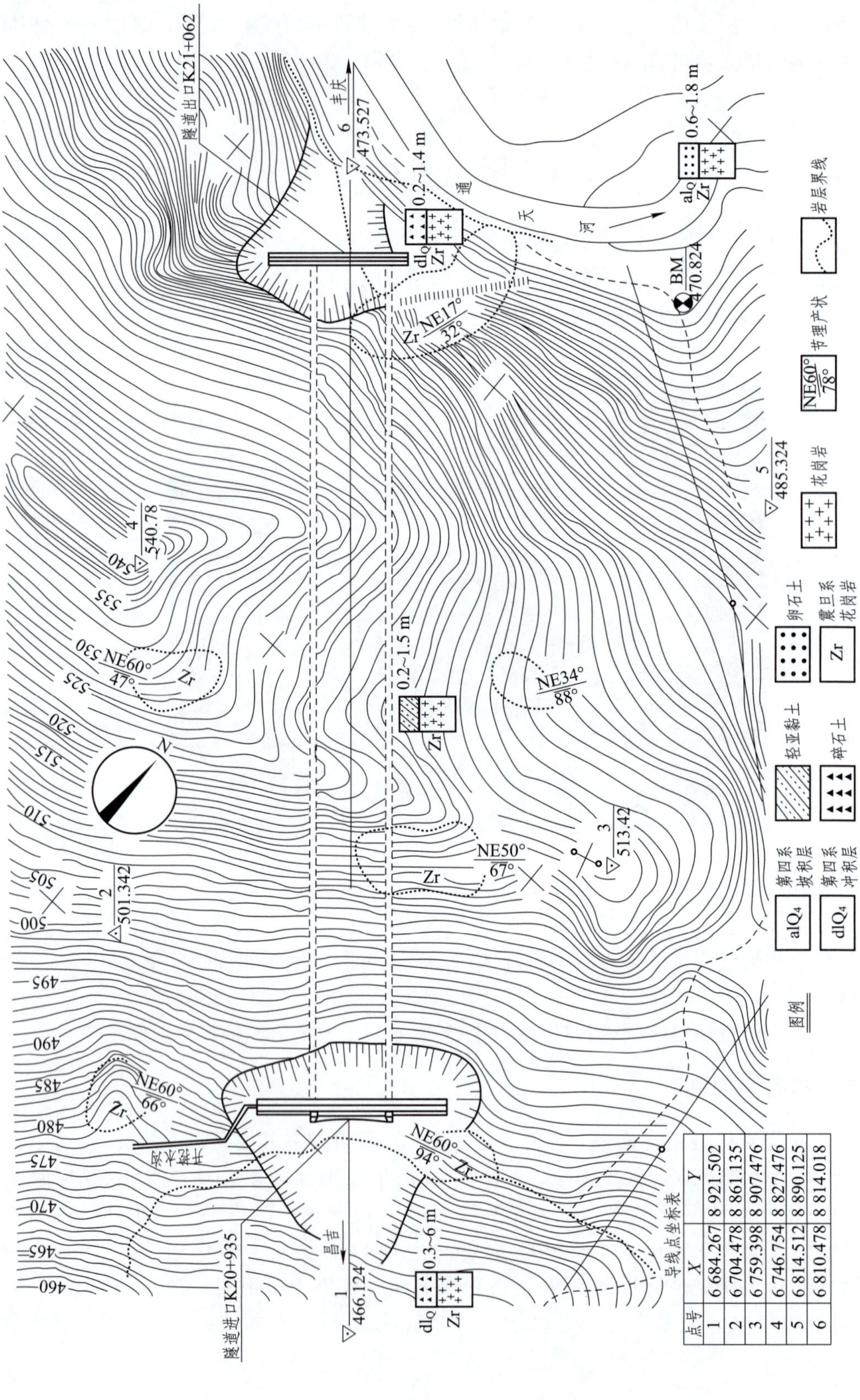

导线点坐标表

点号	X	Y
1	6 684.267	8 921.502
2	6 704.478	8 861.135
3	6 759.398	8 907.476
4	6 746.754	8 827.476
5	6 814.512	8 890.125
6	6 810.478	8 814.018

图 6-40 某隧道平面图

隧道平面图可根据隧道长短及地质、地形情况绘制，比例可先选 1∶500 或 1∶1 000，本图选用 1∶500。

6.4.2 隧道纵断面图

隧道纵断面图主要反映洞口设计高程，纵坡形式和竖曲线及其大小。在纵断面图上还反映山体地面的起伏及地质围岩类别的分布情况、断层走向和洞身衬砌形式的段落划分情况。

图 6-41 所示是某隧道的纵断面图，其岩体地质为轻亚黏土覆盖花岗岩，隧道采用+3.0%的单坡，洞身拱顶衬砌厚 60 cm，洞身侧面在纵断面图上也得以表示，左侧树立一高程比例尺，以便与纵断面图对照校核。图样下半部分是一个综合表，反映了围岩类别、衬砌形式、设计高程、地面高程及对应的里程桩号，最下边是地质图例及附注说明。

一般纵断面图的比例纵向采用 1∶100、横向采用 1∶1 000，如果高差过大，隧道较长时，比例尺纵向采用 1∶200、横向采用 1∶2 000。本图因隧道短，地形高差较大，纵横向比例均采用1∶500。

隧道的引线设计图主要反映隧道两端与路线的连接情况，包括洞口附近的平曲线、引线纵坡及路肩的宽度过渡和为适应光线及视觉过渡所设置的其他构造物，它的图示特点和读图规律与前述的构造物图类似，该处不再叙述。

6.4.3 隧道横断面图

隧道横断面图主要包括限界标准，横断面形式，人行道布置和路面结构等内容。隧道建筑限界是为保证隧道内各交通的正常运行与安全，在规定的一定宽度和高度的空间限界内不得有任何部件或障碍物（包括隧道本身的通风、照明、安全、监控及内装修等附属设施）。图 6-42(a)所示为某隧道的横断面的净空标准图。

隧道的横断面形式即衬砌内轮廓线在满足建筑限界标准的前提下，一般可有以下几种情况，边墙多为直墙式；若围岩的地质条件较差，用曲墙式；拱部可有单心圆拱、尖顶圆拱及坦顶三心圆拱等形式，图 6-42(b)所示为某隧道的洞身断面——直墙单心圆拱。

6.4.4 隧道洞门图

隧道洞门图的形式很多，常用的有端墙式、翼墙式、台阶式、柱式、削竹式、喇叭口式等。洞门的美观、醒目、协调给人以美的享受，对隧道的安全也很重要，因此洞口的构造图是隧道工程图的最主要的图样之一。图 6-43(a)为端墙式洞口，图 6-43(b)为翼墙式洞口。

隧道洞门的视图一般采用三面投影图来表达。在视图配置上以洞口正面图作为立面图，洞门在正常工作位置的水平投影图作为平面图，侧面图通常用剖面图来代替。图 6-44 所示为翼墙式三心拱隧道洞门的工程图。

(1) 立面图。以洞门口在垂直路线中心线的正面上的投影作为立面图。不论洞门是否左右对称，都必须把洞门全部画出，全面表达洞门墙的形式和隧道断面形状及其尺寸。洞门墙上部有一条从中央向左右两侧逐渐降低的虚线，并注有 4%的双向排水沟。最下边的虚线表示洞门墙、翼墙、基础底面的埋置深度。

纵断面图

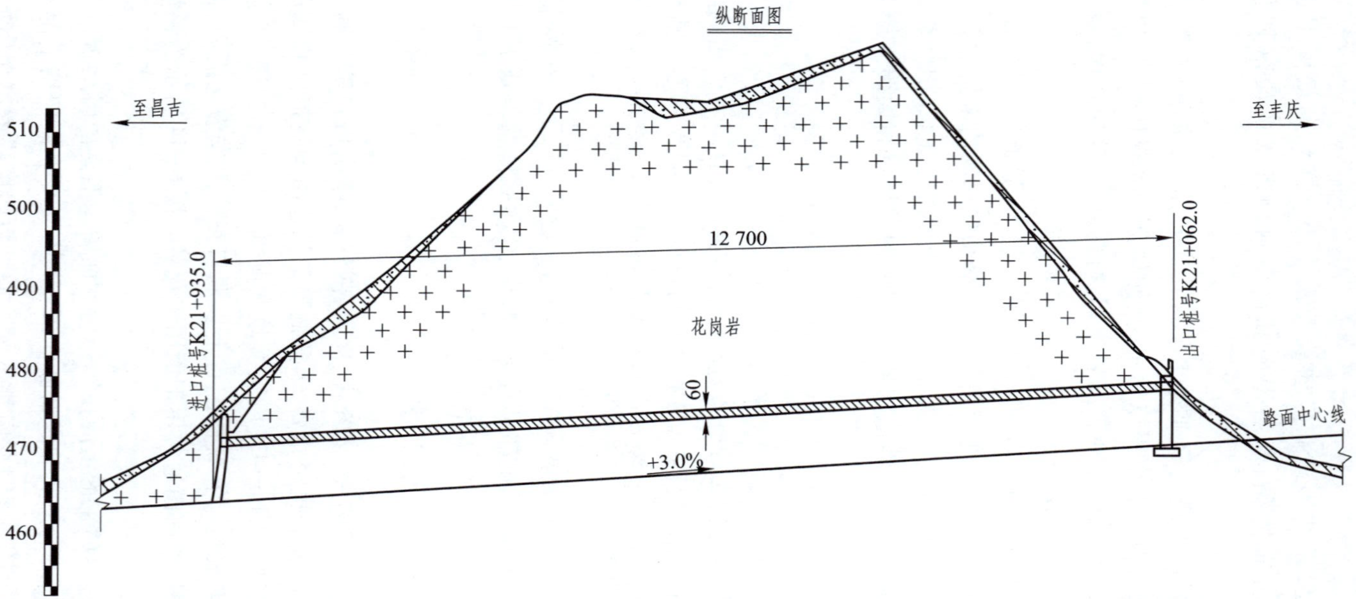

序号	项目							
1	围岩类别			S=IV	S=V	S=IV		
2	衬砌形式		明洞	直墙式变截面圆拱	直墙式等截面圆拱	直墙式变截面圆拱	明洞	
3	坡度 / 坡长(m)	+3.0% / 350						

6 里程桩号	5 地面高程	4 设计高程
K20+923	474.44	470.50
+923	476.81	470.71
+938.60	476.81	470.84
+935	481.92	470.93
+938.60	484.74	471.05
+942.40	488.17	471.71
+946	490.63	471.29
+950	493.52	471.42
+954	496.27	471.55
+959	499.95	471.17
+976	514.16	472.23
+980	519.48	472.35
+984.58	520.63	472.48
K21 +000	519.43	475.29
K21 +022.90	526.13	573.63
+0581.31	486.89	474.69
+059.50	486.37	474.73
+062	483.70	474.81
+064	480.88	474.87
+067	479.25	474.96
+070	477.49	475.05
+078	472.69	475.29
+090	470.31	475.65

图例

轻亚黏土

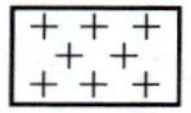
花岗岩

附注：
1. 本图尺寸以cm计，高程及桩号以m为单位。
2. 衬砌形式为直墙式单心圆拱。
3. 设计高程为路面中心。

图 6-41 隧道纵断面图

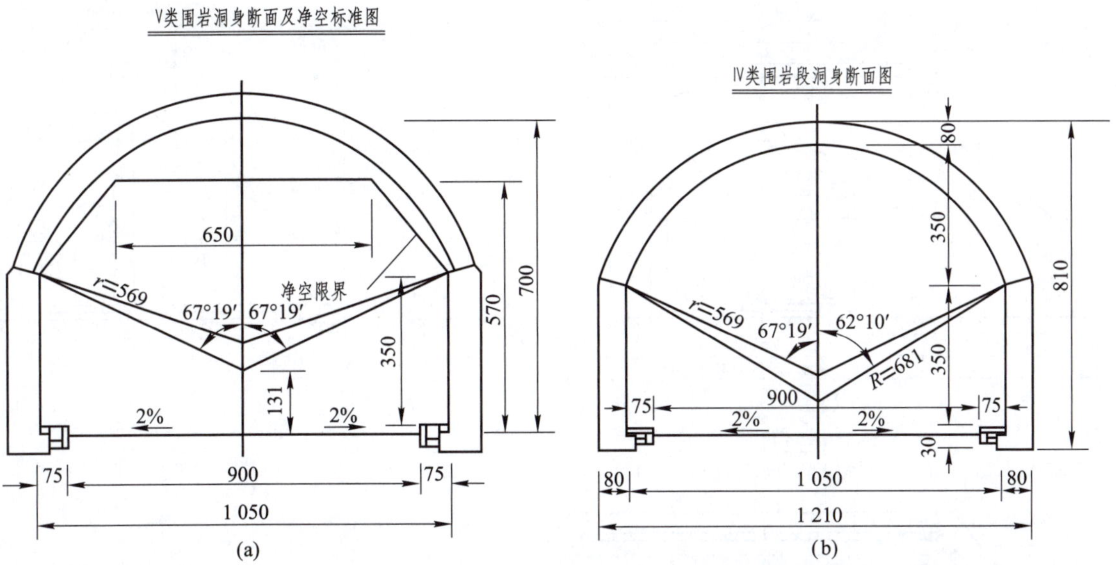

附注：本图尺寸除高程以m计外，其余均以cm为单位。

图 6-42 洞身断面及净空标准图

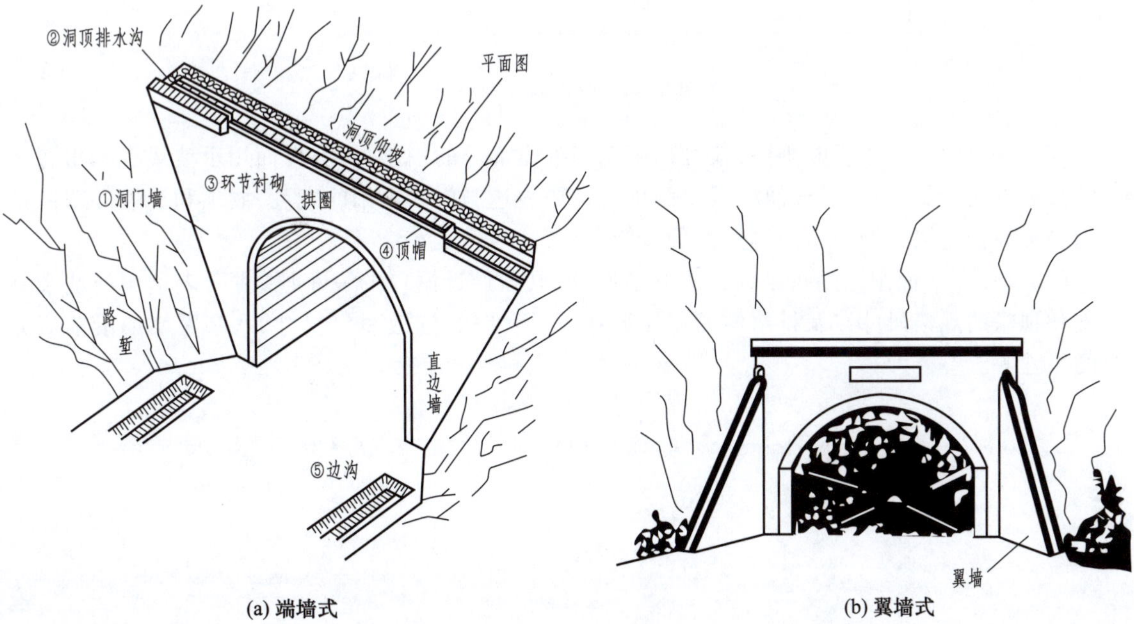

(a) 端墙式 (b) 翼墙式

图 6-43 隧道洞门立体图

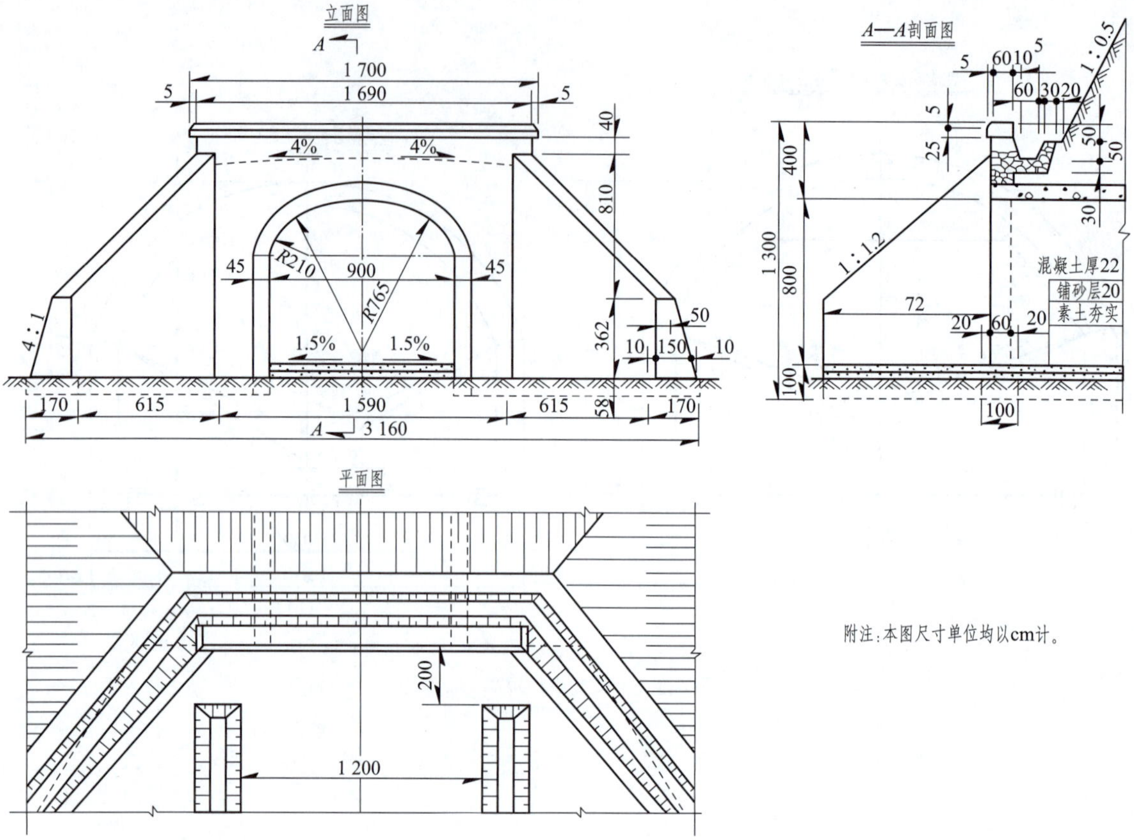

图 6-44 隧道洞门工程图

（2）平面图。采用折断画法，仅画出了洞门外露部分的投影，各斜坡面用示坡线表示出各坡面的倾斜方向，同时将各平面间交线也画出。主要表达洞门墙顶帽的宽度，洞顶和翼墙外双向排水沟的平面构造以及洞门口两侧边沟的位置。

（3）A—A 剖面图。用折断线截去其他部分，只画靠近洞口的一小段，主要表达洞门墙及其基础和顶帽的规格尺寸以及排水沟的断面形状、路面结构、隧道净空尺寸、八字翼墙的沿前后方向的尺寸等。

拓展练习　CAD 基本命令操作步骤演示

CAD 基本绘图命令操作步骤演示,供教师拓展教学和学生拓展学习使用。详细操作步骤可扫描二维码观看。

操作内容	二维码	操作内容	二维码
1. AutoCAD 界面		8. 对象捕捉	
2. 文件操作		9. 对象捕捉追踪和临时追踪	
3. 图层设置		10. 夹点	
4. 图层操作		11. 直角坐标	
5. 线型比例设置		12. 相对直角坐标绘制斜线	
6. 命令的执行方式(以直线、删除为例)		13. 极坐标	
7. 正交、极轴追踪		14. 极坐标绘图示例	

续表

操作内容	二维码	操作内容	二维码
15. 动态输入状态下角度的输入		26. 圆角命令	
16. 窗口选择		27. 矩形命令	
17. 移动命令		28. 倒角命令	
18. 复制命令		29. 椭圆命令	
19. 多段线命令		30. 多边形命令	
20. 射线、构造线命令		31. 矩形阵列	
21. 修剪和延伸命令		32. 环形阵列	
22. 圆命令		33. 路径阵列	
23. 圆弧命令		34. 阵列命令绘制等间距钢筋网	
24. 镜像命令		35. 单点命令、点样式	
25. 圆环命令		36. 点(定数等分、定距等分)	

续表

操作内容	二维码	操作内容	二维码
37. 样条曲线		42. 文字样式、多行文字	
38. 合并命令		43. 单行文字	
39. 缩放命令		44. 多行文字输入钢筋符号	
40. 拉伸命令		45. 单行文字输入钢筋符号	
41. 图案填充		46. 表格	

参考文献

[1] 曹喜承,祝娟,王妍,等. 工程制图[M]. 2版. 北京:中国石化出版社,2024.
[2] 曾红. 工程制图[M]. 北京:北京理工大学出版社,2021.
[3] 赵云华. 道路工程制图[M]. 4版. 北京:机械工业出版社,2021.
[4] 张郃生. 公路CAD[M]. 4版. 北京:机械工业出版社,2021.
[5] 樊琳娟. 工程制图[M]. 北京:人民交通出版社,2005.
[6] 赵云华. 道路工程制图[M]. 北京:机械工业出版社,2010.
[7] 秦溱,段树梅. 桥梁下部施工技术[M]. 北京:高等教育出版社,2011.
[8] 殷青英. 路基路面工程[M]. 北京:高等教育出版社,2009.

读者意见反馈

为收集对教材的意见建议,进一步完善教材编写并做好服务工作,读者可将对本教材的意见建议通过如下渠道反馈至我社。

咨询电话　400-810-0598

反馈邮箱　gjdzfwb@pub.hep.cn

通信地址　北京市朝阳区惠新东街4号富盛大厦1座

高等教育出版社总编辑办公室

邮政编码　100029

授课教师如需获得本书配套教辅资源,请登录"高等教育出版社产品信息检索系统"(https://xuanshu.hep.com.cn/)搜索下载,首次使用本系统的用户,请先进行注册并完成教师资格认证。